E D W A R D　C R A N K S H A W

VIENNA

The Image of A Culture in Decline

たそがれのウィーン

エドワード・クランクショー

今井道夫・青山孝徳 訳

成文社

たそがれのウィーン——目次

前景

後景

中景

凡例

一　本訳書は、Edward Crankshaw: VIENNA. The Image of A Culture in Decline, The Macmillan Company, 1938 を底本としている。

二　原タイトルは『ウィーン――ある衰頽する文化の姿――』といったところであるが、簡単に『たそがれのウィーン』とした。

三　原注は一個しか（本書二八ページ）付されていない。著者は本文の中で、丸括弧で追記を挿入している。これと混同が起きないように、訳者による補注は、訳文中に角括弧［　］で挿入した。また、段落の最後に、必要に応じて訳注も付した。

四　原文のイタリックによる、あるいは語頭大文字による強調は、本訳書では原則として傍点で示した。

五　ドイツ語系の人名の発音表記は、原則として DUDEN 発音辞典に従った。しかし、慣用に従ったものもある。

六　地名表記は、必ずしも統一されていない。その地の属する国の言語によるのを原則とした。しかし、歴史的変遷を考え、対象となった時代の地名と現在の地名を併記するよう努めたが、慣用に従った場合もある。一般に通用している英語名を片仮名表記したものもある（たとえば、ボヘミアを使い、ドイツ語のベーメンあるいはチェコ語のチェヒを使用していない）。あるいは、ドイツ語の歴史的呼称をそのまま片仮名表記したものも残る。

たそがれのウィーン

前景

ウィーンの街とシュテファン大聖堂

ハプスブルク家の墓所

Ⅰ　序説

ヨーロッパの古い文化は滅びてしまった。あるいはひときわあざやかな姿をみせながら死につつある。遅かれ早かれ別の文化が興隆するであろう。そして西洋人はたとえその数が減少しても、あるいは彼らのこうむる災いがどれほど恐ろしいものであっても、生き残りつづけるであろう。過去をよみがえらせ、文字どおり過去をふたたび生きることなど、まったく論外であることは明らかである。我々は自然環境を創造したり、再創造したりすることはできない。しかも結局そうした自然環境に文化形態は依存しているのである。かつていかなる文化もおたがいに同一であったためしはなかったし、これからもけっしてありえない。すでに滅びてしまった、あるいは瀕死の状態にある「ヨーロッパの古い」文化は、永遠に唯一無二である。

一九一四年の戦争はまことに破滅的なものであったが、一般化は禁物で、大多数の国家の最盛期が時代的に一致しないように、停滞期、衰頽期もまたそうである。したがってこの戦争によって文字どおりの没落が見られたにしても、ある種の文化は概して戦後も生き残った。他方で、長年にわたって、とりわけいくつかの国々では、工業化の気運の増大、輸送の迅速化、その他のより深い原因によって、かなり広範囲に崩壊が進んでいた。このことは我が英国にもっともよくあてはまる。我が国はおよそ一世紀ばかり前から、滅亡に向かっている。それにもかかわらず、その野蛮な要因は、ある奇妙な仕方で、その文化を破壊しておきながらそれのもついくつかの特徴を保存してきた。ちょうど、クレバスの氷が犠牲者の身体を腐らせずに長く保っておくように。もっともその身体はすでに死んでいるのだが。さしあたり我々が言えることはせいぜい、我々は自分たちを育んでくれた文化的伝統から離れ去ってしまっていることである。たとえその文化的伝統が、いかなる場所においてもまったく視界から消え去ったというわけではないにしても。

当然、ヨーロッパの古い文化とは何かという問いが立てられるであろう。だがいったいそうした事柄をほんとうに定義することなどできようか。もちろん解答はある。我々の誰しもがそれぞれの解答をもっている。たとえば私自身の解答はこの本のなかに記されている。

文明は繰り返されえないけれども、過去の文明を眺めてみることはむだではないであろう。転換期においては、俗受けする預言者か確信に満ちた革命家でもないかぎり、そんなことでお茶を濁すしかない。空気は不安でぴりぴりしている。堅牢な建物が音をたてて大地に崩れ落ちる。ラッパの音が遠くかすかに聞こえる。こうした調子のなかにはなにか不吉な前兆がある。だがなんの前兆であるのか、答えられる人はいるであろうか。しかもそれが東西南北のいずれからやってくるのか。その方向を定めるのは、夏の黄昏どきに水鶏《くいな》の鳴き声がどちらから聞こえてくるかを決めることと同様に困難なことである。そうした前兆は何かを意味しているということ以外に何も意味していない。そうした前兆によって不安は極度にかきたてられている。我々はためらい、待っている。我々ができることといえば、知っていることを振り返ることによって神経を落ち着かせるよう、繰り返しやってみるだけである。我々は過去のことしか知らない。それは英雄主義的態度とはいえない。前兆の色調がよりはっきりとし、方向が明瞭になるまで待ってたたずむのではなくて、精力的に賭けに出ること、すなわち進路を本能的に見定め、昂然とそちらに進んでゆくことのほうがより勇ましいかもしれない。そうなると、世界はこの重大時に英雄でいっぱいになる。少数の英雄ではほとんど意味をなさないのである。

ある事柄については、述べるよりも呼び覚ますほうがふさわしい。たぶんそうした事柄は少しも述べることはできないであろう。とにかく本書において私は滅びてしまった、あるいは瀕死の状態にある［ヨーロッパの古い］文化を、あまり遠くへ退いてしまわないうちに呼び覚ましておこうと思う。過去はその記念物において読み取れるといわれている。実際、我々はたくさんの記念物をもっている。そうした記念物すべてのなかで私の見るところ――たぶん愛情でくらんだ目で――もっとも完璧で明白で包括的で、その光と影でもっとも生き生きとし、さらにもっともよく保存されているのは、中欧のある大都市にほかならない。その都市はそっくりそのままそうした記念物であり、文化的誇りの痕跡は、単に建造物においてばかりではなく、現在の生活においても保たれている。その都市とはドナウ川のほとりにある、小さなオーストリア共和国の首都で、かつては幻想にみちた二重帝国の首都で行政の中心地であったウィーンである。

北緯四八度一五分、東経一六度二〇分あたりで、アルプス山系の最後の名残はドナウ川で断ち切られ、川から八〇〇フィート［約二四〇メートル］の高さにそびえるレーオポルツベルクのところで途切れる。

ドナウの左岸はアルプス山系の名残のわずかなつづきを除いて、ハンガリーのカルパチア山脈に至るまでひたすら広大な平原が延びている。大河はアルプス連峰の麓を延々とアルプスの雪を溶かして流れ下り、そうしてついに山から出て、開けた平原をうねりながら通り抜ける。最後の高い絶壁を迂回したあと、ドナウ川は押し出してくる山の端を鋭く曲がって流れ出る。稜線と水脈がひしめきあいながら二辺をなし、底辺をなすように小さな支流が走って三角形を形づくる。その小河川の北岸に、ケルト人の一群がヴィンドミナと呼ばれる居住区を設けた。そこは樹木でおおわれた険しい丘によって、北や西からの侵入を防ぐことができた。またいくぶん心もとなくはあったが、小河川によって南からの侵入を防ぐことができ、さらには大河によって東からの侵入を防ぐことができたのである。もっともその大河は今日のように堤防のあいだを速やかに流れる幅の広い川ではなくて、水路や低湿地からなる荒涼とした水系であった。それは幾年月ものあいだ存在しつづけ、一九世紀に至るまであらゆる種類の悪党の潜伏場所となった。そこは原始時代はかなり安全な場所であったといえるかもしれない。しかしながらローマの軍事力を拒むことはできなかった。居住者たちは追い払われ、要塞化した駐屯地ができた。ヴィンドミナがヴィンドボナとなった。ヴィンドボナは最初は駐屯地であったが、のちには自治都市となった。それが近代都市ウィーン、英語ではヴィエナの始まりである。

平坦な河原に突き出したレーオポルツベルクの上、あるいは隣接するカーレンベルクの山頂にそびえ立つシュテファニー展望台の上からならなおのこと、はるか南方を眺めると、ドナウ川を見治め、帝国の北の辺境を守るためにそこに築かれた今はないローマの陣地の戦略上の重要性が、すぐに理解できる。左側を見ると川は最初はまっすぐ延びてきらめくリボンのように見えるが、ついにはハンガリー平原に向かってカーブを描いて消えてゆく。右側を見ると樹木の生い茂った丘陵が遠くまで連なって無数の起伏の多い山並みのなかに、大洋にあわだつ波頭のような山頂がひしめくなかに入り込んでゆく。さらにその山々の上、はるかかなたながら地平線の上高くに、真珠のような雲がたえずかかっている。そこにあるのがシュネーベルクであり、アルプス山脈のなかで雪におおわれた山がそこから始まる。こうした丘陵と河川のあいだに都市はある。

ベートーヴェンが郊外の散歩の途次のもっとも高い地点から眺めたのは、今の都市の姿ではない。一〇〇年前の村々は、もはや造りかえられている。この作曲家がきちがいのように大声で叫び腕を振りまわして牛を驚かせたといわれるハイリゲンシュタットでは、今では要塞のような一群の労働者住宅のある一画のほうが目につく。その光景は一九世紀資本主義がその最後のむくみきった末期状態においてなぞった進行方向への、社会主義の保身的な追従をあらわしている。こじんまりした庭付き住宅がグリンツィングおよびそこのブドウ畑にまで達している。ウィーン中心部から、市電が三〇分たらずで通う。要するにウィーンは水桶からこぼれ出そうとしている。しかしながらウィーンはいまだに円形闘技場の内側の街だ。街の人込みを縫って進めば、美しい扶壁で支えられた塔が見えてくる。これのいただく尖塔はロンドンにあるセント・ポール大聖堂の十字架より三〇フィート〔約九メートル〕高く突き出ている。それはメッテルニヒやモーツァルトのいた古都の心の拠り所、シュテファン大聖堂、つまりシュテファンスドームであり、唄にうたわれる「デア・アルテ・シュテッフェル」である。ところでウィーンは今日でもわずかしか接していないドナウ川からせり上がっていって山へとつながってゆくが、例の尖塔とそれを支えているはるかに古い塔は、いまだに本来の街、つまり建物の密集した旧市街の中心である。

旧市街は壁、稜堡、斜堤をもっていたけれども、それらはリングと呼ばれている堂々たる環状通りに取って代られている。

リングとは輪、宝石類をちりばめた光り輝く小さな環である。立ち並ぶ大きな建物のどれひとつとして見過ごすことはできない。どれひとつとして、形式や様式において旧来の伝統にのっとっているものはない。そうした建物を建てたのは一九世紀の建築家たちであった。けれども軽快さと重厚さの相乗効果が人目を引きつけ、青々とした樹木になかば隠れたギリシア様式、ルネサンス様式、ゴシック様式の壮麗な建物に文句をつける余地はほとんど与えられていない。一対の菩提樹の並木で縁どられた広い身廊が中央を走り、車道と、そしてこの車道と脇を固める建物のあいだに歩道があり、通常の道路幅より広くなっている。それは素晴らしい思いつきである。とりわけルネサンス様式のオペラ座から、石を組み合せてまるで透かし彫りのようになっている風変りな双塔をもつフランツ・ヨーゼフ帝のヴォティーフ教会まで、ゆるやかにめぐる大きな弧をなした通りが素晴らしい。その途中には公園や庭園、ゴシック様式の巨大な市庁舎、ギリシア様式の（「現代的要求に合せた」）国会議事堂、ルネサンス様式のふたつの博物館、ブルク劇場、ウィーン大学がある。最後に、来た道を少し戻ると、道路に直角に一翼を張り出した建物がある。ホーフブルクと呼ばれるハプスブルク家の王宮であり、広大な敷地にその建物群が展開している。ヨーロッパにこれ以上美しい街路はない。リングは二〇〇万都市の圧縮された心臓部を取り囲んでいる。しかしながら四月の夜、心地よい風が吹く日には、五〇マイル［約八〇キロメートル］かなたの山々から吹きおろす松の木の鼻をつく匂いでいっぱいである。晴れた日曜日の朝、人通りはほとんどなく、あたりの空気は市庁舎公園にあるライラックからただよってくる香りでうちふるえる。夏の夜ふけ、かつて帝室の私有地であった王宮庭園［ホーフガルテン］の鉄柵のまわりを巡ると、遥かむこうの、木々や星々の下で奏でられるモーツァルトのセレナーデにうっとりとしばし耳を傾けることになることもあろう。人間の感情のなかでもっとも深いものである劇的なものやはかなさの感覚は、通りを隔てて投ぜられるアーク灯の白い光のなかに浮かび上がってくる木の葉や草の鮮やかな、静止した緑色によって強調される。こうしたとき、近い過去が現在に溶け込む。建物や音楽や穏やかな夜の空気は昔と変らない。街灯は以前より明るくなっていても、けっして不自然なものとはなっていない。どれも同じ一階だけの市電が連結して狂ったようにがたがたと音をたてて通り過ぎてゆく。散歩している人のくすんだ姿は、突然、明るい輝きのなかに入り込み、そして消え、あとにその余韻をただよわせる。こうした雰囲気がウィーンにロマンスと陽気さといった伝統を与えるのにあずかっている。魅力ある円環のむこうまで広がる単調さ、そして円環の内側には不潔さが詰め込まれてはいる。それでも街がほんとうの明るさできらめく瞬間があるなら、街は伝説に値する。こうした特質は、そうそうあるものではない。単調さにかんしていえば、疑いの余地なくそれはもっぱら一九世紀の、つまりヨーロッパ・デカダンスのなせるわざである。他方、不潔さについては調査してみる価値のあることかもしれない。

こうしている今もなお、我々は古いウィーンとして知られているものから、空間的ではないにせよ遠く隔たっている。古いウィーンは円環の内側の、聖シュテファンの塔の陰にある。さらには円環の外側の多くの場所にもある。たとえば郊外の青々とした田園にただそれだけ取り残された古い家や古い通りがかたまってあるなかに、古いウィーンが見られる。ウィーンには、王宮——ウィーンの文化の全史の証人——のたたずまいを別とすれば、リング通りにある建物よりももっとすばらしい建物がある。しかしながら、リング通りは近代的で時としてけばけばしいが、記念物のなかでもたいへんきわだったもののひとつである。リング通りは一九世紀の後半に造られた。それはある砕け散った文化の最後のどっしりした基盤であり、道路完成後わずかで断絶することになったある帝王家に奉仕し、それを讃えつづけるべく造られたものである。七世紀[*1]ものあいだ支配し、建設をつづけてきた帝王家にとって、［建設の］五〇年間の歳月はなにほどのことでもない。もしこの都市そのものが一国民の栄華の記念碑であるならば、リングはそのデカダンスに形式的な承認を与えるものである。

オーストリア家

冒頭の数ページでウィーンを一瞥しただけで、話はもうハプスブルク家、およびその宮殿をめぐって展開されている。これは奇妙に思われるかもしれない。ロンドンはバッキンガム宮殿に至るまでに見物すべき場所がたくさんある。つまりバッキンガム宮殿は、アメリカ人でもなければ最初に見物すべき場所とはならない。この国を統治する王家の発展が、ただちに国民の発展の象徴として意識されることはない。宮殿がもっとみずからを人前に押し出すならば事態は変るかもしれない。たとえば宮殿が、スワン・アンド・エドガー商会が長いあいだ居を構えていたような、皆が毎日通る場所にあるならば、王家の紋章は我々の生活という織物のなかに織り込まれたであろう。それはありえたことである。とはいえ大英

＊1　正しくは六四〇年ほど。

帝国の中枢を制する位置が呉服商によって占められており、他方、王宮は、南鉄道の西部地域にまたがる定期券をもちあわせていない人々にとっては地図の外にあるといってよいというまさにその事実は、それ自体暗示的ではある。英国国王はピカデリー広場に住むことはできないであろう。たとえ先ごろ取り壊されたばかりの古い家々のあとに五〇シリング以上の既製服売り場ではなく、国王の庭園の場所がとられたとしても。ちょうど同じくらい確かで不可避であったのは、王宮はまちがいなくウィーンの中心でなければならなかったことである。夏のあいだ王宮の居住者たちが新たな狩猟地に建てたシェーンブルンに引越してもそうである。

以上のささやかな対照によっても、ウィーンとロンドンとの相違のすべてが理解できるであろう。我がロンドンでは商業の街シティーがテムズ川の川岸から広がっており、市門のむこう側で王権が権力をふるうことは認めている。そして市門が勝手に引き破られるなら、このシティーのほうがウェストミンスターを侵略する。国王たる者、商人の長たる市長閣下の正式な許可がなければテンプル・バー[*2]を通過することはできない。これに反してウィーンでは、支配と収奪に明け暮れる一家が、統治するうえで戦略的に有利な場所を押さえている。そしてその一家の座所のまわりに軍人や官吏が寄り集まって街ができ、そこで必要な物資が多くの出入りの商人たちによって供給され、彼らがウィーンの商業を形づくった。川は商業上の大動脈になりえたが、実際には無視され、かたわらに追いやられている。この川はウィーンをヨーロッパ大陸におけるもっとも豊かな商業の中心地とするために利用されるかわりに（それはおおいにありうることだったのだが）、魅惑的なワルツを書く作曲家たちに霊感を与えることになった。作曲家たちはおそらく、遠くからしかこの本流に目をそそぐことはなかったであろう——そしてたとえばカーレンベルクの丘から見ると、川は（光のかげんによっては、特に上流のクロースターノイブルクのほうに目を向けたときには）この上なく青く見える。ところでこうした態度ゆえにオーストリアの当局は『ブリタニカ百科事典』から、やんわりと非難を受けることになった。しかしその反面、彼らは現存するヨーロッパ文明の盛衰を示す華麗で生き生きとした像を提供した。その像は、たとえば我が英国で前世紀［一九世紀］ごろに蔓延して、衰亡のより深い、よりゆっくりとした徴候から目をそらせたあの大量生産という癌腫によって錯綜してはいない。

もちろんオーストリアにも固有の錯綜した諸問題がある。そのいくつかが一九一四年の戦争につながることになった。しかしながら概してオーストリアにおいては、デカダンスの文化が他のどこよりも強力に、より長くより実り豊かに持続した。痕跡は今日も残っている。ウィーンの運命は、すでに極まったかもしれない。しかしオーストリアの農民は、あるいはその一部は、想像力豊かな活力をもっているように思われる。南フランスの人々ももっている(もっともそれは著しくちがった形態においてである)が、そうした特質をもってすれば文明化された生活様式を保持することはでき、それは暗黒時代を貫く一条の光のようなものである。

しかしそれはウィーンではない。ウィーンはすなわちハプスブルクであったし、今日ではハプスブルクの残響である——弁証法的唯物論がなんと説こうとも。時勢に応じて適当な王様を選んで雇われの首

＊2　ロンドン市と王宮のあるウェストミンスター市との境界にあったバー（仕切り）のこと。一七世紀以降、同地に造られた市門を言う（一八七八年に撤去された）。

領を務めさせる我が英国とはちがって、ウィーンは伯爵として始まり皇帝として終った一家によってかたどられた。ひとつの家が七世紀間君臨した。ハプスブルク家は七世紀にわたって代々、ただひとつのことに集中していたように思われる。それは財産の蓄積、つまりは私有地の拡大である。

ハプスブルク帝国は、帝国というものによく見られる国を挙げての資源の追求、あるいは戦争と支配の愛好によって、基礎を固めたのではなかった。ハプスブルク帝国は、自国を強大なものにしようとする試みから生じたのではなかった。実際ここに国は存在しなかった。一二世紀に、東アルプスの北側に小さな州があったが、そこはフリードリヒ・バルバロッサにより公国とされ、名前はオストマルクすなわち東部辺境領（バイエルンの辺境地域を防衛するために設けられた州にカール大帝が与えた名前）から、東国《エスターライヒ》すなわちオーストリアと改名された。この公国はバーベンベルク家に授与された。バーベンベルク家は九〇年後の一二四六年に途絶えた。ボヘミア王オットカル［オタカルとも呼ばれる］が登場するなど、何度か変遷を経たあと、ルードルフ・ハプスブルクという人がオーストリア、クライン、シュタイアマルク、ケルンテン（クライン*3を除いて、すべて現在はオーストリア共和国の州である）を手に入れた。そして彼はその領地を自分の息子たちや同盟者であるチロルのマインハルト伯に分配した。ハプスブルク家の人々がウィーンで統治を開始したのは一二八二年のことであり、最後の年若いカール一世が退位したのは一九一八年であった。この何世紀ものあいだに、ハプスブルク家は史上まれにみる大領地所有者のひとつとなった。初期のころのハプスブルクの領土は広大な私有地、封土とみなすことができ、それ以外の何ものでもなかった。そして最後までハプスブルク家はみずからの帝国をそうした観点でしか見ていなかった。何世紀にもわたってハプスブルク家は次々と領土を自分たちの財産につけ加えていった。その動機は純然たる所有欲であり、またすでに獲得したものを守ろうとしたにすぎない。こうしたことはどこでも見られる熱意であり、我々のすべてがもちあわせているものである。しかしながらハプスブルク家においては、しかもたぶん彼らにおいてのみ、それはある論理的帰結のようなものと化している。そうした熱意は、この驚異の一家がセルビアを自分たちの収集につけ加えようとしたときまでつづいた。そのとき、連合国が阻止した。あの破滅的な戦争が勃発したとき、一族の長であるフランツ・ヨーゼフの肩書きは次のようなものであった。「朕は神の恩寵によりてオーストリア皇帝なり。ハンガリー王、ボヘミア・ダルマチア・クロアチア・スラヴォニア・ガリチア・ロドメリア・イリリア王なり。エルサレム王、オーストリア大公なり。トスカーナ・クラクフ大公なり。ロレーヌ王、ザルツブルク・シュタイア・ケルンテン・クライン・ブコヴィナ公なり。トランシルヴァニア大公、モラヴィア辺境伯なり。高地および低地シレジア公、モデナ・パルマ・ピアチェンツァ・グァスタッラ公、アウシュヴィッツ・ザトール公、テッシエン・フリーウリ・ラグーサ・ザーラ公なり。ハプスブルク・チロル伯、キーブルク・ゲルツ・グラディスカ伯なり。トリエント・ブリクセン公なり。高地および低地ラウジッツ・イストリア辺境伯なり。ホーエンエムス・フェルトキルヒ・ブレゲンツ・ゾネンベルク等の伯なり。トリエステ領主、カッターロ領主、ヴィンデイッシュ地方領主なり。セルビア管区大総督なり、等々」。

以上の称号のいくつかは、一九一四年にはすでに有名無実となっていた。しかしこのリストは一族の領地の広がりや範囲を十分連想させてくれる。一九一四年当時、多くの大公を含む一族の他の人々も、

＊3　クラインは現在のスロヴェニアにあたる。

それぞれの称号をもっていた。ところで財産獲得にかんするハプスブルク家の才能をよく理解するためには、眼をオーストリア帝国本体の外にも向ける必要がある。ハプスブルク家は北イタリアからオランダまでを支配していたときもあった。ハプスブルク家のある者は、スペインおよびスペイン帝国と婚姻関係を結ぼうと画策した。一六世紀には、我が英国の女王メアリーを通じて、ほとんど我が国を手に入れかけた。

ウィーンに戻ろう。わずかな領地でも管理人は必要である。そしてこのオーストリア・ハプスブルク家の驚異的な領地は、教区に代えて国土、氏族に代えて民族、村落に代えて都市を擁していて、それを守護しそれを拡張する巨大な軍隊を必要とした。その管理の中枢となったのがウィーンであった。手下を従えた代官ではなく、文官を抱える政府があった。領地と領民が増大するにつれてウィーンも拡大した。一九一四年にはおよそ二〇〇万に近い人口を擁するに至り、彼らの大部分はハプスブルクの領地の管理に直接従事するか、市民相手の商売に携わった。一九一八年にそれら領地は離散し、独立の国になったり他国の一部となったりした。けれども中枢は残り、仕事を失った何万もの役人たちで溢れたこの大都市は、封鎖のつづく何年かのあいだ、なかば飢餓状態にあった。ウィーンは瓦解し始めた。今日に至るまで、この瓦解の過程をしっかりと阻止するものは現れていない。目下のところ、この二〇〇万都市はなんとか食いつないでおり、これにさらに四〇〇万を加えた小共和国も然りである。[*4] この四〇〇万の大多数が精気に欠ける都市の支配に憤懣を抱く様は、霧散した帝国内にいた少数民族がかつてそうだったのに似ている。

ウィーンを中枢であるかのように語るのは、まったく正しいというわけではない。後期のハプスブルク家は二重帝国の長である。つまりオーストリア皇帝でありハンガリー王である。ハプスブルク家は常にマジャール人と悶着を起こしていた。マジャール人の抱く己が民族の神的優越性の観念は、〔英領〕インド軍の生粋の〔インド人〕少尉がみずからの民族について抱くそれにも勝っていた。少なくともその激しさの点ではそうであった。それはたいへんなものであり、生半可なものではない。こういってみても、マジャール人の民族的誇りの熱狂的な激しさを語り尽くしたことにはならない。この民は世界でもっとも魅力あふれ、楽しい人たちであろう——隣に別の民がいるのでなければ。ハプスブルクの領土の重要な一部をなしていたハンガリーは、手に負えない代物であった。ウィーンとブダペストは概して仲が悪く、二重帝国の末期にあってブダペストは、帝権にはあまり縛られず広大なハプスブルクの領土を切り盛りしていた。その地はハンガリーの名を冠してはいても、さまざまな民族がひしめいていた。ブダペストの管理方式はウィーンのそれとはちがっていた。ハプスブルク家は主として領地に関心があり、そこで暮らす住民には、彼らがあまり考えすぎでもしないかぎり、好きなようにやらせた。ブダペスト政府のマジャール人たちはドイツ帝国のドイツ人たちのように、民族というものにもっと関心をもっていた。マジャール人は昔も今も四〇〇万人ほどであるが、一八〇〇万人ほどの人口をかかえる領土[*5]をマジャール人優位で管理した。これはマジャール化として知られる政策を伴うものであって、非マジャール系の人々にとっては苦痛であり、ヒトラーの画一化政策と似ていなくはない。英知ある者の眼からみ

＊4　ここではオーストリアの人口は計六〇〇〇万人となっているが、現在は約九〇〇〇万人である。
＊5　現在のハンガリーの人口は約一〇〇〇万人であり、マジャール人が九割近くを占めている。

ると、理想というものは、マジャール人の抱いた、そして今も抱いているような理想であっても、なんの理想もないよりはずっとましだということになろう。言い換えるなら、おのが民族に誇りと情熱的確信を抱いているマジャール人の愛国的熱情は、ハプスブルクの所有欲に憑かれた日和見的な気風よりも高貴だということになる。他方で、マジャールの高等な理想主義にくらべ、ハプスブルクのありきたりの強欲のほうが、他の人々にこの世の悲惨をもたらすことの少なかったことは疑いない。そこが問題である。マジャール人は昔も今も愛国者である。ハプスブルク家とその臣民は国家をもたない。彼らはただ、ハプスブルク家とその臣民であるだけで、その臣民たるや帝国内のさまざまな民族に属していて、国民的誇りのかけらもなく、「朕のための愛国者」たるのみである――朕とはもちろん、その時の皇帝である。

ハプスブルク家を嘲笑したり罵倒したりするのが習いである。どんな威光輝く支配者も一部の臣民やその指導者たちからの罵倒を、彼らのまったく正当な罵倒をどうしたところで免れることはなかったし、そしてどんな威光輝く支配者も哲学者の嘲笑を免れることはできない。オーストリア＝ハンガリー二重帝国は、ゲディ氏[*6]の言い方を借りれば、がたがたの代物であったけれども、機能はした。二重帝国、とりわけハンガリー側の半分は、少数民族に多くの災いを引き起こした。二重帝国は、領地の問題となると驚くほどの頑迷固陋を発揮し、無謀で、それゆえ滑稽であった。しかし、資源を追い求めることについては我が英国より無謀ということはなかったし、少数民族を圧迫することにかんして、近ごろの少数民族がみずからの抱える少数民族に対して今や示している以上に残忍ということはなかった。マジャール化でさえ（ハプスブルク家は、これについておおいに罪があったとはいえ、マジャール人ではなかった）、南チロルにおけるイタリア化には及ばなかった。[*7]こう言って二重帝国の罪過を帳消しにしようというわけではない。そうではなくて、そうした無謀、残忍、また粗略が一王朝の王冠――それがどんなに古びて耐えがたいものであったにしても――が地に落ちることによって世界から消え去るわけではないことを記憶にとどめておきたかったからである。曲がった十字架をもつハンガリーの鉄の王冠が落ちても同じことである。ハプスブルク家はとても友好的であったと思う。近代オーストリアは、フランスや英国と同様、抽象的観念に長く支配されるようなことはけっしてなかった。そうしたことがあったのは、三十年戦争のころなどである。

オーストリア人、ウィーン人は当今、ともに庶民的である。彼らの魅力や文化とともに彼らのかつての支配者たちのお粗末さを同時に耳にする。国民はおのれに見合った統治を受け入れる、ということわざはかなりよくあたっている。戦争が終ったとき、同じドイツ圏の親類たる解放されたドイツ国民がホーエンツォレルン家を追放した際のあの熱狂を見て、そうした言い草は反駁されたものと我々は思い込んだ。けれども二〇年も経たないうちに彼らは別の皇帝を立てた。皇帝ヴィルヘルムに輪をかけたアドルフ［ヒトラー］なる者を戴いたのであり、その帝国誕生にいたる経緯のひどさに言い訳ひとつせずにである。王たちはいつでも人々の想念にそってつくられるからといって、人々はひどい目を見るわけがな

＊6　ジョージ・エリク・ロウ・ゲディ（一八九〇―一九七〇）であり、英国のジャーナリスト。大戦間期には中欧に駐在し、反ナチスの立場から論陣を張った。
＊7　第一次大戦後、多数のドイツ語人口を擁する南チロルはイタリアに編入された。ここでは、その後のイタリア化を指す。

いとはいえない。土地所有者は彼の管理のまずさで責められるのは避けられない。管理のよさについては栄誉とされるのが公平というものである。二重帝国のような仕掛けのなかで支配者一家は、もしなにほどか見所があるのなら、非難とともに感謝を受けなければならない。ウィーンの発展とそのデカダンス文化の開花は、国家の栄光なしには存在しえなかった。それを推し進めるのに支配者たちはなんの寄与もしなかったというのはあたらない。注目すべきことはモーツァルトが貧民墓地に葬られたということではなく、そもそも彼のような人物がここで生きてゆくことができたということである。この鈍重で専制的な帝国は正真正銘のヨーロッパ文明の中心となった。何よりも、芸術のなかの芸術とも称される近代音楽の本流を生み出し、発展させた。壮大で隆盛をきわめた劇場があった。すぐれた建築様式を育み、ウィーンを世界でもっとも愛すべき都市のひとつにした。すぐれた絵画の数々を収集した。とりわけ、臣下のポーランド人のひとり、偉大なるソビエスキの加勢を得て、(我々の文明の全史を通じて、これ以上に重要な偉業を思いつかないのだが)この帝国はトルコ軍を追い返し、キリスト教のためにヨーロッパを救ったのであった。これに加えて啓蒙的医学の旗手になり（これはほかならぬ皇帝ヨーゼフ二世の手柄である）、同時に薄汚れた産業化の潮流には激しく抵抗した。最後に、そこに何かわけがあるのかもしれないと思う人に対していうなら、この帝国は、多くの後戻りや失策を経験しながら、重大な脅威をものともせず、人生とは真剣でも深刻でもなく、ただ思考が人生をそうしたものにしてしまうという真理を保持していた。そうした思考の呪縛を捨てさせるには、戦争やバリケード以上のものが必要である。

＊　＊　＊　＊

ウィーンの秋の盛り、つまり哀亡のはなつ光芒は、マリア・テレジアの治世のときに始まった。この偉大な女王の記念像が双子の博物館、すなわち美術史博物館と自然史博物館のあいだに、彼女の勇敢な提督や将軍の像に取り巻かれて巨大な姿で座している。その像はブルクリングの向こうの王宮［ホーフブルク］の長く延びた冷厳な正面をみつめている。さらにその先には、ミノリーテン教会の急な傾斜の屋根と小さなずんぐりした塔がそびえている。カプツィーナー教会の帝室地下納骨所にあるいくつかの柩のひとつは彼女のものである。それら柩は荘厳で精巧にできているが、だいたいが平板な銅のお棺で、装飾がないのが装飾といった我々が本質的に英国的特色とみなしている類のものである。その種の特色は我々のかかわる、パリのノートルダム寺院にある金とエナメルの小さな飾り板に極まっていて、それは［第一次大戦中］パリの存続などのために犠牲になった百万の英国人を記録にとどめるものである。

マリア・テレジアは教育を奨励し、娘をフランス王と結婚させるよう取り計らった。この魅力的な女性はのちに恐ろしい死を迎えることになるが、その死の前に、パンがないならケーキを食べればいいのにと言ったとされ、その台詞は革命派が決起するさいの標的となるものすべてをなにほどか象徴していた。それは記録に残る最初の真にハプスブルク的な台詞のように私には思われ、この若きフランス王妃の哀れな最期は、この一家に降りかかる恐ろしい身内の惨禍の始まりと見ることができる。それは、なかでももっとも哀れな悲劇、亡命した皇帝カールがマデイラのフンシャルで死んだことに極まる。むろんハプスブルク家はマリー・アントワネットより前に残酷な死に直面したことがあり、そしてむろん、パンの代りにケーキをと提案したこの人以前にもっと残酷なことを言った者がこの一家にはいた。とはいえ、事情が変れば中身も変り、マリー・アントワネットにあって初めて、この非凡なる家系の一員が、結束した民衆との公然たる戦いの場に引き出された。もはや神授の権利をもった支配者はいなかった。フランスは君主政を投げ棄てた。英国国王は平民の招請を受けて玉座にある。ウィーンのハプスブルクは、もはや忍従せず敵意をあらわにする臣民に直面して、今や朕が意志により支配した。構図は変化し、国土に根ざした愛国主義の死滅を早めて、朕のための愛国者の地位を強化した。

しかしながら、マリア・テレジアは革命など何も見ることはなかった。国母は慈愛に満ちた厳しさで支配し、娘はその地位がもたらす果実をまだ享受していた。マリア・テレジアは女帝を称することはなかったけれども帝国を支配し、帝国の民は彼女の専制の権利を疑うことはほとんどなかった。彼女は素晴らしいものに溢れるその首都に引きつけられていた。その首都は教権支配の象徴である聖シュテファンの塔を取り巻くように形成され、大きな修道院がそこここにある。啓蒙的な女帝は考えもなく、そしてやむにやまれず教育熱で民衆をあおったが、それら修道院を金銭的に支えていたのはそうした民衆である。彼女の治世のあいだにハイドンとモーツァルトが生まれた。*8

母の死のあと、短すぎたというべきか長すぎたというべきかはともかく支配したのは、「民衆皇帝」ヨーゼフ二世であった。まったくもって慈悲深い専制君主、この啓蒙の超独裁者を、今日の独裁者たちと一緒くたにするなど夢にも考えられず、彼らとは雲泥の差がある。彼はオーストリアの教会権力を破壊し、すべてのものに対する寛容——といっても彼の意志に逆らうものに対しては別であるが——を導き入れ、育んだ。世界でもっとも洗練された病院を建て、芸術を保護した（モーツァルトに、君の作品は音符が多すぎるぞと注意した)。革命の兆しに対してはいつも気を配り(革命の最初の一粒は彼の母の手で、教育熱をもって撒かれ、その柔らかな苗を彼はまったく無意識に荒々しい風から護った)、そして最後にプロイセンと覇を競って事態をひどく混乱させた。多くのことをよく理解しなかったためであり、この点についてはのちに一瞥することになろう。この人のあとを襲ったのは弟のレーオポルトであった。ヨーゼフは天才であったものの、みずからの課題を成し遂げられるほどの傑物ではなかったという事実から出てきたもつれを、レーオポルトはうまく解きほぐした。そのあとを継いだのがフランツであり、狭量で衒学的であったけれども愛想がよく、ナポレオンをまねて一八〇四年にオーストリア皇帝を称した。特によいこともしなかったものの、分裂に向かう諸力をなんとか抑え込むことができた。メッテルニヒははじめてこの治世に姿をみせる。しかしメッテルニヒ体制が固まりだしたのは、このあとの哀れなフェルディナントの治世になってからである。かくしてウィーンはスパイや密告者、秘密警察の巣窟になり、暮らしむきは消耗の度を増していった――あげくに一八四八年に大暴動が起こり、オーストリアの支配者たちは自分たちに降りかかろうとしている災難を初めて見て取った。雪崩が始まっていた。何物もそれを食い止める見込みはなさそうであった。しかしここにひとりの男がいて、自分の手を染めた職務のなんたるかについては一知半解ながらも、最善を尽くした。その人こそが皇帝フランツ・ヨーゼフであり、史上もっとも偉大でもっとも取りこぼしがなく、想像力を労することのもっとも少ない堅物であった。ヴィクトリアが英国女王になったのと同じ年齢で、彼は即位している。洪水が荒れ狂っ

＊8　マリア・テレジアの即位は一七四〇年で、ハイドンはそれ以前(一七三二年)に生まれている。

ていて、もちろんこの帝国をも流れに巻き込み、さながら欧州大戦といったおもむきであった。しかし、欧州大戦が実際に起こったのは、ようやく運命が、狭量で鈍重で英雄的なこの男の精神をこれでもかとばかりに切り刻んでからのことである。小柄でがっしりしていて頬ひげを生やしており、ひどくまのびしたウィーン風のアクセントで話すこの男の精神を……(原注)。

（原注）これまでのハプスブルクの人たちにふれるときには、通常の英語表記でつづっていたけれども（たとえば、フランシス、ジョゼフ、チャールズなど）、最後のふたりの皇帝、フランツ・ヨーゼフとカールについてはドイツ語つづりにとどめた。これは純粋に個人的な好みであって、まったく正当化しえない――彼らが我々の同時代人であった、あるいはそのように考えるのに我々は慣れているということを除いては。少なくとも著者はそれに慣れている。［本訳書ではすべてドイツ語の呼称にしてある。］

一八六七年に彼の弟で、哀愁に満ちて悲劇的、そして裏切られたメキシコ皇帝マクシミリアンはファレスの命令により銃殺され、彼の妻でフランツ・ヨーゼフの義妹にあたるシャルロッテは気が狂った。一八八九年、皇位継承者で彼の一人息子の皇太子ルードルフは、ウィーン郊外マイアリングの木々の生い茂る丘にある狩猟館で、愛人マリー・ヴェツェラと心中した。同じ年、彼の妻である皇后エリーザベトの従兄弟、バイエルンのレーオポルトが自殺した。一八九七年、皇后の妹のアランソン公爵夫人ゾフィーが、パリの慈善舞踏会で起きたすさまじい火災で焼死した。翌年には皇后自身がジュネーブで、ひとりのイタリア人アナーキストの手により刺殺された。そして一九一四年の夏、老皇帝の甥で皇位継承者になっていたフランツ・フェルディナントが――彼と貴賤相婚の妻ゾフィー・ホテクが――セルビアの学生ガヴリロ・プリンチープに狙撃され、殺害された……。

この最後の事件が戦争の始まりに、終りの始まりになった。それが記録に残る真にハプスブルク的といえそうな台詞が発せられる機会にもなった。貧しい者にはパンがないと聞いて、それなら代りにケーキにしたらとフランス王妃は提案したことがあった。戦争の始まりとなる暗殺の知らせを聞いてオーストリア皇帝は言った。「私が維持することのできなかった秩序を、高貴なる力が取り戻した……」。というのもフランツ・フェルディナントは痛ましいばかりに［皇位継承の］正統性を欠いていたからである。「神は私を容赦してくれなかった」とこの老人は別のときに述べた。けれども彼はまちがっていた。一九一六年に彼は亡くなった。これにより退位を強制されるという屈辱を幸いにも免れた。それは二年後に若い新皇帝カールにふりかかった。一九一八年、カールは見捨てられた人となりはて、シェーンブルンの彼の王宮を守護するのはふたりの男だけであり、誰も救援に来なかった。彼はスイスに亡命し、ハンガリーに戻ろうとして失敗したあと、英国の駆逐艦によりフンシャルに護送され、その地で亡くなった。彼の弱い肺がそこのどうしようもない気候にやられたのである。彼がウィーンを逃れたとき、革命が起きていたけれども、デカダンスはいっそう進んでいた。一七八九年にはまだ創造的活力がヨーロッパから滅び去っていなかった。一九一八年にはもう滅び去っていた。フランツェンリングとして知られていたリング通りの一角は、十一月十二日リングと改名された。[*9]ドナウ運河のフランツ・ヨーゼフ埠頭、それにフランツ・ヨーゼフ駅は今もその名をとどめている。王宮の軒（コーニス）の上の青銅の鷲は今

*9　その後、名称はドクター・カール・ルエーガーリングを経て、現在は、ドクター・カール・レンナーリングとウニヴェルジテーツ（大学）リングになっている。

も夜空に翼を広げてシルエットを描いている。王宮や建物の壁の漆喰ばかりは崩れ始めた。

ウィーンに到着したとき、人はこれらすべてに思いを馳せるわけではない。人はその場所の現在の姿を知ってはじめて、そこの歴史をたどってみようということになる。ただ一瞥しただけで過去へと引き込まれ、解き明かしてみようという気になるにちがいない。今は荒れ果ててみえる装飾された建物正面と索莫としたヘルデン［英雄］広場は、もはや護衛すべき皇帝のいない宮殿であり、それが見おろすかつての広大な閲兵場なのだという具合に。

II　プラーター

人がともかくも思い出すのはささやかなもの、一般的なものの集積で、それらが混ざりあって都市全体についての持続的で、とはいえとらえどころのない印象を形づくっている。道路と多くの歩道に敷きつめられた四角い花崗岩の敷石、そうした歩道からまっすぐ立ち上がる半地下室をもたない家々のなめらかな漆喰の前面、それらは粗野と磨きのかかった洗練とがない混ぜになった一八世紀の名残の風情をその場所に与えている。旧市街の外側を走るほとんどの街路の広さは格別であり、多くの低い建物、特にムゼーウム［博物館］通りにある帝室厩舎のような古い建物が、[*1] 何エーカーものとても価値のある地帯に連なっていて、ロンドンのあのリージェント・ストリートに見られるせっかちや貪欲を冷たく見下している。入り組んだ旧市街の細く延びた街路には空に向かって天窓が並び、あらゆる建築装飾のほどこされた高層のバロック風邸宅があり、その横に立つ安アパートの引っ込んだ戸口からは黴《かび》や、パプリカのシチューすなわちグーラシュのにおいが立ちのぼってくる。ぎっしりとすきまなく立ち並んだ一流

*1　現在、帝室厩舎の建物は存在せず、その跡には博物館などの施設が立ち並んでいる。

の商店街――コールマルクト、グラーベン、ケルントナー通り――がこの地域を縫うように走っており、その配置の妙が異国情緒をかもしだしている。アム・ホーフやフライウングのような広く開かれた空間は、それを取り巻く建物を小さく見せている。数えきれない噴水の多くはこまかな細工がほどこされ、いつも水がほとばしっている――ただし、冬は凍らぬよう板で囲われ、柔らかい雪でおおわれたピラミッドのようになっている。装飾をほどこした出入り口の向こうに簡素で旧式な中庭がちらりと見える。リング通りの「グリーンベルト」には並木や公園、空地があり、そして国民庭園［フォルクスガルテン］が十一月十二日リング[*2]に接するところでは木々の緑の梢が密集しており、すべての建物を視界から隠している。広々とした板ガラスをはめたカフェの窓は楽しげで快適な効果をもたらしていて、それはショーウィンドーと同じくらいの大きさであるものの、通りから数フィート高い位置に据えられており、壁に高くかかったインテリア、重々しいシャンデリア、外の世界に背をむけて何時間もくつろいでいるさまざまな形の人影を垣間見させている。整然としたバロック様式の建物の連なるなか、急勾配の屋根をもつゴシック大聖堂が――花崗岩のブロックを敷きつめた道路から――そびえ立っていることからくる独特の雰囲気がある。角を曲がるたびにいつも繰り返し現れる光景、すなわち晴朗でひきしまった空気のなかに木々の生い茂る丘陵が、姿をみせる……。

こんな具合である。

ある都市を知るには、まずそこで座ってみること、次にそのなかを動きまわってみることだ。そのあとはまたあちらこちらに座ってみるのがよい。ロンドンは、よく知ろうとする外国人にとって世界で最悪の都市といわなければならず、なんとなれば座るには世界で最悪だからである。またロンドンの主要な乗り物は法外に延伸しているとはいえ、あちこち出歩くのにこれほど困難な（少なくともこれほど不快な）代物はない。思うにパリは、あちらこちらに座るには最高の場所である。けれども、タクシーは別として、移動手段については足りないところが多い。カフェについては、ウィーンはパリといい勝負である。とても効率がいいけれどもみずからを押し殺すような風貌の市電、安くて溢れるほど走っているタクシー、合理的な道路網（空から見たら、リング通りを真ん中にして、軽く風を受けた蜘蛛の巣のように見える）などにより、ウィーンはおそらく世界のどこよりも簡単に歩きまわることができる。こうしてパリよりもいっそうたやすく知り尽くすことができる。

パリの並木道では、のみならず別の場所でも、舗道に置かれた小さなテーブルを前にして椅子に腰かけ、「通り過ぎゆく世間を見守る」のが習いである。これはカフェ暮らしの醍醐味とみなされている。けれどもカフェ暮らしのほんとうの醍醐味はちょっと別のものだ。和やかな環境のなかでよい気分で腰をおろし、会話したり瞑想にふけったり、木の枠に綴じ込まれた世界の新聞を読んだり、ブラッドショーの大陸横断鉄道旅行案内で列車を調べたり、友だちがひょっこり訪ねてきたり、あるいは友だちをひょっこり訪ねたり、さらには書き物さえしてみたり。ゆっくりとした会話のざわめきを背にし、彼らの煙草の煙が巻き上って目にしみ、何かが動くたびに大理石板の上の錫盆がかたかたと鳴り、コーヒーは生ぬるくなってやがて冷たくなるが、そのさめたコーヒーというもっともやりきれない冷たさ……。この書

＊2　この名称については二九ページを参照。

物がそんなところで書かれたらもっとよいものになるだろうに——英国ではこの時期（今は一月である）、窓を開けると陽は斜めに射し込み、ツグミの声や早起きの小羊の鳴き声がかわりに元気づけてくれるけれども。

カフェ暮らしの醍醐味に戻ろう。こうしたことすべてを舗道の上で申し分なく行うことができるとしても、ウィーンにあっては通常、室内のほうがよい。椅子はもっと柔らかで、テーブルはもっと大きい。ウィーンのよいカフェは、ロンドンのもっとも充実したクラブとおなじくらい快適であり、ざわついていない。もちろん、舗道に出した椅子に座るのが好ましいときがあり、暑い夏の夕べ、明るい灯が薄暮を背景にきらめき劇的効果を与えて心地よいときなどがそうである。けれどもこうした場所に座っているには寒すぎることもしばしばで、通り過ぎゆく世間を見守ることに熱心な常連たちは、装飾がほどこされて集中暖房のきいた一角に安楽にいつも座ることができるわけであり、そこから四方の壁のひとつを占めている分厚いガラス越しに外をみつめている。夏の暑いときにはこうした大きな窓ガラスはまるごと取り外され、そうなるとはるか奥行きのある柱廊ないしは穴ぐらの涼しい隅に座るかのようで、生真面目な観光客が太陽と焼けつく敷石とのあいだでゆでだこのようになっているのを見守っている。内と外にある心地よい生活にまつわるものすべての総仕上げをするのは、多種多様なコーヒーである。世界でもっとも繊細な味のモカに始まり、銅製容器に入ったトルコ・コーヒー（ラーハト・ラクーム[*3]を別とすれば、快適な文明生活に対するオリエントの唯一の貢献というべきか）を経て、泡立てたクリームのかたまりをのせたこの地独特の満ち足りたメランジュ[*4]にいたる。コーヒー一杯ごとに、綴じ込まれた新聞と冷たい水の入った小さなグラスがふたつついてくる。水は何杯でもおかわりでき、こうしてアルプスの雪解け水（ウィーンの水は、はるか六〇マイル〔約一〇〇キロメートル〕離れた山々から供給されており、他のどことくらべてもひけをとらない）をすすりながら、たった一杯のコーヒーの値段で何時間でも座って読んだり話したり、さて次に何をしようかと思いめぐらすことができる——こうしているのがとても心地よいので、何もしたくない気持ちになってくる。

ここ以上に心地よく、次に何をしようかと思いめぐらしながら座っていられるような都市は世界じゅうどこにもなく、そして結局のところこの都市の住民がこのようにわずかのことしかしない理由がこれであるのはまちがいない。思い描くほうが実現するよりもよい、と我々はふつうに言っているけれども、より大きくより危うい自動車を求めて永遠に苦闘する我々英国人は、この格言を真面目に受け取る徴候をみせていない。ウィーン人はそんなことはいわなくとも、本能的に知っている。そうした本能をもっている。それを自分の哲学とするほどの勇気はないにしても。彼らはそれをフェーン[*5]のせいにする。それは暖かで気力を弱める風で、人体の組織にシロッコと似たような効果を及ぼすものである。

さて、我々はしかしながら、シュランペライ〔いい加減〕の功徳と快楽をけなしておかなければならない。

＊3　砂糖菓子の一種。
＊4　水の入った小さなグラスがふたつ、コーヒーについてくる、と書かれているが、現在では通常、グラスはひとつである。
＊5　アルプスを越えて吹き寄せる温暖で乾いた南風。次のシロッコは北アフリカから南欧の地中海沿岸に吹き寄せる南風。

我々は少しは動きまわらなければならない。ウィーンは目下、最善の状態にはないし、将来そうなることもけっしてないだろうけれど、それでもそうなろうとする姿勢だけは示している。半分のパンでも手に入るなら、何もないよりはどんなによいことか。飢えでもしようものなら、原則を問題にすることなど、わけなくやめてしまうものである。ウィーンは昔とは変ってきていて、数年後には何が残るだろう。すべてが残るかもしれない。語るべき何ものも残っていないかもしれない。廃墟の山となり、市庁舎の上に立っている騎士［市庁舎の男と呼ばれる］がその篩《ふるい》状の尖塔から逆さに宙吊りになっているかもしれない。彼が落下したときには、文明はまったく終りになると信じられているかもしれない。実際ありうることだけれども、転覆《ウムシュトルツ》に直面して騎士は逆さにぶらさがるいとまさえないかもしれない。他方で、彼はあそこに永遠に立ちつづけるかもしれない――建物とともに。誰にもわからない。しかし、もしヨーロッパ大陸が破壊されるのだとしたら、最後にその大陸のもっとも偉大な都市のひとつを無傷のまま見ておこうともせずに、カフェのなかなどに座っているのはいかにも残念である。それは単にひとつの都市ではない。我々が認めたように、ひとつの記念碑である。

他方で、この大陸は今なお絶滅を免れる可能性をもっている。しかしそのためには少なくとも、各国民がおたがいを理解しようとし、おたがいの過去を理解しようとすることが前提になる。

こうしているあいだも我々のカフェは快適でありつづける。椅子はクッションやバネがよくきいており、世界一愛想のいい給仕は口数が少なく、どこにいても耳障りなことはない。ずっと隅のほうにいる若いカップルたち、その他のあまり若くない人たちが、北方ではあまり奨励されないことではあるけれども自由におおっぴらに口説いている。他方で彼らは北方でありうる以上に幸福に笑い、ほほえんでいる。初夏の晴れやかな夕べとなり、流れくる冷気が空気をふるわす。相応の収入のある紳士たち以上に、この国にあって暇という栄誉をもちあわせている紳士たちが、いつでも打ち明け話をすることを夢みたり、ドミノ遊びをしたり、軽くいちゃついたり、あるいはまた政治や自分たち自身のこと、商売のことを議論することができ、それらは日中にその同じ場所で議論していた事柄である。他の人々は座って順序正しくむさぼるように、『ペスター・ロイド』から『イラストレイテド・ロンドン・ニュース』へと影響力のある一連の国際紙を読んでいる。年齢とともに幾何級数的に容積を増している婦人たちは、考えられるかぎりもっとも薄いこはく色のお茶を、レモンかラム酒かミルクかで風味をそえて、あるいはなんにもそえないで飲み、かたわら、みるからに甘ったるく繊細な風味のきいたケーキを一心にほおばっている。たくさんの話や笑いがあれば、良心のしからしめる多少の陰りもある。給仕は軽快に忙しそうにしている——完璧なサービスの能力とチップを増やす抜群の腕前を併せて発揮しようというのである。重々しい装飾、輝いている真鍮細工、曇ってはいないけれどもいつもわずかばかり腐食している鏡、取り付けることが可能なところにはどこでもぜいたくな塑像がその場所を満たしている。音楽はなく、ただ会話のゆるやかな波と最小限におさえられた陶磁器のふれあう音が聞こえる。何はともあれ順調だったエドワード七世[*6]の治世がさまざまな点で思い出される。今日なおロンドンには、快適に座っていられるレストランが二、三軒ある。もちろんウィーンにも現代風のカフェがあり、真鍮はたいていス

＊6　エドワード七世（一八四一―一九一〇）、英国王（在位一九〇一―一九一〇）。

テンレスに取って代られている。けれども、多くの古いカフェが生き残っている——生き残るべき数より少ないのは残念ではあるけれども。というのは、ウィーンはインフレーション[*7]の時期に根本的な過ちを犯した。何十もの老舗の店が、銀行に場所を譲るために取り壊された。人々が正気を取り戻したときは、銀行がとっくに席捲したあとだった。終戦直後のヨーロッパの苦闘の時期における連合国側の封鎖の圧力は、この地にあってりっぱな人々を飢餓に追いつめた。我々はみな、そのことを知っている。我々がそれを忘れないことを望む。しかし、それほどよく知られていないのは、結果として生じた財政的無秩序が文明のこの最後の砦を非常に厳しく圧迫し、そこはみずからの拠り所を否定するまでに追いやられたということである。文化生活の象徴であるカフェは人間の邪悪と愚鈍の象徴に取って代られた。英国にあって我々自身が似たような置き換えを遂行したのははるか昔のことで、その意味するところを忘れてしまっている。それは品位の終りの始まりを意味している。ウィーン市民は正気を取り戻すや彼らの銀行を取り除いたけれども、痕跡は残っている。

晴れやかな夕べはつづいており、我々はいつまでも屋内に座っているわけにはいかない。ひんやりした微風が空気をふるわせている奥行きのある柱廊、ないしは穴ぐらにいる場合でもそうであり、しかも微風が熱い舗道にふれて暖まっているのが感じられるとすれば……。

遠くまで行くにはおよばない。まずもって人々を一瞥することが必要である。都市の住民がその都市である。記念碑的なものを見る前に、それらを建てた人たちの末裔についてなにかしら知っておくとよい。これら記念碑、つまり教会や宮殿や博物館でさえ、主として消え去った世代を追憶する記念碑として興味深い。芸術作品なども含めた、一般的とはいえないものは別として。ただし、芸術でさえ芸術家たちとまったく切り離されてあるわけではない。

晴れやかな夏の夕べ、ウィーンの人々は多くの場所に姿を現す。街路や小さな公園、劇場、ビアガーデン、そしてカフェに。しかし、他のどこよりも、さまざまな住民の集団がこぞって姿を現す場所がひとつある。そこではそうしたさまざまな集団が立ち現われてきたが、前世紀この方、しだいに左翼のほうがめだってきた（二〇年前［第一次世界大戦直後］には極右の突然の退潮があった）。その場所とはプラーターと呼ばれる驚きの公園であり、富める人も貧しい人も、そこではともに混じりあうこともできれば、みずからの領分を培うこともできる。

ウィーンが何を基礎としているかを発見するには、プラーターで何時間かを過ごすよりほかによい方法は考えられない。旧市街からプラーター通りを下ってプラーターシュテルンまで行く短い旅は、息つく暇もなく過去を鮮明に呼び起こしてくれ、こうした所はほかにない。

人によってプラーターの意味するものはさまざまである。ドナウ川沿いの端につくられた競馬場であり、馬場であり、ポロ競技場である。もっと多くの人たちにとってそれは小屋掛けや回転木馬や蒸気オルガン[*8]であり、これらはカタツムリのようにゆっくりと回転する大観覧車が投げかける影の下にある。

＊7　第一次世界大戦敗北後の猛烈なインフレーションを指している。

＊8　汽笛音を使って演奏するオルガン状の楽器で、カリオペとも呼ばれる。

一部の人々にとって、そこは奇妙なほど広々とし、樹木の生い茂った野生の沼沢地で古い帝室鹿猟園の遺物であるかもしれず、堤防のところまで下っていて、その堤防こそは怪物のような川の茶色の奔流を食い止めている……。プラーターはこれらすべてのものを意味し、そしてまた他のものを意味していよう。しかし、どれほど多様な人々にとってどれほど多様なものであろうとも、他方で彼らすべてにとってそれは一つのものに極まる。すなわちプラーター・ハウプトアレー〔並木大路〕である。比類のない二重になったマロニエの並木道であり、まっすぐに矢のように二マイル半〔約四キロメートル〕先まで走っている。それで、終点のはるか手前で梢の列が収束し、一緒に合さって見えてしまう。マロニエの木は四世紀――きっかり四世紀――前、この公園がハプスブルク家の保護地だったときに植えられた。そして大洪水のような変動がやってくるまでは、この並木道はヨーロッパでもっとも誇れる遊歩道であった。今日でもなお初夏のころ、陽光がろうそく花をとらえ、それが濃緑色の葉に照り映えるとき、その壮観はほとんど減じていない。もはや行列だけはないけれども。

一方の端、人でにぎわうほうの端には、三軒の開放的造りのカフェがある。カフェI、II、IIIである。[*9]これらは大衆的施設で、民衆のプラーターを背景に、寸劇や余興を催している。はるか向こう側の端、広い並木道が分岐して取り囲む島状のところに、色あせたルストハウス、すなわち帝室の園亭ないし猟小屋のようなものが、今では人目につかず閉じられて立っている。[*10]両端のあいだを馬車道が見捨てられたように走っており、そのマロニエ並木道をただときどき一方の側から他方の側へと渡る小さな人影のかたまりが見られるだけである。黄昏どき、くすんだ葉がつくる角錐状の天蓋により、あたりはいっそう暗くなっている。

並木大路は歩行者用に設計されたのではなかった。けれども自動車が通ることは許されておらず、そのため今でも音をたてない亡霊のような二頭立て四輪馬車が出入りしている。わずか三〇年前［二〇世紀初頭］には馬車はそこでまことに輝いていた。今の静けさはただ、蹄のきびきびした響き、荷重がかかった皮紐のきしみ、軽快に走る車輪のつぶやきにそっとおおいをかけているだけのように思えてくる。そして耳が聞き分けたことを目が補強するであろう。行列が進む……。

夏の黄昏どきではなく五月の午後の輝きのもと、それらすべてのマロニエが一斉に花をつける。リボンのような並木は息を吹き返し、ゆったりと走る四輪馬車――伝統ある厩舎の誇りをもった馬につながれ、花形記章をつけた御者が駆り、幌をかけている――の流れがあり、馬上の騎士を従えた驚くほどの数の婦人たちがきらめくような姿で運ばれてゆく。彼女らは暑苦しい衣裳部屋での長いうんざりする時間のあと、陽光で洗われた空気で生気を取り戻す。彼女らはウィーン社交界の華であり、その筋の世界の華でもある。政治家の夫人や愛人、歌手や女優、売れている娼婦。北はポーランドから暑いアドリア海沿岸に至るまでの帝国各地から来た王女たち、非常に古く由緒ある家系の誇り高く情熱的なハンガリー人、誇り高く貴族的なボヘミア人――つまりは、朕のもっとも偉大な臣民たちがいる。彼女たちにまじって地元のウィーン人がいる。未亡人、そして付き添いのついた若い娘たちは美しくて多感で、毒気のない皮肉を浮かべ、生来の快活さの精気を湛えている……。これらすべてが、歴史を刻んだ遊歩道

＊9　三つとも一七八六年開業、IとIIIは一九四五年まで、IIは一九六二年まで営業していた。
＊10　現在ではカフェとレストランが入っている。

の両側に居並ぶ人々の好奇の視線を浴びる。どこまでもつづく並木道をゆっくりと駆っていき、そしてルストハウスをぐるっと回ってゆっくりと引き返してくる。馬はいらだって方向を変える。道中ずっと、きらきらと透き通る中欧の空気のなかを行く。道中ずっと仲間たちの判定にさらされる――急な合図にもすぐに微笑み返し、手袋をはめた手はいつでも振る用意ができている。

幻影は移ろいゆく。金管楽器の響きは死に絶えている。最後の蹄の音は空しくこだましている。それらは来り、そして去ってゆき、大公園は民衆に残された。ウィーンの民衆はスラブ系、ラテン系、ゲルマン系といった無数の民族の混交であり、渓谷や森や沼沢地、肥沃な平原から来た人たちで、今はみなウィーン人である――気力を萎えさせるフェーン、東方との近接、巨大な帝国の帝都に住んでいるという感覚が混じり合った環境の、独特のしるしを刻印されて。

今では行列は永久に去ってしまったとはいえ、民衆は残っており、ひどく変ったわけではない。

歪曲的一般化と啓発的一般化のあいだに線を引くことはけっして容易ではないけれども、国民的性格について一般化することは伝統的な楽しみであり、多くの権威ある人々の支持を得ている。たとえばオーストリア人ということになると、一般化をすべきではない。まず、オーストリア人とは誰かと問わなくてはならないであろう。答えるのが厄介な質問である。しかし、ウィーン人となるとまったく別である。彼らは端的にウィーンに暮らす人々であり、彼らの都市は十分に緻密で同質的であり、性格は十分はっきりしていて、そこに土着する人々すべてにその刻印を与えている。ウィーンのウィーン人に対する関係は、オーストリアのオーストリア人に対する関係とは非常に異なっている。ウィーンでは二〇〇万の老若男女が数平方マイルのなかに詰めかけ、同じ丘陵で護られ、同じ気候的特徴のもとにあり、共通の伝統の核のまわりにしっかりとまとまっている。オーストリアはといえば、平地の民もいれば山地の民もおり、他国——ドイツ、スイス、イタリア、ユーゴスラヴィア[*11]——との境に暮らしている人々がいてそれらの国々から影響を受けている。山あいの地域すべてで、たとえばケルンテン州のように山脈により隣接地域との自由な往来が妨げられている。唯一の統合的要素としてはカトリック教会があるだけである。しかし、ウィーン人はウィーン人である。最上層から最下層まで、すべてがだいたい同じである。そうした点からいうと、大ロンドンの住人はもはやロンドン人ではない。

肝腎なのは一八世紀の精神である。それはこの書で一八世紀ということで考えているものといってもいいし、我々英国人が失ってしまったものでもある。ウィーンは中心のある都市だが、四倍の大きさのロンドンはそうではない。全ウィーンの文化的中心はリング通りによって囲われているけれども、ロンドンはそうした中心をもたない。［大英］帝国の中心部は今では映画館、呉服店、保険会社事務所、そして彫像群からなっている。それに対し、ロンドンのゴールダーズ・グリーンとストリーサムの住民たちは彼ら自身の独立した中心をもち始めている。結果はというと、米国の中西部以上に背景となる伝統に乏しく、満たされない気持ちになる。

ウィーンはロンドンほど大きくはないし、今はもうけっしてそうなりえない。かつてこの都市は教会や宮殿、劇場、支配者一家、紅灯街、ゲットーを擁しながら、十分親密に束ねられていた。そして大きく拡大したものの、もっとも離れた地域からでも中心部へ向かう道路は変らずに通じている。今では支

＊11　ユーゴスラヴィアが解体した後の現在は、スロヴェニアと国境を接する。

配者一家は存在しないし、ゲットーや紅灯街の類も存在しない。しかしそのほかの文明のしきたりは残っていて、今でもグラーベンかケルントナー通りを歩いてゆくと、およそ一〇ヤード［約九メートル］ごとに帽子をとらなければならないことがはっきりする。この都市ではこうした恐るべきやり方で知り合いに挨拶するという決まりが、英国陸軍の「敬礼」にかかわる礼法と同じくらい厳しいのである。計算上、一〇ヤードごとに五ヤードは無帽で歩くことになる……。あるいはまた、ボンドストリートで買い物をするならともかく、同じことがマリアヒルファー通り、すなわちかつての帝室厩舎からシェーンブルン近くまで延々とつづくブルジョアの商店街にもあてはまる。こんな話はボンドストリートにもトッテナムコートロードにもありえない。

実際、いかなる国も、その首都が相応の市場街の性格をそれなりに保持しているかぎり、非文明的と呼ぶことはできない。逆に、個人がどこかの鳥獣の森に迷いこんだと感じた瞬間に、文明は消え去る。個人は自分が見られていないと感ずるとき、社会的良心をもちえない。もちろん、精神の複雑さはこう言い切れるほど単純ではないけれども、厭わしきサド侯爵の小説の一節をここにあてはめることができるように思われる。「官能、そして実に他の何ものでも、安全だとわかるとどれほど増長するか見当がつかない。『ここに私は世界の終りにおけるすべての意図や目的にむかって独りいて、のぞき見する目からはるか引き離され、いかなる被造物も私に近寄れない』と人がみずからに言うことができるや否や、すべての障害と拘束は払いのけられる……」。サドはここでとりわけ肉欲的快楽について語っており、そして一八世紀のパリにあって、完全なる放免はただみずからを空っぽの家に閉じ込めることであるのを彼は見出した。しかし、巨大で分散していて個々人が目に入らないような社会集団にあっては、責任感のゆるみが生じざるをえないことはまったく明らかである。ウィーンは、二〇〇万の住民がいるにもかかわらず田舎町の雰囲気を維持してきているかぎり、そしてすべての階層の人がすべての階層の人のゴシップやスキャンダルに夢中になることがいまだに可能なかぎり、ある程度は文明の中心でありつづける。いつかゴシップのもつ予防薬としての働きを明らかにする本が書かれるであろう――それは他の治療薬と同様、人殺しもできるけれども。

ある種の悪癖と惰性はしかしながら、けっして抑止されない。社会集団のそれがそうであり、それが生きながらえるのはただ、誰もがあまりにもしっかりとそれにつかみとられていて、自分はちがうというふりさえしたがらないからである。ふりをするということがなければ、ゴシップも存在しえない。ウィーンという都市の悪癖は一種の怠惰、すなわち悠長な心根であってそれはすぐにだらしなさへと落ち込む。この気質は、偽善者ではないウィーン人には自覚されていて、みずからシュランペライと呼んでいる。それは最上層の人々にも最下層の人々にも共有されていて、それが理由で前者は戦争に負け、後者は用向きを忘れる――ともにこれだけが理由というわけではないけれども。シュランペライは南フランス人にみられる不注意の達人、スペイン人のだらけたぐずさ加減ともちがうし、イタリア人の軍事上の頼りなさともちがう。それはまったく魅惑的なものであり、悩まされることがしばしばで、ついには災厄となり、つねにその犠牲者を不意打ちする。

支配者一家もその子息たちがその弱点を受け継ぐのを免れなかった。おそらく最初のハプスブルクのシュランペライ行為とみなされるものが、一三一五年夏に起こっているのがわかる。ハプスブルクのフリードリヒとレーオポルトの兄弟が、バイエルンのルートヴィヒに対して婚姻による攻勢の機会を逃した。神聖ローマ帝国の帝位が危うくされただけであったのだが。それから何世紀をくだって、一九一四年の戦争はシュランペライがなければ少なくとも延期はされたであろう(事が起こったとき、それをしっかりとプロイセンに押しつけるチャンスもあった)。不運なフランツ・フェルディナント大公がもしサラエヴォに行くなら、けっして生きては帰れないだろうということが周知されているべきだったし、責任のある部署がそれを知っていたことは疑いない（王宮の執務室ではなかったけれども)。それでも彼はそこに派遣された。プリンチープはあの人込みの通りにいて、暗殺熱に浮かされていた唯一の人物であったわけではない。そして彼がしくじったとしても、別の者がやり遂げたであろう。

ウィーンでこのことは知っているべきだったし、どこかの秘密の場所ではまちがいなく知られていた。そして最悪の事態に対処するにあたり、宣戦布告前の交渉にあって、もちろん多くのシュランペライがあった。

しかしながら我々はまちがった展望をもち始めている。このように多くの魅力とバランスの源（ないしは系）ともなっているウィーン人の小さな悪徳の表面だけを見るならば、それが裏切りと殺戮への道を指し示していることがわかる。しかし日常の様子からいうと、その悪徳は不吉な顔にもならず、はなばなしい結果ももたずに、愛すべき弱さへと形を変える。そしてその気分がはてしなく広がっているにしても、その行動はいつも残酷かというと、そんなことはけっしてない。フランツ・ヨーゼフを頂点とし、かつてのハプスブルク帝国を統治したあの古い官僚制は、ヴィクトール・アードラーによって「シュランペライによって緩和された絶対主義」と評された。こうした緩和する精神というのは、自国の領土をかくも強大にしたあのなんとかやり遂げる精神と非常によく似ているものであるが、これがなければ二重帝国はずっと早くに倒壊していたであろう。ついに倒壊にいたったのは、その半分、マジャール側の半分が、気楽に構えるのを学べないプロイセン的心性を分かちもっていたからだといっても的はずれではない。気楽に構えることは文明的精神の証であり、同時にデカダンスのまぎれもないしるしである。それなら、どうしたらよいのか。

思うに、それはスフィンクスの問いかける謎である。そしてスフィンクスさえその答を知ることができたかと疑っても赦されるであろう。

こうした事柄に選択の余地が多くあるわけではない。絢爛の極にある秋の紅葉が朽ちるのを押しとどめることはできないし、果実の熟すのを信じないで緑なす春の状態で人生を送ることもできない。葉は枯れ、落ち、朽ちていかなければならず、次の春まで裸の枝をあとに残してゆく。人の営みはゆっくりであり、長い長い冬は暗い時代であろうとも、冬にもまたその栄光がある。

もしもなんの煩いもないなら、屈託のなさと優雅さを得るのは容易である、と人はいうかもしれない。言わんとすることはもちろん、抑圧され、搾取される諸邦からなる広大な領土を擁した帝都の恵まれた住人たちは、人生の荘重な現実からはるか離れて生きているということだ。しかし、一九一四年以前の年月にあって、そのように離れて生きていたのは一握りのウィーン人にすぎず、どこの帝都にもいる類の人たちである。ブルジョアたちがそんな生き方をしていなかったことは強調しておかなければならないし、貧しい人たちは恐ろしく貧しかった。そして今日なお、頼れるものは自分だけという状態なのに、ウィーンはあの陽気なオーラを漂わせている。漆喰ははがれ、ポケットは空っぽで、未来は霧散しているにもかかわらず。それは輝ける制服や馬術の妙技といった事柄——これらは道具立てとしてはまったくおあつらえ向きではあったろうが——以上のものである。ウィーンは屈託のない都市のままである。その軍隊は戦争のさなかに壊滅し、その市民はほとんど餓死するばかりであったのに、しかもなおこの一八年間、ウィーンは人で溢れる要塞都市のようでありつづけ、世界から切り離され、あらゆる方角から敵対勢力に取り囲まれ、市門の内側では裏切りに遭う。西欧と中欧にあっては、荒廃した地域の農民だけが同等の資格をもって人生の現実を語ることができる。そして、過去についていうと、いかなる場所もこれほどたえず基本的な諸力の影のなかに住まいつづけた例はないことを、我々は旅を終える前に知るだろう。ウィーンは最悪を見、指で喉元を押さえられ、それによって不具にされた。にもかかわらず陽気でありつづける。

私はウィーン人の独特の資質を記述するのに、日常よく通用している陽気という言葉を用いる。しかしウィーン人はまた人間味があり、そして彼らの抱く悲哀はこの愛すべき都市にあって、北方の工場から立ち上る煙霧の下にあるかのように重く沈んでいる。あるいはほとんど同じくらい重くというべきだろうか。同じくらい苛烈といえば確かであり、いっそう苛烈とさえいえるかもしれない。というのは我々がここに見出すような、特殊な悲しみの刺すような痛みをもつ憂鬱一般が広がり錯綜する例は、ほかにないからである。ウィーンの陽気さは実際、事実と神話の特異な混合である。諦念のこれより大なることはほかではみられず、自己憐憫のこれより小なることはほかではみられない。頓着しない奔放さという伝説がメッテルニヒの時代に始まったことは疑いない。彼はウィーン会議を軽薄に仕立てあげ、外交交渉に来た客人たちを楽しませなごませ、そのあいだにヨーロッパの地図を彼の好みに合せて調整した。

しかし、この帝国の最後の日々においても頓着しない奔放さは十分に息づいていたにちがいなく、そして今日なお、けっして死に絶えてはおらず、時には噴き出してくるのであって、謝肉祭週間には興奮で沸き立つ。

しかし、ウィーン人は折にふれて泡のようにはかない楽しみに飛び抜けた能力をみせるにもかかわらず、彼らの平常の気分は、さわやかな軽さも秘めているにしても、ちょっと別である。それは無用と不能の感覚と密に結びついており、そしてこの感覚は自己憐憫とは無縁であって、ヒステリーや癇癪で表現されるよりも、内的空白を隠した一種の明るい冷笑主義《シニシズム》によって表現される。この原因のいくつか、そして結果のいくつかは、我々がこの都市を離れる前になってわかるだろう。そうした彼らの気分は、受け取る側の気分によって好ましくも見えれば憤懣も呼び起こす。彼らの気分の背景には、ある弱さが、だがまた多くのメロドラマとは無縁の勇気がある。

こうした気分はあのマロニエの葉が翻り、行列の幻影の通ってゆくプラーター・ハウプトアレーから、さほど隔たっていないようにみえる。というのはあの大公園では、この国にあっては一八世紀のものである悲しみと喜びのあいだの、粗野と高度の洗練のあいだの鮮やかな対照の名残を、今でもおそらく目にするであろうから。我々の失ってしまったものがウィーン人にあっては、その盛りはとうに過ぎたとはいえ、まだ完全には消滅していない。この雰囲気が、プラーターから上流層の住むリングの区域へと通ずる街路そのものと一体化しているのがわかるだろう。プラーター通りは他のどの街路にもまして雄大な時代の完全な遺物であり、それでいて二〇年前にはまだこの上なく堂々とした馬車道として現役であった。それは、リングの南側の弧の辺に蝟集する宮殿や邸宅より、ウィーンの社交界の人々すべてを、王宮の面々を先頭にマロニエ並木の儀式めいた巡遊へと誘導した。この街路は広い空を取り込むほど十分に幅広く、側壁を接して並び立つ家々は光を集めてそれをすっかりカナレット風の輝きで反映するのに十分なほどの高さである。家の正面の多くは漆喰が塗られ、その漆喰は今では切れ切れになってはがれているが、なかには優美な塑像で装飾されているものもある。そしてこれらの飾り立てられた建物正面のあいだを走る道路は、切り揃えられた花崗岩が敷き詰められている。[*12] ヨハン・シュトラウス二世が生活し、青きドナウのワルツを作曲したのはこの場所である。木管楽器と金管楽器を一緒に用いるというシューベルトの発見を我がものとし、かつてはひとりのウィーンの大作曲家固有のもので、この町の人々にとっては生真面目すぎた音色を同化させ、この都市の感情的色調のまぎれもない永遠の象徴にした。

さて、プラーター通りはヨハン・シュトラウスであるとしても、そこはもうひとり、代表的ウィーン人の勝利の舞台でもある。そこの三一番地には荒れ果てた劇場が立っていて、まだ使われているけれども特色はまったく失われている。[*13] そしてここそ、俳優兼経営者兼脚本家であったあの驚異の人ヨハン・ネストロイが、ビーダーマイアー時代にウィーンを風刺した所である。彼は今では忘れられている。彼の奇想物語のひとつで、風変りな題名「ルンパーツィヴァガブンドゥス［ルンペン乞食］」は、珍奇な出し物として今でもたまに上演される。しかし、彼の時代にあって彼は実力者であり、彼の作品には今でも新鮮なところがある。彼が忘れられていることはウィーンの名誉にならない。彼は一九世紀の中ごろに生きたけれども一八世紀の眼をもっていて、人生をホガース[*14]が見たように見ていた。他の誰よりも彼において、他のどこよりもこの街路において、人間崇拝の時代の延長を我々は見る。一九一四年までをも含めてよいと思うが、ネストロイの天才の放つ空砲の前を気にもかけずに通りすぎたあの整えられた上流の人々の行列の精神は、みずからの一九世紀よりも死せる一八世紀にいっそう近いものだった。ウィーンは、我々の理解するような、あるいはパリ人が理解するようなものであっても、一九世紀をもたなかった。一八世紀はゆっくりと衰微してゆき、そして災いの二〇世紀の激動が突如、そこに居座った。しかし、状況は激しい変化にさらされることはありえても、一国民を一夜にして根こそぎ追い立てることはできない。人々は日の出とともに頭をめぐらしてこの暖かさの源に顔を向けるであろう。そしてこのさびれた一八世紀の街路（建物についていえば一九世紀に造られている）を通ってゆくと、あの独特の囲い地、プラーターに到着する。そこでは今日でもホガースが見たように、ネストロイが見たように、シュトラウスが感じたように、シュヴァルツェンベルク地区から馬車を駆り、遠くからではあっても陽気な庶民たちと交歓しあう貴族たちが漠然と感じ取っていたように、我々は人生を眺めることができよう……。絹の衣服と粗末な衣服のあいだの対照は避けられなかったにしても、ともに足下には石が無造作に敷かれた大地を見、上には広々とした天を仰いでいた。それは大量生産の高級車と大量生産

＊12　現在はアスファルト舗装である。

＊13　カール劇場のこと。一九二九年に閉鎖。建物は、一九四四年の空襲で破壊された。跡地には一九七〇年代に建設されたオフィス高層建築の「ギャラクシー」が立つ。

＊14　ウィリアム・ホガース（一六九七―一七六四）で、英国の画家、彫刻家。風刺の効いた風俗画で人気を博した。

の工場労働者との対立からは無限に隔たっている。

ウィーンの貧しい人々は、大量生産されてもいなければ優雅でもないけれど、陽気さを存分に内にもっている。それがもっともよく示されるのはほかでもない民衆のプラーターの小屋掛けとカフェにおいてであり、彼らの地元のカフェや酒場《ロカール》において、ときにはウィーンの森の麓の傾斜地にあるビール園・ワイン園においてである。彼らは実際たいそう貧しくて、英国の労働者住宅の家賃分ほどの収入でなんとか帳尻を合せてやってゆくほどかもしれない。飲食が彼らの喫緊の快楽のひとつをなしており、ただ、そうはいっても新鮮な肉はぜいたく品であり、七日のうち六日はほとんどこれを食べずに暮らしている。彼らは、彼らのうちの多数は、英国の水準からいえばむさくるしい暮らしをしている。とはいえむさくるしさは、すでにのべたように考察に値するものであり、それに対し単調さは、もっとも上等なものであってもそうはならない。実際、突き詰めてみるとこのむさくるしさは、一般的には通風――あるいは通風の欠如――の問題であることがわかる。換気のよくない寝室の息のつまる臭気に鼻をつかれる。イギリス人の鼻孔にはむっとして窒息しそうな空気である。それに加えてパプリカのシチュー、つまりグーラシュのたえまない臭いがする。なおそのうえに安いエジプト煙草のうんざりする臭いが立ち込めている。彼らはしばしば絵に描いたような路地、小道、横町を入ったところの、崩れかけていて、外気から遮断された天井の低い居室で暮らしている。しかし、家の空気が得られないことがわかったら、絵がわずかばかり清めてくれる。時代遅れの一角で小役人の文無しの未亡人がいるような所に私は住んでいて、作家なら真冬でもがんばって寝室の窓を開けておくようにとの忠告を受けた。一〇月に行うべき正しい手筈は二重窓の目張りであり、二枚のガラスのあいだに深紅の砂袋を差入れて隙間風を防ぐことであった。この処置は春まで変えない。そしてもちろん、あの風変りな形をした羽根入り布団をかぶって寝た。この作家、つまり私は自分の部屋の窓を開け放つことにより、同じ階の他の住人のみならず一一三段の階段をもつアパート全体の人々まで、肺炎の危険にさらした。彼はアパートを出なければならなかった……。こうして、ヨーロッパ大陸の貧民街を前にしての我々の恐怖の多くに責任のあるこの貧民街の風通しの悪さは、下級の勤め人たちの気にもとまらなければ、労働者や門番たちの気にとまることもほとんどないであろう。シューベルトはたしかに、そしてベートーヴェンとモーツァルトもほとんど同じくらいたしかに、湿った寝具、グーラシュ、狭い路地、密封された窓といった雰囲気のただなかで暮らしていたことを我々が想い起こすならば、こうした構図はいっそう明らかになるように思われる。これは彼らの健康に影響したかもしれない。おそらくは影響した。けれども彼らの精神を挫くことはなかった。シューベルトのような人がロンドン郊外トゥーティングの単調で衛生的な地域で、さらには大型兵舎のような今のウィーンの市営集合住宅——社会主義者たちによって誇らしげに建てられ、のちにファイ少佐によって砲撃された[*15]——のような所で花開くことが可能なのだろうかと考えてしまう。

ウィーンに単調さがないわけではない。実際、大都市すべてについて、単調さはその都市のターミナル駅に着いたときの第一印象ということになる。ウィーンがその精神において十分に一九世紀たりえたか否かにかかわらず、この奇怪な世紀を通り抜けてきた。この世紀の記念物は、オッタクリング、ヘルナルスその他の地域の工場を囲んで何列にも並んだアパート群として、かつてのブドウ畑や野原の一帯

＊15　一九三四年の労働者による反ファシズム武装闘争に際して、軍隊が労働者住宅を砲撃した。

に薄汚れて広がっている。こうした単調さは堪え難い。社会主義者たちがマルクス的兵舎住宅［市営集合住宅］を建てたのはこうしたものに対して反旗を翻したのであって、古くからの市街地と郊外のなげやりなむさくるしさに対してではない。しかし、兵舎住宅でも、単調さがやむわけではない。ほとんどどこにあってもウィーン人は、レンガや漆喰に圧迫されながら、そして何十年も日があたらずすえた臭いのする大地を足元に感じながら、彼らの眼を上方に向け、夏にはすぐ近くに輝き、冬にはかなたに純白に映える丘を眺める。大地にしても、まったく死んでいるわけではないと感じられる。それは多くの気孔をもち、多くの小さな飾りのような公園をもち、その土壌は新鮮である。大地は、より北方の諸都市のように至福千年を求めて人の手で創り出され、撒かれた腐食性の酸によって毒されてはいない。ウィーン人は概して新しい至福千年の始まる年には懐疑的である。彼らはそれを他の年と同じ一年と呼ぶだろう。彼らは現にあるものをできるだけ生かしてゆこうという気持ちが強く、それを焼き尽くしてその灰のなかから栄光が立ち上がるという盲目の希望をもつようなことはない。それが一九世紀の諸動向の判定にも影響していた。

私はウィーン人のことを語っているわけだが、このウィーンはロンドンでもデトロイトでもないという事実は、なんといってもふたりの男によるところが大きい。すなわちあの毒に満ちた時代をとおして君臨した皇帝［フランツ・ヨーゼフ］と、この皇帝が長いこと闘いの相手とした市長のカール・ルエーガーである。ウィーンは全ヨーロッパの商業と工業の最大の中心となる位置にある、ないしは、かつてあった。海洋への出口付近にはアドリア海の諸港があり、ボヘミアの炭田が手近にあり、航行管理できる大動脈ドナウ川がある。しかし、いくつかの避けられない汚点を残しながらも、あのぞっとする時代はこの都市を通り過ぎていった。ハプスブルク王朝はこの都市を商人の支配から護り、そして立派な市長はこの小男［フランツ・ヨーゼフ］を誇大妄想狂者たちの企業体や企業連合から救った……。

しかしながら、こうしたことはプラーターにいる人々の頭をかすめる類の思想ではないかもしれない。ウィーン人は省察が得意とされているわけではないし、そうした省察はアーリア人とユダヤ人の金融的お祭り騒ぎを抑制したのと同じ支配者たちによって抑制された。さて今やあのプラーターはたけなわである。薄暮も濃さがまし、寂しい並木道や小道の暗さが増すなかから悦楽が現れ出て、色とりどりの灯が木々とワルツの旋律をとおしてきらめく。この大都市の心臓は乱れることなく軽やかなリズムに合せて鼓動することが知られる。その節まわしはときに楽しくときにもの悲しく、「心にふれるが心を貫くことはない」。プラーターのカフェの演奏から単調な街路上のアコーディオンにいたるまでの、日々のリズムである。広く演奏され称讃されている米国のジャズの侵入に、それは今なお抵抗している。もっと高尚な場所でもふたつの楽団が演奏していることがある。ひとつはしかつめらしくて独善的な雰囲気の堅いテンポでフォックストロットを演奏し、もうひとつはくつろぎの合図とともにワルツを始める。ワルツの演奏は千通りの気分を運んでくれる。あるときは耳慣れた韻律が心のもっとも純粋な気楽さ、陽気と郷愁の素朴な混交を映し出すように思われるだろうし、あるときは機械的な疲労をもたらしながら、古風に飾りたてた身体を辛抱強く回転させる。あるときはぶんぶんとうなるような具合で、まるでリズムがなにか恐ろしいモーターのぜんまいとなり、世界にあるすべての操り人形を動かしているかのようである。またあるときは、それは慎重で計算された自己陶酔である。しかしまたふたたび、愉快を求める感情に浮かされ、あふれる笑いの真実の高まりも起こるだろう。あるときは夢が紡ぎ出されてゆくだろう。

プラーターで日が沈むと、独特の雰囲気となる。涼気がただよい、暗さが増してくる。遠くの丘の頂きから、最後に残った輝きも消し去られてしまった。近くにあるけれどもここからは見えない大いなる川ドナウが、迫りくる夜を前にして静かに流れゆく。外の暗闇のなかではすべての生き物は死んだかのようで、宇宙の関心と希望は色とりどりの灯をちりばめたがっしりした木々の下、まだらに照明されたこの砂利の広場に集まっているように思われる。どこかで楽団が演奏——もちろん、ワルツを——していて、その反響は星の輝く空に吸い込まれる。照明されたその魔法じみた円のなか、砂利が敷かれた地面の上に小さなテーブルが並べられ、チェックのテーブルクロスがかけられている。そこで人々は食べ、飲み、身振り手振りをまじえて話をしている。傷跡の残る樹幹や芝居がかった緑葉が添えられた黒々とした影に取り巻かれ、こうこうと照らされてこの世離れしてみえる。近づいてゆくと、陶磁器のかたかたという音がかすかにしてくる。人影はよりはっきりしてきて、そして魅惑あふれるその円のなかに踏み込むと、あたりは突然、神秘的雰囲気から市民たちの土曜の夜へと一変する……。

突然の変化ではあるけれど、喧騒に引き込まれるわけではない。そのざわめきは概して中流下層のウィーン人たちのものであって、彼らの酒宴の夜には馬鹿騒ぎをよしとする気持ちや考えが多少はあっても、実際に馬鹿騒ぎをしようということにはならない。笑いや喚声はときおり興っても外気のなかに消えてゆく。加えてウィーン訛りは柔らかくのびやかで、耳にとても快い。文化人にいわせると、愛すべきのろくさい話し方ということだが、労働者のより強い抑揚を備えているもののびやかなヨークシャー訛りの英語と似ていなくはない……。さて、この群衆は物静かで、ビールやニンニク風味の肉を味わうのに余念なく、物惜しみをしない。とはいえ自分のグロッシェン貨[*16]をどう遣うかに細心の注意を払い、つましく、吝嗇といっていいくらいでもある。ウィーンは国際的水準に達してはいない。ウィーンは世界最大の地方都市であり、どこの地方都市にもある良いことのすべてと悪しきことの多くを備えており、それに加えて首都の基準も満たしている……。地方的ということで私が言いたいのは、ウィーンは当然のごとくにみずからを語るに足る世界で唯一の場所とみなすような資質に欠けている、ということである。この点がウィーンをロンドンやニューヨーク、さらにはパリからも区別する。ウィーン人にとってウィーンこそは世界で唯一のかけがえのない都市であり、この思いはロンドン人にとってロンドンがそうであるよりもはるかに強烈である。しかし、ウィーン人はよくわかっているのだ。彼の誇りは英国のリヴァプール人が抱く誇りとなんら異なるものではない――その誇りはときには裏づけられることがあるという程度のものなのである。自分たちの都市の全財産は、内心では口汚くけなしていても、表向きは体よく誇示しなければならない。他方、多言語が飛び交う大都市の市民たち、都会人たち、つまりロンドン人、ニューヨーク人たちは彼らの全財産を表向きは熱っぽくけなそうとするけれども、心の内ではそれらが比類ないものであることをよく承知している。地方の市民たちは、そうした鷹揚で他を顧みない尊大さを欠いている。彼らとてなにがしか誇りをもたないわけにいかない。

このことはもちろん言葉の訛りに認められる。ウィーン訛りは皇帝自身によって――政策的意図が

*16　ユーロ導入前のオーストリア通貨単位。シリングの百分の一。

あってのことかもしれないし、そうではないかもしれない——話されていたし、洗練された老紳士たちは、ドイツ語の粗い角を取った、悠長でまのびした言い回しで話すのに満足をおぼえた。平均的な本国のドイツ人たちがウィーン風発音を嫌うこと蛇蝎のごとくである。これが優越意識からくるのか劣等意識からくるのかは、みずからがドイツ人でないかぎり答えづらく、人はあえてたずねようとはしない。おそらくは劣等意識だろう。プロイセン人にはなにか非常に女性的なところがあり、ウィーン人にはなにか男性的なところがある。プロイセン人は、参政権を訴える婦人のように隠し立てがない。彼のカードはいつもテーブルの上にぱっと広げられていて、もっともマークされているカードであってもお構いなしである。彼の話し方もそんなふうだ。南部の方へ行けば行くほどウィーン風のまのびした話し方になる。それなりの内的確信がなければ、無理なく自然にまのびした話し方をすることはできない。ところが同じウィーン人が、最良の高地ドイツ語《ホッホ・ドイチュ》を聴き分けるのは自分たちであることをみせびらかしたがり、かくしてブルク劇場は、この言語が永遠に燃えつづける灯火として崇められているある種の神殿と化しているのである。これもまたプロイセン人には癪の種であろう。

同じことが衣服にも認められる。ウィーンは国民服に相当するものを保持している、西洋でおそらく唯一の首都である。といっても、もちろんアルプス地方の革製の半ズボンといった類のものではない。たしかにこうしたものによくお目にかかるし、穿いているのはうんざりするこの大都会に仕事に出てきている生粋の地方出身者と、市電が途中までしか通じていない郊外のカーレンベルクの丘の登り口から来ている若者たちである。ここでいう都会の国民服はそれとはちがったものである。プラーターにいる中年の人たちの半分は、この魔法がかった夕べにこれを身に着けている。帽子はというと、濃い緑色の小さな堅いもので、明るい緑のリボンがついており、鍔は狭くシャモア［アルプスカモシカ］の毛を髭そりブラシ状に後ろに立たせている――［毛を刈っただけで］シャモアをけっして撃ってはいない証としている。あるいはそれは、黒雷鳥の竪琴の形をした尾羽根かもしれない。そうした帽子をかぶって半ズボンを穿いてもいいし、半ズボンでなくてもよいようだが、ヨッペとよばれる上衣を着るのがきまりである。それは狩猟用ジャケットでふつうは粗織りで、袖の擦り切れたところに革のつぎあてをするといった風情のものである。しかし、特徴的な風采がもっとも明白になるのは冬である。ほんとうのウィーン人は、金持ちでも貧しくても、身の丈のオーヴァーコートをけっして着ない。かわりに着るのは腿のあたりまでの短いコートであり、厚手の毛皮の襟のついたものである。それによって特徴的な輪郭が浮かび上がる。肩の辺がもりあがり、長くて細い脚がそれを支え、シャモアのたてがみが小さな帽子の後ろから粋に突き出ている。きわめつけはあの長くて細めのヴァージニア葉巻で、わら筒が中に通っているのを口にくわえることである。こうなれば、まぎれもないウィーン人である。

そして女性たちは国民服を着ないとはいえ、彼女たちだって見紛うことがない。パリを別とすれば、ウィーンの洋裁師は唯一、スタイルを創造しうる人たちであり、ウィーン女性はどのようにそれを維持するかを心得ている。そして洋裁師はまちがいなく創造的なので、ファッションの頂点をきわめているウィーン人はパリ人と見紛うことはなく、その逆も真である。他方、ほかのどの国の人の装いも、それぞれたがいに交換が可能である。

このことは食べ物にも認められる。英国にはローストビーフ、ベーコンエッグその他のよいものがたくさんある。しかし、ウィンナーシュニッツェルはみなウィーンを讃えるものであり、料理ならなんでもこなすというウィーンのやり方は国際的租界地ともいうべきケルントナーリングの隅々まで行き渡っている。妥協はなしである――リントフライシュにしたってそうであり、これにはさえない味を調えるためにちょっとした妥協が必要なことは誰しも知ってはいるのだが。（しかし、そっけない味の牛肉をそっけなくゆであげた塊であるこのリントフライシュは、ウィーンにかぎられるものではない。それは入り組んだ中欧全体の欠点を示すもののようである）。

都市へのこうした愛郷心すべては、思った以上に重要である。ウィーンは魂を欠いた都市であるとしばしばいわれる。けれどもウィーンは魂をもっており、ただ、疲れて多少擦り切れ、表面がとても曇ってきているだけで、いたって頑強なのだ。魂を欠くという伝説は第二の印象に起因している。そして第二印象は人間関係を脅かす毒味であり、いずれにしても人間の不幸の九割の原因である。諍いはどのようにいわれようとみな、第二印象のどうしようもない振幅に、だまされているのではないかという恐れに、起因する。

第一印象のほうは知を働かさず、温かみがあり、直観的である。木々の下の我々がいる魔法の円は、第一印象である。そして我々の眼前の、カフェに座してコーヒーかゲシュプリッツテ［炭酸入りワイン］を手に人生を楽しむ屈託のない人々もそうである。誰もが歌うことのできる場所というウィーンの姿もそうである。これらすべてに、ある人間的真実が存している。しかし、いずれは我々すべてにやってきて、いずれは我々の大多数がそこにはまり込む第二印象は、まったくとりあわないか、さもなくば心して保持してこの第二印象を第一印象と調停することを期するかである。第一印象は知を働かさないが、第二印象も似たようなものである。市立公園［シュタットパルク］のライラックの木々を抜け出るや、脚がなく、後頭のあるはずのところにアルミニウム板をあてがい、眼は黒めがねで覆われた、無惨な戦争廃疾者のひとりにあなたは出くわす。そうした人たちが、二股手袋をつけた手ではさんだ二つのレンガをオールがわりにして舗道の上を漕いでゆく小さな押し車に乗って、街路で物乞いをするのを市当局は大目にみている、あるいはかつては大目にみていた。あるいはあなたは当局との何かちょっとしたトラブルに突き当たり、大真面目になってシュランペライにいきり立つ。あるいは微笑をたやさず、丁重で仕事に熱心そうな外面の下で自分の利益に汲々としている眼差しをあなたは見出すかもしれないし、それには、英国の地方都市の非国教徒の市会議員なら困惑するだろう。そこであなたは反発し、そうした陽気な優雅さすべての背後には堕落と腐敗があると断ずる。白く塗られた墓は、誰もわざわざ飾りたてたりしないものよりも千倍も有害なことを、我々はみなもちろん知っている。それは我々を欺きやすく、精霊に対する罪である。換言すると、第一印象が結構なものだとすると、第二印象はほとんど必ず、当初に我々の視界から隠されていたものがあったことに対する厳しい非難となる。「物の裏を見て取る」というが、これはすべての知恵に通ずる鍵とみなされる。ひとつの固定し制限された焦点を他のもので置き換えれば、なにか特段の利点があるかのように……。第三の印象はふたつの、それぞれ妥当なところがありながら相対立する見方を調停することによって成立する。たまたま最初に出会ったときに正体を隠していたと憤慨するのは適当とは思えないけれども、正体は現にあるというのも確かだから。

最初に見たときはもっとも魅惑的な都市であったウィーンは、こうしてひどく傷ついてしまう。最初

＊17　第一次世界大戦後の戦傷者の路上風景である。

の喜びが裏切られることが多いぶん、それにつづく憤慨も激しいものとなる。魅力と軽妙とされていたものが虚飾とされ、底無しの冷笑ということになる。芸術への熱烈な愛が虚ろな精神を覆う蓋ということになる。丁重さとされたものは尊大なる偽善なのだ。

ウィーンは要するに魂を欠いた笑顔である。いずれは「並の女」に成り下がるだろうか。ウィーン人は、明らかな欠如について深く弁明しながらも、「並の女」に向かうことには納得できずに眉をひそめる――そしてみずからを装いつづける。

たぶん、今では事情も変っている。単純な英国人訪問者は、我が魅力的ウィーン人に価値観――といっても英国人流儀の価値観――がまったく欠けていることを発見すると、相変らず憤激するであろう。いっそう単純なアメリカ人は、道徳的昂揚がないことにいらだつであろう。しかし、真面目な批評家、すなわちほんとうに真面目でウィーン人が真面目でないことにかつて傷ついたことのあるような人は、みずからの立場にさほど確信がもてない。ウィーン人は我々よりも早くデカダンスを受け入れた。ハプスブルク家の支配が彼らにそれを容易にした。けれども、今では我々もみなデカダンである。至福千年は手に届かない。我々もまたその追求を放棄しつつある。それを探るてだて――文明のいや増す財貨――のすべては我々の手のうちで腐食してゆく。導きとなる確信や意志が欠如しているからである。なまくらなるがゆえにどうにもならない「並の女」の悲劇を我々は実感する。ありもしない検査を恐れて床の塵をはらったりせず、我々でも思う存分にやれた日々、そうした失われた日々を惜しむばかりである。

すべてはほんとうに困難である……。

後景

カール教会

王宮よりミヒャエル教会を臨む

南門より見たベルヴェデーレ

III　シュテファン大聖堂

遠い過去に、今ではあちこちに散らばる石の記念碑としてあとをとどめている過去に、眼をやる時が来た。それらは遥か遠いかなたに我々を連れ戻すわけではない。一三世紀以前にさかのぼるようなものはウィーンには多くなく、一三世紀ころのものでもごくわずかである。もちろん、ローマの遺跡がある。ヴィンドボナはとても重要な国境の要塞であり、マルクス・アウレリウスもここを訪れ、ここで亡くなった。しかし、ローマの遺跡は同じようなものが世界各地にある。それらはどちらかというとヨーロッパ文明全体の歴史にかかわるものであり、ずっとのちの新しい文化の話ではない。新しい文化はあのローマの基礎の上に打ち立てられたわけであるにしても。

カール大帝はウィーンでいつもあまりにも大きく取り上げられるけれども、彼の時代にことさらかかずらう必要はない。地面を掘り返すのでもなければ、彼の時代までさかのぼるようなものは何もない。たとえば、今ではバロック様式のペーター教会が、グラーベンからちょっとはずれた小さな広場に壮麗に立っていて、もとは八世紀にカール大帝によって建てられたものだといわれている。しかし、今はそこにカール大帝を思わせるようなものは何もなく、昔の初期キリスト教の礼拝所は、卵形の緑青のドームをもった輝かしいバロック建築となっている。こうした経過はウィーンではよくみられる。

カール大帝とハプスブルク家についていうと、フランツ・ヨーゼフ皇帝を（多少とも正確を期するなら、次の不運なカール皇帝を）カール大帝の系譜の最後とするのが通例である。そう見るのはとてもロマンティックかもしれないが、ふたつの事実を見落としている。第一に、［カール大帝の］神聖ローマ帝国は、公式にはフランツ・ヨーゼフの祖父、フランツ一世の法令によって解消されていることである。第二に、たしかに一三世紀中ごろ以降のハプスブルクの支配者たちはたいていドイツ皇帝、すなわち神聖ローマ皇帝でもあったけれども、ハプスブルク家が最初にそれを手にしたとき――カール大帝死後五世紀を経たころ――よりはるか前から、その職務にともなうはずの権限のすべては実質上、失われていたことである。それゆえ、カール大帝とハプスブルク家のつながりを示すものはただ、王宮の宝物室にある伝説の剣、その他のわずかな由緒ある遺品、それに古色を帯びた称号のみである。このつながりを重視するのは、少しこじつけのようにみえる。

近世ウィーンの建設者を見てみようというのなら、一二七八年にハプスブルク家のルードルフに打ち負かされたボヘミアのオットカルを取り上げるべきであろうが、見聞を広めるためにもう少し前の時代を一瞥しておこう。

なぜなら、そうすることが東方に備える砦としてのウィーンの戦略的重要性を理解する助けとなるからである。たとえばメッテルニヒの有名なことば、「アジアはラントシュトラーセ［ラント通り］で始まる」（それはウィーン東部地区にある主要道路を指しており、今ではその地区の名称ともなっている）は、数ある警句にくらべてずっと真実味があると実感させてくれる。*1 アジアの始まりとしてはブダペストも考慮すべきだとしても。またハプスブルク初期の時代におけるウィーンの物語は人文学の観点からは月並みでしかなく、この都市の特異な位置を認識することがないなら、ウィーンはヨーロッパの数ある首都のなかでただの成り上がり者にしかみえなくなってしまうからである。

すでに我々の知っているように、ウィーンは居留地ないしは町として、ほぼずっと存在してきたとはいえ、カール大帝が彼のオストマルクを設置したとき、そこによく準備された小都市が彼の前にあったかのように考えるのはまちがいであろう。それどころかオストマルク自体はなんの特別な価値もなかった。それはバイエルンを守る東の砦とみなされており、いうなればフランスが現在の英国首相たちによってそうみなされているようなものである。*2 だいじなのはバイエルンであって、オストマルクではない。オストマルクはいわばカール大帝が鉄条網をはりめぐらした、緩衝地帯のようなものであった。そして彼の死後、スラブ人やマジャール人によってそれは突破され、バイエルンの大部分も侵略された。オーストリアのほんとうの歴史が始まるにはもう二世紀かかり、当時の神聖ローマ皇帝であるオットー大帝が九五五年の夏、レヒフェルトにおいて近世ヨーロッパにつながる最初の決戦のひとつを制するのをまたなければならなかった。それによりバイエルンはマジャール人から解放され、彼の息子の任命した者たちがオストマルク、すなわちオーストリアも同じように制圧するための地ならしとなった。しかし、レヒフェルトはウィーンのはるか手前であり、息子のオットー二世が九七六年、バーベンベルク家のレーオポルトという者に東部辺境を与えたとき、その首都はウィーンとリンツのなかほどにあるドナウ川畔のペヒラルンであった。しかし進撃は始まり、段階を追って前線は川を押し下り、それとともに統治拠点、つまり首都は、メルク、トゥルンを経て一二世紀中ごろにはウィーンに達した。マジャール人は首尾よく押し戻された。

いったいどうして、ハンガリーの人々の打倒と平定がヨーロッパにとってそんなに重要だったのか、と問われるかもしれない。また、マジャール人ではなくゲルマン人がイタリアの北の辺境に植民したことが、どうして大事だったのか。それは大事ではなかったかもしれないが、しかし、その後につづく事件に鑑みるなら、たいへん重要だったと考えたくなってくる。つづく事件とは、一七世紀になってからでさえも、マジャール人の領土ハンガリーがトルコ人によって植民地化され、そしてトルコ人はマジャール人の黙認するなか、繰り返しこの地をオーストリアへの出撃拠点として活用したことである。そこで、もしマジャール人がオーストリアを意のままにしつづけていたなら、アジアはおそらくラントシュトラーセからではなく、どこかほかの所、ウィーンのおかげで今は正真正銘のヨーロッパになっている地の、ど真ん中から始まることになっただろう。そしてイタリアはどうなったであろうか。ヴェネツィアは驚異の発展を遂げたわけだが、そのヴェネツィアもアルプスの前線地帯を守りきれなかったであろう。

なんといっても大事なのは、オットー二世の任命したバーベンベルク家がウィーンを確保したことである。その後まもなく、オストマルクは辺境領から公爵領へと格上げされ、あらためてエスターライヒ

＊1　ラントシュトラーセは現在、ウィーン市東部第三区の名称となっている。元はそこにあった村落の名であった。ただ、メッテルニヒの時代（一九世紀三〇年代）には、ラントシュトラーセという通りも存在した。メッテルニヒが語ったとされるアジアの始まりは、ラントシュトラーセ以外にも説があってはっきりしない。

＊2　一九三〇年代の英・独・仏関係が念頭に置かれている。

［オーストリア］と命名されて今日にいたっている。そして、その一〇〇年後にバーベンベルク家が絶えたときには、オーストリアはサンジェルマン条約［一九一九年］に至るまでオーストリア本国であった地におおよそなっていた。闘争公と呼ばれるフリードリヒは、前任者たちの仕事を継続すべくよく努めたものの、バーベンベルク家最後の当主となった。歴代の当主のうちもっとも偉大だったのはレーオポルト二世であって、彼は芸術の支援者であり、吟遊詩人の保護者であった。彼は栄誉公と呼ばれた。彼の支配のもとで、すでに首都であったウィーンは中世の文化の中心たる地位を獲得し、それは一八世紀についに達成されたこの都市の繁栄にもくらべられるものであった。ウィーンはしばらくのあいだ文明の旗をふり、そしてその状態は長くはつづかなかったにしても、第一級の都市という地位は確立された。ほんの少し前には遊牧民が天幕を連ねていたこの地で、ヴァルター・フォン・デア・フォーゲルヴァイデが歌をうたった。ウィーンはウィーンとなった。

当時のウィーンについて見るべきものは何も残っていない。その盛りは一二世紀末から一三世紀初めにかけてである。その時期に由来する教会は存在しない。ただ、ドナウ運河のフランツ・ヨーゼフ埠頭にある、くすみきった小さなループレヒト教会に一部残るロマネスク様式はそれに数えてよいかもしれない。しかしながら、好奇心旺盛な人々（そうした好奇心こそが、中世の宮廷があったこの古都の風情をなにがしか明らかにしてくれる）は、気づいてしまうだろう。すなわち、ウィーンがバーベンベルクの首都となったとき、この都市はとても小さく、南端の防壁はリングのところではなく、今はどうみても旧市街の中心地であるグラーベンのところを走っていたことである。今のシュテファン大聖堂の場所にそのもとになる教会があり、そこは今のロート・ガッセ[*3]とクラーマー・ガッセを走り下っていた東側市壁の外なのであった。北側市壁はドナウの川筋の南端の水に洗われており、そこは今では整備されてよどんだドナウ運河になっている。他方、西側境界はティーファー・グラーベンで仕切られており、それはグラーベン自体の延長であるナーグラー・ガッセとぶつかっている。地図上にみられる街路の形が、きわめて古い都市の形をとてもわかりやすく示している。そしてアム・ホーフと呼ばれる大きな広場は、西側壁と南側壁が落ち合うところのちょうど内側にあり、バーベンベルクの城の跡である。今日でも要塞の面影を、街路や狭い路地がはっきりと高低差をなして入り組んでいるなかにとらえなおすことができる。それはアム・ホーフと、もうひとつの大きな広場でホーアーマルクトという、古くはローマの本営があった所とのあいだに広がっている。せいぜい四分の一マイル［約四〇〇メートル］四方の変哲もない一角は、今では環状の旧市街のなかに埋もれているものの、近代ウィーンの幼芽であった。我々の関心の対象はほとんどその外側ということになるにしても、この一角を忘れてはならない。遺跡はほとんどなく、我々が望むような古いものはなにもなくても、ここがはるか遠い昔の本物の薫りを宿す、ウィーンじゅうで唯一の場所なのである。

この境界はバーベンベルク家自身によって破られた。彼らの情け深い支配のもとで市域は急速に拡大し、この精力的な一族は、断絶する直前までには、ずっと広大な円をなす防壁を建設しなければならなかった。それは、ドナウ川上流のデュルンシュタインの城に幽閉した囚人、英国の獅子心王リチャードのために支払われた身の代金で築かれたといわれている。この新しい壁は一七世紀末まで崩されること

＊3　ガッセは、通常、大きな通り（シュトラーセ）よりは狭い通り、小路であるが、原語のままとした。

はなかった。トルコ軍を寄せつけないために必要だったのである。一九世紀半ばまでは、古い稜堡と市外の地域とのあいだに広々とした斜堤があった。そこにその後、リングが造られた。

好奇心に任せて、レーオポルツベルクと呼ばれる木々の生い茂った丘に戻ってみよう。ドナウ川を見おろす崖であり、そこから我々は最初にウィーンを眺望したのだが、そこには一六世紀までひとつの城が立っていた。その城は、バーベンベルク家がウィーンのアム・ホーフに下っていってそこに落ち着くまでの居城であった。その移動は、西側から東に向かってニーベルンゲンの流れに沿う切り立った、木々の生い茂る岸をずっと伝って進められた骨の折れる危険な進出の最終段階であった。それを成し遂げた男は「神よ助けたまえ公《ヤゾミールゴット》」ハインリヒである。その名前は近代につくられた記念碑と、シュテファン大聖堂から西に向かい市内中心部の入り組んだ路地に入ってゆく小さな通り（ヤゾミールゴット通り）によって記憶されている。そんなところである。このあと、ひとつの長い、ひとつの短い異変期を別にすれば、ウィーンはハプスブルクのものである。

最初の異変はハプスブルクがやって来るよりも前に起こった。それはオーストリアとその近隣地方の民たちがバーベンベルク家の後継者たちの力不足を原因とする悶着に嫌気がさし、ボヘミアのオットカル王を自分たちの支配者に選んだことにより、もたらされた。オットカルは一二五二年にやって来て、二六年後にはもう去っていったとはいえ、秩序をそれなりに回復し、古い教会がかつて市壁の外に立っていた場所に聖シュテファンに捧げる大きな教会を建立した。オットカルはドイツ帝国、つまり神聖ローマ帝国内でもっとも強力な君主であり、話の筋からいえば彼の家系が今日までウィーンの支配者となって当然であった。そうはならずに、まだ基礎も固まらないうちに、その支配はずっと劣った力と地位しかないハプスブルクと呼ばれる家系に移った。この家系は、このときに領地への渇望の最初の徴候を示し始めており、それはその後、何世紀にもわたって彼らの主要な性格でありつづけることになる。彼らはこの土地から出た家系ではまったくなく、ライン河上流地域からやってきた。彼らのドナウ川への移動にあたっては、海外に渡った近代の植民者たちを想起させるある特性がみられた。既成の秩序のもとでの限られた所有地を捨てて処女地の広大な地域を我が物とし、なんの束縛も受けない代りに、文明社会の魅力など喜んで見捨てるといった気風である。

＊　＊　＊　＊

聖シュテファンの塔という、ウィーンのこの不動の中心から眺めると、たいへん堂々とした光景が広がる。この都市の全体が見られる。澄んだ空気のなかで、その境界が完全に見分けられる。その姿を見ると、レンガや漆喰が果てしなく広がる煤けた平地ではなく、自然の大地に抱かれて憩う巨大な町といった印象を受ける。最初に目をとらえるのは、緑鮮やかなブナの木の密生する丘が都市を縁どるように連なっている様であり、そしてそのいちばん右に切り立ってあるのがレーオポルツベルク、すなわちバーベンベルク家の初期の居所であり、「オーストリアの揺籃の地」である。しかし、それらの丘に背を向けて振り返ると、ドナウ川を越えた遥かむこうに平坦に茫洋と広がる土地が見えてくるが、そこはウィーンの森をひっくるめたよりもウィーンにとって重要な場所であった。否、ウィーンにとってだけではなくヨーロッパにとっても重要な場所であった。ドナウ川とその小さな支流のマルヒ川に囲まれた沼沢の多い低地は、古戦場である。そこはマルヒフェルトと呼ばれている。

こうして、輝く情景のなかに照り映える古くからの都市の先に、ヨーロッパのもっとも大きな闘争場のひとつを、というよりは闘争場の最たるものを見ることになる。我々はアパートや邸宅のひしめくはるか上の、塔の上の見晴らし台にたたずんでいる。過去何世紀にもわたって軍隊を差し向け、包囲する際の目標となった塔であり、平原の先からでもはっきりと見て取れ、この塔こそは多くの民族、スラブ人、プロイセン人、フランス人、ハンガリー人、トルコ人の欲の目の集まる焦点となってきたのであった——侵入者の狙う目標であり、ハプスブルク勢力の掲げる旗であった。

めだったところのない平原には、オーストリア家が創設されるずっと以前、ウィーンが小さな町にもならない昔に、血の雨が降っていた。それは先史時代から我々の時代が始まるまでの、無数の侵略がもたらした光景だったにちがいない。我々が知る最初のものは、ローマ人がマルクス・アウレリウス帝の時代にマルコマン二人と戦ったときのことであり、以来この地ではつねに衝突がつづき、軍勢も数を増してついにはワグラムの戦いにまでいたる。一八〇九年の夏の盛りに、ここでフランス軍とオーストリア軍が戦い、双方合せて三〇万人のうち、六万人近くが死傷した。しかし、このワグラムの戦いは感銘深いものであっても、決定的勝利になるどころか、ハプスブルク帝国の没落の差し迫っていることを告げる時代徴候となった。この帝国は不完全ながらも我々の知るとおりの、第二のキリスト教全盛時代ともいうべき文化の擁護者であったが、今や瀕死の状態にある。六年後のナポレオンの敗北により、そしてこの本にふさわしい名を冠するあのウィーン会議によって我々の知るとおりの、すべてを打ち砕く雪崩は始まっていた。そうした事態の結果を我々は進歩の時代と呼ぶ。たしかに万事は動いていた。

我々にとっていっそう興味深いのは、ハプスブルクが西側世界とキリスト教徒を守るべく奮闘した大きな戦闘の数々である。この点からみると、もっとも壮観な出来事はトルコ人撃退にかかわるものであり、このトルコ人に対してオーストリアはいつも防壁となっていた。にもかかわらず、この地で闘われた最初の非常に重要な戦いは、それほど明快でもはなばなしいものでもなかったものの、その後の戦いすべてにつながる種を宿していて、いちばん重要な戦いであったといえるであろう。それは、ヨーロッパじゅうを見まわしてももっとも重要な戦いであったといえるかもしれない。マルヒフェルトの戦い［一二七八年］という、適切であるけれども漠然とした名で呼ばれる。ルードルフがオットカルを追い出し、ハプスブルクのために中欧の要を確保したのはこの地においてであった。

これを成就するまで、ハプスブルク家のルードルフは、ストラスブール近郊に本拠を置く、あまり広くない領土を治める領主であった。ルードルフ自身は伯爵にすぎなかったが、中年になって優れた器量が認められ、ドイツ皇帝、すなわち神聖ローマ皇帝に選出された。彼はこの時代にしては格別に自由主義的で、ノブレス・オブリージュ［高位の者の義務］の感覚をしっかりともっていた。彼はきわめて有能であった。彼は天才的戦術家であった。アレクサンダー以降で、舟橋の術を思いついた最初の男といわれている。それはともかく、彼はライン河もドナウ川もこの方法で横断した。彼はまた、いつでもトロイの木馬のような簡単で効果的な策略を講ずることができた。最後に、そしてもっとも重要なこととして、彼は臣従する諸侯の患いとなるほどの権力はもっていなかった。

カール大帝が夢想した神聖ローマ帝国についていうと、一三世紀をまつまでもなく、事実の問題というより観念の問題であった。とはいっても、まったくの幻影というわけでもなかった。帝国に加盟している選帝侯たちのなかには皇帝をいぜん自分たちの現世の至高の首長とみなす者もいたけれども、他の多くはその気になったときだけ皇帝に服従した。毎回の皇帝選挙は儀式ばった用務であった。すでに述べたように、ルードルフが選ばれたのは、ひとつには彼のすぐれた資質のためであり、ひとつには彼が適度に弱小だったからである。真の皇帝の地位に当時いちばん近いところにいたボヘミアのオットカルは、あまりにも強力すぎて受け入れ可能な候補とはなりえなかった。そしてこのオットカルはそもそもの初めからルードルフの肉に刺さる棘となり、税の支払いを拒否した。後年、ルードルフが個人的な野望を抱き、一族の世襲領土を広げようと決心し（それは彼に託された職務からまったくかけ離れたものだった）、その目的のためにオーストリアの諸州、チロル、ケルンテン、クラインに触手をのばしたとき、問題はきわめて深刻となった。というのは、ほかならぬそれらの地方がオットカルによって押さえられていたからである。その結果がマルヒフェルトの戦いであった。オットカルは殺された。ウィーンはオットカルの建てた新しい大聖堂とともに、ハプスブルク家の所有となった。ただし、すべてがいっきょにというわけではなかった。というのは、ルードルフがオットカルから領土を奪取したのはドイツ皇帝の権限においてであり、そしてその皇帝の権限を行使してそれら領土を一領主としての、みずからのものとするには、多少の時が必要だったからである。しかし、彼はそれをうまくやってのけた。さすがはハプスブルク家の人間である。このように世襲ではない皇帝位の力を私的な貧窮を打開するために用いるのは、ハプスブルクの政略をなにかしら象徴しており、この後いつまでも変ることなくつづく。

これがオーストリア家の真の始まりであった。一二八二年に、この粘り強い、無能ではない一族は、天才的武人で同時に驚くほど自由主義的な者によって率いられ、ライン河からドナウ川へと移動し、そこに以後七世紀にわたり定住した。神聖ローマ帝国でたまたま帝位についたハプスブルク家とは区別された、ハプスブルク王朝が創設された。今、聖シュテファンの塔から一望される沼沢地帯においてそれは創設され、その歴史はウィーンの文化の歴史である。

我々のいる地の利を得たこの場所、聖シュテファンの南の塔は、まだ建てられていなかった。しかし教会そのものはその起源と現在の形状のいくばくかをオットカルに負っている。彼の時代にあって、教会はすべて後期ロマネスク様式であり、そして今日、その建物の遺構が残っていて、それらは我々がこの時代から説き起こすことの正しさを裏づけるのに十分である。それらは、あちこちに残る石や、そしてもちろんローマの遺跡を除けば、ウィーンにある他の何よりも格段に古い。大聖堂のうちオットカルのかかわった部分はまた、ゴシック式の南塔を別にすればもっとも堂々としている。西側正面全体の基礎を形づくっており、主としてリーゼン・トーア（巨大門）と呼ばれる大門、それにハイデン・トゥルム（異邦人の塔）と呼ばれるふたつの奇妙な側塔で知られている。そして我々は今、尖塔のある巨大な塔のなかに立っているのだが、昔の教会建物にあったふたつの異邦人の塔は戦場から確実に見えたにちがいない。このふたつの塔は、オットカル王が、彼の自慢の新しい都市のうち、おそらく最後に目にしたものだったであろう。それらはみごとに立ちつづけてきた。

たいていの古い教会は自由に増築されてきているけれども、その多くでは、様式の不統一は表面を眺めただけではわからないように十分に隠されている。けれども、シュテファン大聖堂についていうと、表面を見れば見るほど、建物は奇怪に思えてくる。この教会が、少なくとも外から見て美しい建物だなどと映るのは、愛情と同情にくらんだ目にだけである。そうした目をもつのは、建築的基準を捨てて俗人的基準を採用した人たちだ。

どんな建物でも、つづく世代の建築家たちは、自分たちの先輩からの発信をそうやすやすと無視できるわけがない。ゴシックの解釈者が真実無比の入口としての尖塔アーチにどれほど熱烈に信頼を寄せていても、ルネサンスの製図工が見苦しい過去の筋道のない野蛮さに対してどれほど軽蔑的な思いを抱いても、一九世紀の修復家が過去の時代の知恵のすべては彼の手中にあり彼によって適切なバランスでそれを按配するばかりになっているとどれほど自信をもっていても、この紳士たちはみな、各様式の接合ということに少なくともなにがしかの注意を払うだろうと誰もが期待するし、期待したくなるであろう——たとえ自家薬籠中の術が単独で栄光を勝ち取るためだとしても。ところが、そんなところは少しも見られない、いずれにしてもウィーンでは見られない。この都市の大聖堂は、見事な断片が詰め込まれており、各断片はそれぞれの基準に照らして美しい。全体としては、情趣を抜きにして見るなら、途方もない芸術史の授業である。ロマネスクにゴシックが加わり、ゴシックにバロックが、それらすべてに一九世紀の啓蒙主義が加わるといったふうで、まるで人がジャガイモ袋を無造作に積み上げているみたいである。それぞれの部分は、打ち解けたところのないパーティーで両脇の隣人がたえず堅い表情をしているのにつきあわされている。ふたつの丸い塔とすばらしい扉を備えた魅力的なロマネスクの西側正面玄関は、奥にまっすぐ進むゴシック様式の身廊には容赦なく背を向ける。発育不良の北塔は、形においても申し分なければ不適切さにおいても申し分のないルネサンス式クーポラ［小丸屋根］によって、おそろしく出鼻をくじかれている。巨大な南塔は、高くほっそりした尖塔のなかに霊感を込め、イタリアの鐘楼でたまにみかけるように、一九世紀の屋根とはつながっていても別の建物であるかの様子で袖廊を見おろしており、あくまでもゴシックそのものである。この屋根のほうは一九世紀の物見遊山の気分の遺物であって、美しく象徴的である。多くの鮮やかな色のつやつやしたタイルが、ニシン骨模様に敷きつめられた急斜面になっていて、それを中断しているのは聖歌隊席の上の屋根に羽ばたいているあの双頭の鷲の巨大な紋章である。最初はこの化粧タイル礼讃に唖然とすることがあっても、後にはその衝撃は吸収され、じきにそのおどろおどろしい屋根がなかったらシュテファン大聖堂は教会ではない、ウィーンの大聖堂などではありえない、と思うようになる。

人は聖シュテファンを建築の意匠として見るのではなく、我が友として、保護者として感傷的に見る。自分が現状の姿とは別のもののようなふりをするのをあっさり、さっさとやめてしまうのは、ウィーンの行動規範――書かれていない、そしておそらくは無意識の行動規範――とよく合致しているようにみえる。誰も、フランツ・ヨーゼフさえも、ハプスブルク帝国になにかとりたてて統一的なものがあると一瞬たりとも主張しようとしたことはなかった。あちこちの土地の多くはハプスブルク家領となっており、そして国家行事の際にフランツ・ヨーゼフは臣民に「我が諸々の民よ」と呼びかけた。彼らが自分のものであればよく、この呼称に満足げであった。チェコ人、スロヴァキア人、セルビア人、クロアチア人、スロヴェニア人、マジャール人、ポーランド人、ドイツ系オーストリア人、ベッサラビア人がみな骨の髄までオーストリア人だなどと主張する必要はなかった。それぞれが領主たるハプスブルク家に忠誠であれば、その領民たちが相互にどう考えようと勝手であり、また彼らが自分たちの習慣をウィーンのそれに合せるといった義務などどこにもなかった。ここには偽善のかけらもみられず、素朴といっていいほどであった。ある皇帝は非常に多くの領地を所有していて、そして次の皇帝はできれば領地をさらに少しでも加えてゆく様は、ちょうど建築家たちが聖シュテファンにさらに次々と自分たちの作品を加えてゆくのに似ていた。そのすべてが一体をなすなどと主張するのは意味がなかった。それは一体ではない。それがどうした。すべては神に奉仕すべくなされたのだ。

そしてこの首座にある教会の寄せ集めの造りが本来のウィーン的性質を表しているとするなら、この教会の全体の姿もまた、深遠さからほど遠いこの地の人々に通ずるところがある。蒸し暑い夏の日、数ある教会のなかでも独特な姿で聖シュテファンはそこに立っているのが見える。手近なところにどんと建てられた趣《おもむき》で、慈愛に満ちて悠然と立っている。そう見えるのは、おそらくその奇妙な形にもよっている。その設計に統一性がなく、その形式はなんの観念も表現していない。聖堂の他の建物部分に背を向けているふうの南塔には霊気が立ち込めているものの、発育の止まった相棒、すなわちルネサンス期に造られたろうそく消し上蓋のようなものをかぶせられた北塔によってひどく妨げられ、その霊気は立ち上っていかない。ロマネスクの西側正面入口は威光を放っており、控え目で少し超然としたところがある。しかしその構えは、背景によってまったくだいなしにされている。身廊の側面を固めるふたつのゴシック式アーチは天にむかって羽ばたき、それを押しとどめるのは輝くタイルの屋根だけである……。

聖シュテファンはそこに心地よく舗道から立ち上がっており、高い尖塔は青空を突き、タイルを貼った屋根はほぼ真南から照りつける太陽のもとで熱く輝いている。知ってのとおり内部はひんやりとしていて、大きな教会にしてはめずらしく暗く（高窓の明かり層がない）、巨大な丸天井に覆われた区画は古代の国境防壁のようにびっしりと並んだ一八本の石柱によって支えられた穹稜の屋根をもっており、暗がりはバロック様式の付属礼拝堂からの光り輝く色の炸裂によって打ち破られる。そして遥か向こうの、石の円柱が黒々と並ぶ果てに高い祭壇がひっそりときらめいていて、まるで宝石が内から光を放っているようだ……。

シュテファン大聖堂のくすんだ冷えびえとした内部では、陰鬱な十字架のキリスト像が香の煙をとおして浮かび上がり、照らされた聖遺物の箱、いぶされた色調のステンドグラスが見られる。そうしたものを収めた団塊のようなこの建物が鎮座している広場では、旧市街の三本の主要な街路が交わっている。ローテントゥルム通りは運河の方へ下っており、ケルントナー通りは輝かしいリングへと向かう。グラーベンは掘割というその名の示すように、[*4] 古代のウィーンの街がリングの位置にあった稜堡によってではなく、より小さな円で仕切られていたこと、そのウィーンの街はたいそう手狭で、聖シュテファンに捧げられた最古の教会は城壁のすぐ外にあったことを思い出させる。それにもうひとつシューラー通りがあり、そこにはモーツァルトが住んでいた。

シュテファン大聖堂は紋章だ。眠気を誘う夏の日、それはその足下でゆっくりと動く歩行者たちや、グラーベンの真ん中に長い列をなしてまどろんでいる馬車[*5]とおだやかに一体となっている。かたわらにはめずらしい屋外のカフェもあって通りの真ん中を占めており、テーブルと椅子、それに縞模様の日傘が何本か据えられていて、子どもの遊び場といった風情である。こんな日に、覇気の乏しいこの建造物

＊4　グラーベンとは掘割であり、城塞を守る掘割の跡であることを示している。
＊5　現在、観光客用の馬車は、シュテファン大聖堂の北側に列を作っている。

は精神に働きかけることはないけれども、ウィーン人はそれでありがたいと感じているように思われる。

旅行者が以上のようなものを見て取っているかどうか、私にはわからない。十分長く滞在し、ゆっくりと移動してまわるなら、おそらく見て取ることになるだろう。見て取れなくても、ベデカー旅行案内書のなかに一四世紀のものがたくさん記述されていて、補ってくれるであろう。個々のものでたぶんもっとも完全なものは、身廊を合唱隊席にむかって歩いてゆくと左側の三番めの柱を背にして立っている驚くばかりの説教壇である。これはきわめてデカダンな一六世紀ゴシック様式で、信じられないような最後の輝きといったものであり、ブリュン〔現在名、チェコのブルノ〕のアントン・ピルグラムの手になる。砂岩が用いられていて、それは奇跡のような東洋の象牙彫刻を思わせるものとなっている。個々のものでおそらくもっとも興味深いのは、シューラー通り側にある後陣の外壁くぼみに取り付けられたもうひとつの説教壇であり、鉄柵のむこうに見ることができる。当時この場所にあったわけではないけれども、この説教壇から一四八一年に聖カプリスタヌスがトルコ軍に対抗するよう煽動演説をしたといわれる。

聖シュテファンは、ベデカー旅行案内書が興味津々の説明に仕上げているとはいえ、国王や政治家たちの歴史よりもむしろウィーン市民の姿を示すものといっていい。それはたぶん、戴冠式がここではなく、アウグスティーナー教会で行われていたことにもよっている。またたぶん、国王や王子たちが（一、二の例外はあるものの）ここではなく、カプツィーナー教会を墓所としているからでもあろう。そして敬神の念のないことで有名な社会主義がこの都市を支配した時期[*6]を経た今日でもなお、聖シュテファンは市民の生活にしっかり結びついている。好奇心よりも気分を満足させるためにそこに行くのがよい。壮大なオルガンが聖所を音でいっぱいにするのを聴くとよい。大ミサで、シューベルト、ブルックナー等々の、市民のだいじな仲間たちの作曲した音楽を聴くとよい。また、人がこの場所の情緒を理解するのに、夏である必要はない。アジアの荒野から平原を越えて東風が吹きつける冬、風下の西と南の壁ぎわには、ウィーンの行商人がこぞって露店を開き、ナフサの明りを灯してクリスマスの玩具や真紅のクランプス像をいっぱい並べている。あの大屋根は降り積もった雪で容貌を一変し、夜空を背景に青白く輝いており、尖塔はいっそう黒々と立って見張りをしている。

＊　＊　＊　＊

成り上がったハプスブルク家が大聖堂を改築し始めたのは、オットカルからそれを勝ち取ってまもなくのことである。ただ、次の世紀のウィーンはどうだったかというと、いろいろな出来事はあったものの、本書には似つかわしくない徹底さをもって立ち入るのでもないかぎり、見栄えのする物語にはならない。それは明暗のはっきりした中世からゆっくりとルネサンスが立ち現れてくる物語である。一度の短い混沌とした時期を除いて、ハプスブルク家はウィーンを保持しつづけ、ウィーンはその家長の君臨する首都であった。しかし、そこが文化の中心地として発展するのを、ふたつのことが恐ろしく阻害した。第一は、ウィーンがハンガリー平原を臨む辺境の砦という位置を占めていたことであり、第二は、ハプスブルク家の家政に長子相続の定めがなかったことである。このふたつの事柄がともに初期のハプ

＊6　一九一八年の帝国崩壊以降、社会民主党が市政を握り、「赤いウィーン」と呼ばれた。一九三四年二月の内乱後、ウィーンは共和国直轄都市となり、自治権を失った。

スブルク家の歴史に相争う利害のもつれを生み出し、それはどうにもほぐれることがなかった。数多くの利害がそれぞれ独立に働くこともあれば、しばしば逆方向に働いてぶつかり、そして争いのなかに争いが、そのなかでもさらに争いが生ずるといった具合で、物事が法外に錯綜している。教会はみずからの政策をもち、皇帝は彼なりの（皇帝位がハプスブルクの合法的な専売特許のようにみなされるようになったのはずっとのちのことである）、選帝侯たちは各々自分たちの、ハプスブルクの諸邦はそれぞれの、政策をもっていた。この混乱状態は一三世紀末から一五世紀末までつづいた。つまり、ルードルフ一世があらたに獲得した領土を息子たちに分割して与えたときから、中世ハプスブルクの最後の皇帝マクシミリアンが、たとえ一時的であったにせよそれらを一つの王権の下に集約したときまでつづいた。マクシミリアンの登場はまさに時宜をえたものであった。というのは、ハンガリー王はウィーンに構えており、トルコ軍はクラインとケルンテンの東部に位置する地域に押し寄せていて、事態は過酷の極みに達していたからである。しかし、そこに折よくマクシミリアンが現れたのであり、揺れ動く家を再建したのは彼である。

初期のころのハプスブルクの人たちは、時に皇帝となることはあっても王になることはけっしてなかったことはご承知のことと思う。ルードルフののち、神聖ローマ帝国は日に日に中身のないものになってゆき、一五世紀が終るころになると、キリスト教諸国のこの強大な同盟（をめざしたはずのもの）は、多くの点で最近の国際連盟[*7]（をめざしたはずのもの）に似てきた。教皇ピウス二世になる前は皇帝フリードリヒ三世（ハプスブルク出身）に仕えていた、意気盛んなアエネアス・シルヴィウス[*8]の演説から、鮮烈な印象が得られる。その演説はドイツ人に向けられたものである。

「あなたがたは皇帝をあなたがたの王、主人だと認めるであろうけれども、皇帝はあてにならない主権をもっているだけであり、権力をもっていない。あなたがたは自分の好きなときに彼に服従すればよいが、めったに彼に服従する気にならない。あなたがたはみな、自由であることを欲している。諸侯も諸国も彼にしかるべきものを貢がない。彼は収入もなく、財宝もない。それゆえあなたがたは終りのない抗争や戦争、そしてまた略奪、殺人、大火災、百千の不幸にみまわれるのであり、それらは権威の分断から生ずるのだ」。

こんな具合である。「皇帝」のところに「国際連盟」と入れれば、今の我々にはすんなりと腑に落ちる。皇帝位はしかるべき威厳をもたなかったことがわかるし、そしてハプスブルク家が実際に自分のものだということのできる諸領地はかぎられていたことを考慮するなら、ウィーンが長いこと、とるにたらぬ都市でありつづけたことを知って驚くにはあたらない。ルードルフがオットカルを打ち破ったとき、オーストリアは公国であり、オットーによって創建されバーベンベルク家に譲られたのと同じ公国で

＊7　一九二〇年に結成される。本部はスイス・ジュネーブに置かれた。一九四六年に解散。第二次大戦後の国連の前身である。

＊8　アエネアス・シルヴィウス(一四〇五―一四六五)、教会政策を担当する文化人であった。のちに聖職者になり、ついには教皇となった。

あった。ルードルフはそれに加え、他のいくつかの公国や伯爵領を手に入れた。シュタイアマルク、ケルンテン、クライン、チロルなどの国々である。今はユーゴスラヴィアにあるクライン[*9]は別として、これらの国々が現在のオーストリア共和国を形成しており、ご存じのとおりの小国である。しかし、ハプスブルク家の初期の時代には、このような一体性は存在しなかった。これらのすべての領邦はハプスブルク家に帰属していた（チロルはルードルフ一世により盟友マインハルトにその勲功にこたえて譲り渡され、のちのルードルフ四世がふたたび取り戻した）。けれども、長子相続の定めがまったくないというばかげた事情のために、それらは幾人もの兄弟によって支配された。マクシミリアンに至ってはじめて、それらはすべて一人の手のうちに糾合された。それら領邦はハプスブルク統治下の歴史をとおして王国を形成することはなかった。フランツ・ヨーゼフの称号の一覧を思い出すなら、彼は何よりもザルツブルク、シュタイアマルク、ケルンテン、クラインの公であり、オーストリア大公であり、チロル伯であった。それゆえウィーンは後継世代の長兄に支配される公国の、のちには大公国の首都でしかなかった。他の兄弟はクラーゲンフルト、グラーツ、リンツといった彼ら自身の都市をもち、ウィーンはそれらの都市のなかで最大というだけのことである。のみならず、これらの諸邦はしばしば仲違いしていて、おたがいを助けるために手を組むことはまれであった。ある領邦の支配者が市壁の外にある自分の庭園に種をまいているかと思うと、他の領邦の支配者はレンガ壁に彼の頭を打ちつけるかのようにスイス人に無謀な闘いを挑んでいた。ハプスブルク家がスイス人のたくましさを悟るにはとても長い時間を要した。

ウィーンはもちろん、たえず成長をつづけたけれども、文化の中心としてというわけでもなかった。ハプスブルク家の人々は死の技芸を追求するのに忙しすぎて、生の技芸に注意をむける余裕はあまりなかった。もし西側の諸国が利己的な動機による不毛な征服戦争の数々に精力を費やす代りに、東からの脅威に皆が手を組んで対抗したならば、事態はもっと速やかに進展したことであろう。しかし、この途切れることのない役目は、ウィーンを首都とする東端の領邦の支配者にのしかかっていった。

一四世紀半ばになってようやく、我々の都市ウィーンは初めてほんとうの意味で息つくひまを得た。新しい支配者は建設公と呼ばれたルードルフ四世であり、分別に富み、スイスは自分のかかわる所ではないことを悟り、本拠地に近い諸領土に注意を払うべきだと考えた。ルネサンスの最初の光がほの見えるのは彼の治世のころであり、それはまもなくイタリア全土を照らすことになる。彼はウィーンを光輝、壮麗、文化といったものの中心たらしめ、全ドイツでは二番めとなる大学を創設［一三六五年］し、シュテファン大聖堂の増築に着手した。早世したけれども、彼にはどこかハプスブルクの聖なる使命を悟っていたらしい様子が見て取れる。そしてオーストリアは大公国であるべきだと最初に考えた功績は彼にあり、実際この目的のために彼は一連の驚くべき諸文書を作り上げ、それを盾にみずから大公であると宣言して、オーストリアのためにあらゆる種類の特権を要求した。しかしながら当時の皇帝はハプスブルク家の者ではなく、賢明にもこれに待ったをかけた。とはいえ皇帝はこの家の正体がわかっていなかった。

ルードルフの後を継いだのはアルブレヒト［三世］であり、穏やかで哲学的な性格であったものの、力量に乏しかった。彼があのハプスブルク家の習慣を始めたように思われる。光輝のただなかにあって

＊9　ユーゴスラヴィアは解体し、クラインの地であるスロヴェニアは独立した。

きわめて簡素な暮らしをする習慣であり、その極めつけがフランツ・ヨーゼフの愛用することになる鉄製ベッドである。アルブレヒトもイタリアから漏れ出てくる光に心を動かされ、大半の時間を抽象的学問と造園に費やし、他方、激しい性格の弟レーオポルトはスイス人とのすべきでなかった戦闘に破れた。そしてアルブレヒトの死後、望みのないすさまじい混沌の時代がやってきて、兄弟たちは犬猿のように反目しあった。国内の平和がようやく戻ってきたのは、一五歳の少年であったもうひとりのアルブレヒトが即位したときであり、のちにハプスブルク家出身の皇帝のひとりとなる偉大な資質をもった男である。このアルブレヒト（皇帝としてはアルブレヒト二世、ハプスブルク家当主としてはアルブレヒト五世）は、オーストリアを紛争で引き裂かれたドイツのなかの静穏な島たらしめたほか、フスの徒に敵対して皇帝ジーギスムントを支えた褒美の領地をりっぱに支配することに成功した。彼はローマ［カトリック勢力］を代表するこの皇帝を支え、宗教改革の旋風に立ち向かった唯一の諸侯であり、そしてこの勲功によりついにはボヘミアとハンガリーの王位を得たうえ、ジーギスムントの死後は皇帝位も得た。彼のうちにローマ教会を護持するハプスブルクの姿勢がいちばん最初に示されているのが見て取れる。これは何世紀ものあいだ同家の変らぬ政策となり、とりわけ反宗教改革、そして三十年戦争時の忌まわしさにつながり、そしてあとでみるように我々の都市ウィーン自体の士気の低下につながってゆく。

とはいえ、それらはまだ先のことである。さしあたりはハプスブルクの勢力増強がはなばなしく始まったかにみえた。しかし、河川地帯でのトルコ軍との会戦中、メロンの食べ過ぎで赤痢を悪化させてアルブレヒトが亡くなると、混沌が戻ってきた。ハプスブルクはボヘミアを失い、ハンガリーを失い、名ばかりの皇帝位のみが残った。皇帝フリードリヒは、ハプスブルク家のうちで我々の都市ウィーンと関係をもたない最後の人といってよさそうだが、この人のときにハプスブルクは（ウィーンを含む）オーストリア、シュタイアマルク、ケルンテンを失った。

アエネアス・シルヴィウスがドイツ人に向かって呼びかけたときに仕えていたのは、このフリードリヒであった。シルヴィウスは誇張していたわけではない。フリードリヒ自身がもつ権力はたいそう乏しかったので、教皇による戴冠のためにローマへ向かう道中、彼が現世の主権者であるはずの土地で彼およぴ彼の数ならぬ従者たちは、行きずりの荒くれ者たちのなすがままにされることにもなった。フリードリヒはなんとも弱体だった。係争の種になった諸領地（というのは、アルブレヒトは自分の死後生まれたラディスラウス［ラディスラウス・ポストゥムス］をあとに残したため、この息子をめぐって多くの途方もない紛糾が巻き起こったからである）を継承したものの、混沌に秩序をもたらす能力を、否その意志すら彼はまったく欠いていた。彼には、はるかフランツ・ヨーゼフにまで至るハプスブルク家の種々の人々に受け継がれた資質があった。フリードリヒはみずからの家のために高大な野心を抱きながら、それを実現するためにはなんでもするという能力をもちあわせていなかった。広大な領土を失い、ウィーンそのものもハンガリー王マティアス・コルヴィヌスの手に落ちるのを眺めながら、彼はその合間に有名な標語、A・E・I・O・Uを発案し、自分の所有物すべてに彫り込み、刻み入れ、押印していた。彼の生前はずっと（ある慎重さにより）秘密にしていて、彼の遺言のなかで誇らしげに明らかにしたのであるが、それは「Austriae Est Imperae Orbi Universo［ラテン語：地上のすべてはオーストリアに服属する］」、あるいはそのままドイツ語になおして「Alle Erdreich Ist Oesterreich Untertan」を意味していた。これはまさしくフランツ・ヨーゼフが、彼の帝国が足下で解体してゆくなかで言ったかもしれない種類のことである。もうひとつの気に入りの言葉は「覆水盆に返らず」、もっと正確に言うなら「元通りにすることができないことは忘れるのが最善」であった。そしてこちらは、イタリアの秘蔵の諸領邦を失ったソルフェリーノの戦いのあとにフランツ・ヨーゼフが言ったこととほとんどそのままである。フリードリヒは実際、官僚政治時代以前のフランツ・ヨーゼフといってもよかった。

彼はなんの勝利も収めなかったわけではない。ルードルフは失敗したのに、ついにオーストリアを大公国に格上げするのに成功したのはフリードリヒであった。また、フリードリヒこそは、なんとも意外なことに、我が子のうちから偉大なるハプスブルク家の第二のそして極めつけの建設者を世に出したのである。そしてこのマクシミリアンをマリー・ド・ブルゴーニュと結婚させ、この建設の最初の基礎を据えたのはフリードリヒである。これこそは延々とつづくことになる華麗なる政略結婚の意義深い先駆けであり、この方法にハプスブルク家は非常に多くを負うことになる。

ルネサンスというヨーロッパの再生は、ずっと遅れてようやくイタリアからアルプスの障壁を越え、オーストリアとウィーンへ広がり始めた。

ルネサンスは我々の都市ウィーンに到達したとはいえ、その影響は長いあいだ限定されたものにとどまることになろう。初期の展開の様子について、ウィーンをパリやロンドンと比較してみても始まらない。ほんとうのところ驚くべきなのは、ウィーンの後進性ではなく、地の利が悪いにもかかわらず、ともかくも文化の中心になりおおせたという事実である。というのも、繰り返しをおそれずにいえば、その文化のゆっくりした興隆をとおしてウィーン人が果たした役回りは、国境要塞都市の住人ということにあったのを理解しなければならないからである。インドでいうなら北西の辺境に高度に発展した文化があることを期待するわけにはいかない。クウェッタ[*10]はいつも宮廷の置かれたデリーの顔色をうかがっている。当初からの五〇〇年のハプスブルクの統治をとおして、ウィーンは厚い壁の内側で暮らしていたのであり、パリやロンドンなら夢みたいな話である。それゆえ、緊張状態が解消したとき、ウィーン人は箍《たが》がはずれて文明の諸段階を駆け抜け、より醒めていて幻想をもたない同類の大都市の人々に先んじてデカダンの段階に達したとしても、驚くほどのことではない。ハプスブルク家に対して人がどんな批判をしようとも、辺境領主としての彼らの義務のことをけっして忘れてはならない。ヨーロッパが彼らに負っているものは実にはかりしれない。彼らが福とともに禍をもたらしたという事実は取るに足らないし、彼らが利他的な動機に突き動かされたのではなく、いつでもみずからの利益のために振舞ったということも、問題にならない。彼ら自身の利益が非常に多くの場合、ヨーロッパの利益と一致していて、そしてハプスブルク家は難題のいちばん近くにいたために、独力でそれに立ち向かわなければならなかった。理論上はどういわれようと、その名のあとにＦＩＤ．ＤＥＦ．［Fidei Defensor ＝信教擁護者］の文字をつけるに値する家系があるとすれば、その家系はハプスブルクである。「この家にヨーロッパはその存続を負っている」。あの有徳なる英国国教会大執事であるコックス[*11]は、一八一七年にこう記すことができた。一九世紀も後半になると、ヨーロッパ文明はそんな時代にはまだ始まってもいなかったと

＊10　独立前のインド辺境都市。現在はパキスタン領。
＊11　ウィリアム・コックス（一七四七―一八二八）、国教会の要職にあるとともに、歴史家でもあった。

いう信念によって、この真実は曇らされた。今ではそれが見えてきているが、当節はこの古い歴史家コックスは知ることがなかった郷愁的な雰囲気が、その真実を取り巻いている。コックス自身は、彼の置かれていた時代を照らし出す衰微の最初の輝きを、いまだ達成されたことのない頂点へのさらなる一歩と（やむをえないことであったにしろ）見誤ったにちがいない。「この家にヨーロッパはその存続を負っている。天はこの家に障壁を託し、それがムハンマドの大群の前進をくいとめ、新月旗がキリスト教世界の上にたなびくのを阻止した。情熱と偏見によってのみならず利害からもカトリック教会と結託し、この家の当主たちは、短い期間とはいえ真理の大いなる敵対者となり、市民的宗教的自由の大いなる抑圧者となった。しかし、逆境がより寛容で自由な原理を教えた。そしてオーストリアが初めてムハンマドの暴虐からヨーロッパを救うと、それ以後は公共的自由の偉大な砦を築き、政治的均衡上、フランスに対する偉大なる対抗勢力を形成するようになった。いつでも、いかなる状況でもオーストリアは平和にかんしても軍事にかんしても群を抜いていた。ウィーンの宮廷はかわることなく一大中心でありつづけ、そのまわりをヨーロッパ政治の巨大な機構が回転してきた」。

コックスがこうした文章を書いていたとき、彼はわかっていなかったけれども車輪は一周するところであった。ほかならぬその文章の締めくくりの調子が、一八世紀からの衰頽を映し出している。「市民的宗教的自由の大いなる抑圧者」はすでにウィーンで復活していた。その向こうではプロイセンというもうひとつの勢力が勃興しつつあり、それに対抗する勢力は存在しなかった、あるいは存在しえなかった。なぜならプロイセンはこれにつづく年月、ゲームの規則に敬意を表すところがみられないばかりか、そもそもゲームが存在することについての理解がまったくできていないことを明らかにしたのである。

「この家にヨーロッパはその存続を負っている」。そしてこの家が衰頽するにつれてヨーロッパも衰頽し、ともに死につつある。一一世紀にはバーベンベルク家がマジャール人を追い払い、オーストリアに定住した。一三世紀末にはハプスブルクの始祖がライン河から移動してきて、この辺境の最終的地固めを開始した。聖シュテファンの身廊の拡張とともに、ヨーロッパの新しい文化がここで急速に勃興していった。屋根を加えたところで、それは終った。

＊　＊　＊　＊

さて、ハプスブルクより前のウィーンの名残というと、聖シュテファンのロマネスク様式の部分だけということになる。ループレヒト教会の一三世紀初期の遺構を別とすれば、ということではあるけれども、ループレヒト教会は面白味がなく、またばかげた修復がほどこされているので、訪れるほどの価値がない。聖シュテファンのその他の部分とともに、そして私の考えでは近世ウィーンの始まりを象徴する三つの古い教会とともに、我々はハプスブルクのオーストリアにいることになり、今も我々はそこにとどまっている。その三つの教会とは、アウグスティーナー教会とミヒャエル教会とミノリーテン教会である。これらはみな旧市街にあるけれども、その南西部のリングと古い要塞跡地のあいだに、王宮のまわりに蝟集している。王宮は、今リングが走っている所にあった新しい外壁の陰のところに、オットカルによって建設が始まった。ホーアーマルクトとアム・ホーフを取り巻く古い一角は、これにより支配者一族から最終的に見捨てられた。ルードルフの子で、一四世紀の初めに亡くなったアルブレヒトのとき以来、ハプスブルク家はこの王宮に住むようになったからである。先の三つの教会はみな、ハプスブルク支配の初期のものであり、そのうち二つはその主要構造において、ハプスブルク王朝の当初のころとのはっきりとした結びつきを示しているが、そうした結びつきは王宮自体にはみられない。というのはその現存最古の部分――礼拝堂、すなわちブルクカペレで、シューベルトがかつて属していたあの有名な少年合唱団の本拠地――でも一五世紀半ばのものだからである。

三つの教会のうちのひとつ、アウグスティーナー教会は、ハプスブルクの時代をとおしてずっと存在しつづけたという事実にとどまらない、ハプスブルク家との深いつながりをもつ。この教会は宮廷教区教会として知られており、のちのハプスブルク家の当主たちはここで戴冠した。祭壇のむこうにある聖ゲオルク礼拝堂には、ハプスブルク家の遺体の心臓を納めた壺がずらっと並んでいる。教会はおおばに改造され、修繕されているけれども、外部から見ると、今なお偉大な時代の外観を保存しており、アウグスティーナー稜堡に楔状に割り込んで立っていて、王宮自体にほとんど接している。そして一九世紀の尖塔を戴いたほっそりした塔は、狭くて奥行きのあるアウグスティーナー通りを見おろしている。王宮の円形建物に面したミヒャエル広場にあるミヒャエル教会は、こうした王宮とのつながりはない。しかし、均整のとれた銅製の尖頂を戴いた魅力あふれるゴシック式塔をもち、塔全体が一八世紀の古典主義による教会建物正面の上にそびえていて、どこかウィーンの軽さと不揃いさを反映しており、一八世紀の繁栄で絶頂をきわめるオーストリア史の一断面をみせている。ミノリーテン教会はもっといかめしい面立ちをしている。これは、筆者にとってはこの都市全体のもっとも貴重なシルエットであり、奇妙で釣り合いのとれないみにくいアヒルの子のような教会、陰気なせむしの大男のような教会である。この教会にふさわしく、ミノリーテン広場にぽつんと立っている。この広場は因縁に満ちた首相府のあるバルハウス広場につながっており、そのバルハウス広場は王宮のアマーリア宮の陰に位置している。ミノリーテン教会は、その異様で風変りなたくましさでウィーンを支配しようともくろんでいる。自分の巨大ないかった両肩から、重荷を振り落とそうとしているかのようにしてそこに立っている。両肩は不規則にせりあがり、あの丈高い、寸胴で、頂が角ばっている八角形の塔を、覗き穴が所々にあり、堅く屹立していてバイキング船の船首のようなその塔を、覆わんばかりである。がまん強く不動の姿勢を保っているミノリーテン教会は、どこか愛らしいところがある。それはまた、過酷な現実の投げかける影でもある。多くの栄光と虚しさを切り抜けて生き延びてきた。もし、自身の望みのままになるなら、この教会はさらに多くのことを切り抜けて生き延びるように思われる。ミノリーテン教会はウィーンの心臓部にあってオーストリアの感触を表している。それは雪のなかの聖マリア教会と呼ばれている……。しかし、この教会を愛しているなら、中に入らないほうがよい。どうしても行くというのなら、一四世紀の彫刻のうちウィーンでもっとも華美なものが戸にほどこされた西門までにするのがよい。しかし、それより先に進んではならない。内部に興味の対象になるものはまったく欠けている。中身が抜かれているといってよいかもしれない。ダ・ヴィンチの「最後の晩餐」の複製モザイクが知られていて南側の側廊の壁いっぱいに広がっているけれども、そんなものは見ずに朽ちるに任せるのが最善である。

この教会は、ミノリーテン［フランシスコ会士］という名の示すとおり修道院教会であるものの、一八世紀末にマリア・テレジアの有無を言わさぬ法令のひとつにより修道院の名残のすべてが差し押さえられた。それ以来、ここはウィーンのイタリア教会として使われてきたものの、それに何が加えられようと修道院教会の本質は変らず、その粗末な内装はよく保存された。ミノリーテン教会を話題にするとすれば、あの盛り上がるような大屋根のことになり、それは何世紀ものあいだ、足下の俗世の家々での王や政治家たちのたわけた振舞いから、超然として立ちつづけてきた。

とはいっても、まさにそうした家々が我々のかかわっている物語の基礎をなしている。この古いミノリーテン教会は、そうした物語にあまり関係していない。それは唯一順応することなく、初期の辺境時代の遺物としてそこに立っている。聖シュテファンは融和しており、聖ミヒャエルとアウグスティーナー教会もそうである。都市の古い区域にはミノリーテン教会よりもさらにさかのぼるふたつの礼拝堂とひとつの教会があり、街に融和していない。しかし、これらは通りや小路の込み入ったなかにまぎれていて、格別の注意を引くことはない。そのうちのひとつはたいへん美しいマリア・シュティーゲン［上った所のマリア］教会である。マリア・アム・ゲシュターデ［岸辺のマリア］とも呼ばれ、名前のとおり階段を上がっていった所にあり、バーベンベルク家の古い要塞地域のいちばん端にあるザルヴァートール・ガッセの終点の上にある。それは、とても愛らしい透かし彫りの頂をもつ、高い、多角形の塔で有名である。ほかに旧市庁舎［ラートハウス］のふたつの礼拝堂があり、ひとつは初期ゴシック、もうひとつは後期ゴシック様式である。後者はそれにとどまらずルネサンス様式の正面入口で和らげられており、この都市におけるルネサンス様式の数少ない記念物のひとつとなっている。これらを別にすれば、あとは視界に入ってこない。ハプスブルク統治の初期の時代を思い起こさせるもの、つまり支配者たちが自分の持ち物のために戦いつづけなければならず、そしてウィーンが闘争の司令塔であったころを想い起こさせるものはほとんどない。聖シュテファン、アウグスティーナー教会、聖ミヒャエルはみな、後世の人たちによって順応、融和させられた。他のここで取り上げる必要のないものにいたっては、一八世紀の様式ですっかり改築されているので、事実上はもう一八世紀の教会といっていい。ミノリーテン教会の黒ずんだ輪郭ばかりが、南からの光があふれるなかにすっくと立っている。この教会の西門の戸は、そこにほどこされている彫刻とともに一四世紀半ばの、ハプスブルクの初期の時代のものである。建物の主要部分が完成したのは、ちょうど一世紀後、フリードリヒ［三世］がウィーンを失い、ハプスブルク家の時代が過ぎ去りそうなあらゆる徴候が見えてくる直前である。いよいよ終りかと思われた。

けれどもそれはハプスブルク家の終りではなく、一時代の終りというにすぎなかった。フリードリヒの息子マクシミリアンとともに、聖シュテファンの時代は閉じられるのがわかる。ヨーロッパは大規模な抗争に向かいつつあった。取るに足りない勢力の果てしない小競り合いは姿を消していった。重量級が登場し、国境線の内側では余裕も生じ、比較的平和な暮らしがやってきた。スペインはフェルナンドとイサベルの結婚により、統一された。コロンブスはアメリカを発見し、略奪の機会をねらう人々に本国で得られるよりも豊富な財宝を手にする道を切り拓いた。英国では薔薇戦争（我がハプスブルクが小競り合いを繰り返していたのと同じころ）が終って、ヘンリー七世の栄えある治世が始まった。フランスでは「遍在する蜘蛛」と呼ばれた悪漢ルイ一一世が、百年戦争後の事態収拾をはかり、この国の偉大な将来の建設にむけてそれなりの成功を収めた。イタリアにはロレンツォ豪華王［ロレンツォ・デ・メディチ］が現れ、この国で灯火が燃え立ち、全ヨーロッパを照らし出すことになる。印刷術や火薬といった発明が広まった。こうした全般的な趨勢にドイツの北部諸国ばかりは逆らっていたが、オーストリアではこの趨勢に呼応して、ハプスブルクが一大勢力として興隆しつつあった。このさえないドイツ貴族の家系は世襲してきた領地を手放したものの、今ではあらたな征服により挽回していた。粘り強さと日和見主義と偶然性が結び合さって、すでに強大な重量級が姿をみせ始めた闘争の場で、その一方の雄になるはずである。ルードルフが獲得し、彼の子孫フリードリヒ〔三世〕が失ってこれですべてが終ったかにみえたあの取るに足りない領土は、ヨーロッパ最大の勢力の核になり、「フランスに対する偉大なる対抗勢力」になる。そしてその首都である要塞都市ウィーンは、今はハプスブルクとは縁を切られて他国の王であるハンガリーのマティアス・コルヴィヌスの手中にあるものの、いずれはパリ、ローマ、ロンドン、マドリードと並んで五つの星のひとつへと発展することになるであろう。

ウィーンは今や、発酵の状態にある。市民、職人が初めて無視できないひとつの勢力として登場し、みずからの権利、統治への参加を力により勝ち取り、（ハプスブルク家が去ったため）彼らの統治者を選んだりした。王や貴族たちがヨーロッパじゅうで土地の支配権を求めて相互に戦い、神と教皇を畏れてそびえ立つ教会を建設し、他方で民衆はどうにかこうにか糊口をしのいでいるような時代は、目にみえて終りつつあった。マクシミリアンは相変らず自分の領土のために戦わなければならず、インスブルックから出発し、立ちはだかるトルコからの侵略者を一掃して、失地回復者としてウィーンの人々の歓呼の声に迎えられた。これは小さな始まりであり、後退を前進へと変えるものであった。イタリアに近接していることを考えると、その半島で今や頂点にあったルネサンスがもっと早くウィーンに達していたらと期待したくもなるであろう。けれどもそうした見方はウィーンの特異な位置を忘れている。ウィーンは神聖ローマ皇帝の私有地としてドイツに結びついており、これはどんな都市でも制約となって働く十分な理由となる。加えて、そこは東方に向きあっていた。

とはいえ、このドイツ人の都市にあってさえも、暗黒時代はもう終ろうとしていた。その時代の記念物はゴシック様式教会であり、他の所と同様、ウィーンでもそれは苦悩に満ち、頑迷で崇高で起伏の激しい情熱の証人である。シュテファン大聖堂の時代であり、その終り方がなんとも象徴的で、一五世紀半ば以降、そこの地下納骨所にオーストリアの諸侯は誰ひとり埋葬されていない。他方で、テークラ合唱隊席に堂々と鎮座している巨大な墓石がある。それは中世ハプスブルク最後の当主で、マクシミリアンの父であるフリードリヒ三世のものであって、ニコラス・ファン・レイデンの手になる。

＊　＊　＊　＊

中世の物語は、「暗黒の」という形容詞で表現されるようなものではない。この時期のウィーンの栄光について多くを語ることができようし、オーストリア各地にはこの時代の豪放さを示すもっと多くの偉大な遺物が点在している。ゴシック建築はねじれた想像力を暗示しているとしても、それはまた目的の質実剛健さの証人でもある。戦争に明け暮れる諸侯や皇帝がいただけではなく、民衆もいた――そして僧侶もいた。多くの美が創造され、ドイツを起源とするためイタリア・ルネサンスの最初の輝きを分かち持つことを妨げられたとはいえ、我々の都市ウィーンは土着の芸術と学問という強固な背景をもっていることがわかる。ルードルフの創った新しい大学があった。造園家アルブレヒトはイタリアの数学に驚嘆を惜しまなかった。通商は栄え、諸侯を豊かにしていった。諸教会の建物に安置されているもののほかにも多くの芸術的活動があった。聖シュテファンの彫刻の多くはとても高い水準で、地元の作家によるものである。この教会には有名な「奉公人のマドンナ」があり、ウィーン市外のクロースターノイブルクにはもうひとつの大理石のマドンナがあって、それらはのちの彫刻家たちに大きな影響を与えた。宮廷は彩色された写本を楽しんでおり、そしてウィーンはドイツの板絵発祥の地であった。しかし、これらはすべて本質的にドイツのものであり、また中世の美徳は他の所と同様ここでも表現されているけれども、特記するほどのものではない。バーベンベルク家はミンネゼンガー〔宮廷恋愛歌人〕を保護し、ヴァルター・フォン・デア・フォーゲルヴァイデはその宮廷で厚遇されたものの、この風変りな冬咲きの花は南フランスでもっとも美しく咲きほこった。ゴシック芸術が盛んであったけれども、それが絶頂をきわめたのも別の所であった。ウィーン本来の独自の文化はドイツのものでもイタリアのものでもなく、いわばその中間のところにある。それはマクシミリアンとともに始まり、イタリアのルネサンスの反映というよりも、より荒々しいゲルマン的宗教改革を反映するものであって、それがカトリシズムによって、そしてイタリアとの隣接関係によって和らげられている。

曙光のなかのもっとも偉大な人物はおそらくミヒャエル・パッハーという南チロルの画家・彫刻家で、〔修業に出た〕イタリアの温暖さのなかで成長したドイツ人である。彼のうちにおそらく初めて、オーストリアのその後の創作の多くを照らすことになる独特の資質を見ることができる。それは北と南の対照的文化のあいだの緊張、ないしは融合に発するものである。パッハーにもっとも強い影響を与えたのはクラナッハではなくマンテーニャであった。[*12] パッハーはイタリアの輝きがウィーンに到達するのに通るはずの道の傍らに住んでいた。彼の絵がウィーンのいくつもの美術館にあるけれども、彼の傑作を見るには、ウィーンを離れてザルツカンマーグートの湖畔の村、ザンクト・ヴォルフガングに行かなければならない。その地の古いゴシック様式で、バロック風に塗られた教会のなかにある祭壇は、一五世紀の傑作のひとつである。加えてそれは、今なお完全な状態にあり、当初の使用目的のままに用いられている、唯一のドイツの翼付き祭壇である。絵画も彫刻もともにこの非凡なパッハーの手になるものであり、そこで彼はドイツの実直な感性と、イタリアの優雅や形式感覚との統合を達成しようと試みていて、それこそは我々の世界に対するオーストリアの貢献である。至高の価値ある贈り物のように思われ、もしそれが純粋に育まれ保たれたならば、世界を救ったかもしれない。

パッハーのうちに我々が見るのは（少なくとも筆者が見たいと思うのは）、二〇〇年におよぶ長い準備の端緒であり、それによりオーストリア芸術は驚異的な開花をみせ、それがウィーンを変貌させ、華麗な文化の舞台を形成することになる。

＊　＊　＊　＊

ところでウィーンには、ゴシック様式が非常に少ない。そのため多くの訪問者ががっかりする。ウィーンは一般に古い都市として知られているのに、見た目にはそうとは納得しがたいところがある。しかしながら我々はこれまでに十分に見て納得したであろうから、もうこれ以上、古い過去にかかずらう必要はない。私の心を引きつけるのはウィーンの新しさであって、その古色蒼然たる姿ではない。ゴシックの倫理学と美学の議論をここで始めるつもりはまったくない。ヨーロッパのゴシックの大聖堂が我々のもっとも貴重な宝のひとつであることは誰もが知っている。夢みるような尖塔と突き出た控壁がなく

＊12　クラナッハ（一四七二―一五五三）がパッハー（一四三五―一四九八）に影響を与えることは、生没年からいって考えにくい。

なったらよいなどと、まともに考えるような人はいない。けれども、その様式が表すものを貴い遺物として保存するのと、そこに閉じ込められて生活を送る——たとえば多くの北方の都市の住民がそうしたように——のとはまったく別である。

ウィーンはその歴史をとおしてずっと、ドイツとあるときは非常に密接に、あるときはゆるやかにではあるが結びついてきた。結びつかないのはほとんど不可能だったであろう。ハプスブルク家はドイツの諸侯であり、オストマルクはドイツ帝国の属州であった。バイエルンとチロル地域におけるドイツとオーストリアの国境は、何世紀ものあいだ極めて流動的であった。初期のころ、ちょうど聖シュテファンを自分たちのそびえ立つ記念碑として築きつつあったころ、ウィーンは、まったくもってドイツ的であった。ドイツ・ゴシックはそのことの自然な表現であった。大聖堂の塔を建設した石工たちはレーゲンスブルクと深く関係していた。現在のドイツ内の建築にはオーストリアの影響を受けたものがあり、その逆の影響もあった。ウィーンはかわることなくドイツ的でありつづけることになったかもしれない。そうした運命を免れたのは、イタリアに近接していることとハプスブルクの土地への渇望のお蔭である。臣従した民族、スラブ人やイタリア人、それにいうまでもなくマジャール人（彼らはまったく独立心旺盛なところがある）が、ドイツの血を、それとともにドイツの趣味とそれにかかわるものすべてを豊かにし、洗練したのである。ドイツはすべてにわたって体質的に地方志向が極めて強かったし、今でもあいかわらずそうであるのに対し、ウィーンは急速に国際都市へと発展した。ドイツは当初、ゴシックの象徴主義にみずからの表現を見出し、南部を除けば以来ずっと、ひどく毛嫌いするというほどではないにしても、この様式以外のものすべてに疑いの目をむけた。ウィーンは当初そのゴシック表現を共有したものの、のちにはより新しい軽快な形式の影響を受け入れ、過去が現在をねじまげるのを拒否した。気候、とりわけフェーンもまた、この転換を促すものであったにちがいない。それゆえ、ウィーンにはゴシックはごくわずかしかない。今あるものについてはそれをだいじにしている。重苦しいほど多くはなく、それらゴシックの記念碑をとおして、かなり前にはウィーン人ですら他の人々と同様、荒々しく生真面目であったことを思い出すとよい。

さて、我々はこの都市が他の都市同様、ねじれた過去をもつことを十分に見て納得できた。ところで、ロココの軽佻浮薄のすべては、成り上がり者の卑俗なみせびらかしではない。それらは中世の粛清に耐え、それを切り抜けて光へとたどりついた人々の、きわめて意義深い意思表示なのである。光に陶酔したところがなくはなかったにしても、それでも光に向かってはい上がってきたのである。まったく切り抜けられなかった者たちもいた。

そこで人は、ハンス・ザックスと「薔薇の騎士」のどちらかを択ばなければならない。否むしろ、択ぶ必要はまったくない。あるところまではその両方を保持することができる。両方とも存在する。この種の選択をするのは不可能である。ハンス・ザックスはバッハとナチ党を生み出した。「薔薇の騎士」はモーツァルトとバルハウス広場およびそこで起こったことすべてを生み出した。ご覧のとおり、私はドイツを打ち消し、もってオーストリアを光輝あるものにしようなどという意図を根本的にもっていない。両国とも失敗した。つまり、どちらも永続性のある文化を育む手順を案出してそれを実行に移すことはなかった。こうしたことができたかを基準としてみるかぎり、両国とも本来あるべきところに至っていないし、ヨーロッパのどの国も似たり寄ったりである――フランスだけはわずかの可能性を残しているかもしれないが。各人の好みはあってよいし、いつも繰り返されるもしを押しとどめることはできない。それで、もしウィーンの文化に内在するものすべてが、生き残り、発展する力をもっていたなら、この都市は、たとえば同じく超越的なところのあるベルリンよりも、より充実した生活を提供するであろうにと思う人がいるし、筆者もそう思う……。ところがバッハが豊かなブルジョア的生活を送ったのに対し、ウィーンはシューベルトを飢えるにまかせた――このことにしても多少、検討してみる価値はあろうが。

モーツァルトにたどり着くにはまだ道遥かであるけれども、我々はその途中であまり道草をくっているわけにはいかない。ウィーンはバロック、ロココ、化粧漆喰を塗った優雅さ、音楽、人生知［savoir vivre］の都市である。こうしたものすべてが住まう中枢からいくつかのゴシックの尖塔が突き出していて、都会的な気品が満ちたなかにアクセントをつけている。これらの尖塔についてはすでに説明したが、我々はいまやカール教会の緑色の銅製丸屋根、いくつもの古い教会のまぶしいばかりの新しい内部、数ある壮麗な邸宅のいかめしい輝きに目を奪われる。とはいえ、それらを理解するためには、その背景に多少ともふれておかなければならない。これらすべてがマクシミリアンとともに現れ出たわけではないにしても、彼とともに現れ始めた。ミヒャエル・パッハーによる祭壇の絵画・彫刻を眺めると、後知恵ではあっても容易にわかるのは、オーストリアがバッハではなくモーツァルトを生み出すであろうこと、「フィガロ」を創造する偉大さをもたない人々はベルヴェデーレのような輝かしい幻想的な宮殿に、粗いけれども似たような才能を発揮するであろうことだ。我々の都市ウィーンがそこに至るまでには二〇〇年を要するにしても、道すがらに残されているものはごくわずかなので、我々を手間取らせることはまったくない。マクシミリアンによるハプスブルクの威力の再生により、草木は堅い地面を突き破って出てきた。小さな党派間の諍いは終りを告げた。行動や攻勢はより規模が大きくなり、そのため慎重になった。しかし、花が花弁を開ききらないうちに、またしても脅威の雲が現れた。その脅威とはトルコ人である。一七世紀がちょうど終るころになって、トルコ人は最終的にウィーンの城壁から押し返された。バーベンベルク家が獅子心王リチャードの身の代金を遣って建てたあの城壁からであり、さらにオーストリアから、ハンガリーから押し返された。その歴史において初めて――なんと時間がかかったことか――我が都市ウィーンは思いきり呼吸することができた。ウィーンは城門からはちきれ、まわりの田園へと広がってゆく。そして再建することにより新しい自由――もはや中世的な配慮にしばられない――を祝おうとする人々がすでに生まれていた。すべてはいっきょにやってきた。イタリアのルネサンス以降の二〇〇年のあいだ、ウィーンはアジアをヨーロッパから遠ざけておく必要から、城壁の内に閉じこもっていた。圧迫がついに収まったとき、沸き立ったのも当然である。

Ⅳ　王宮（ホーフブルク）

　一五世紀末から一七世紀末までの次の二〇〇年間、ウィーンを象徴したのは王宮、すなわち皇帝の住まう宮殿であった。これに対して、ウィーンそのものが象徴したのは、増大するハプスブルク家の権力であった。残っているこの時代の記念物はわずかであるが、そのうちもっとも重要なものは、ほかならぬ王宮の建物の一部である。この二〇〇年間には、先立つ中世の時代にくらべると独自の創造的な活動がはるかに少なかったといってよい。芸術や精神世界への関心は高まったものの、それもすべてハプスブルクの支配者たちの指示の下にあり、そして彼らがオーストリアの国境の向こうに優美な生活を求めて目を向けたのは主にイタリアであった。そのころのウィーンといえば、何かを創り出すよりも収集する時代にあたり、それは一七世紀最後の四半世紀に始まるすばらしく創造的な活動を準備する時代であった。ウィーンがやがて、外からの降り積もった影響の重みをはねのけてみずからのスタイルを確立できたのは驚くべきことである。

　我々はこの時代、すなわち時代の特徴が王宮に由来し、王宮が力をふるったころに目を向けないわけにはいかないとはいえ、あまりに長くそこにとどまるべきではない。要は、我々は死につつある文化の気分を探っているのだから、その背景が表舞台にせり出すようなことがあってはならない。この文化、そしてその精華を象徴しているのは、宗教改革につづいて起きた頑迷と迫害の戦争――王宮はいうなれば、その戦争の総司令部であった――でもなければ、中世ゴシック様式の尖塔や素朴な絵画、騎士道讃歌でもない。その文化は、我々が今日歩き回っている街路の外観に映し出されている。バロックではあるが、ロココが和らぎを与え、さらにはさまざまの陰影が複雑な影を落としている。しかし、いかめしい王宮がなければ、その錯綜した気分はとても生まれなかったことであろう。

この時代の気分全体は、それが理想化されれば驚くべき抜群の精妙さをもったものとなってモーツァルトのオペラに見出され、理想化されずに往時を的確に追想するかたちではリヒャルト・シュトラウスのオペラに見出される。つまり「フィガロの結婚［Le Nozze di Figaro］」と「薔薇の騎士［Der Rosenkavalier］」である。

使われる言語が大切である。モーツァルトは「フィガロの結婚［Figaros Hochzeit］」というドイツ語のオペラはけっして作らなかった。彼がドイツ語のオペラ「魔笛［Die Zauberflöte］」でどんな試みをしたとしても。

王宮本体の真ん中に、一方はスイス宮とスペイン乗馬学校、他方は野外のヨーゼフ広場に挟まれて、単に「レドゥーテンザール［大広間］」という名で知られる広々とした舞踏の間がある。それは一八世紀後期に構想されたもので、バロックの夢想の最初の衝撃が失われ、奔放にあふれた信仰の高まりが落ち着きを見せたころ、つまりはバロックが洗練されて、ロココの技巧的で上品、美意識にあふれた様式に変ったころである。この広間はモーツァルトがハプスブルク家の気前がよいとはいえない庇護を受けたいるのを観ることができる。*1 この演目には、魅力ある内容とともに深い批判精神が見て取れる。
ころとさほど変っておらず、今日も「フィガロ」が、かつての上演もかくやと思われる様で演じられて

広間は奥行があり、六〇〇ほどの席が用意できる。壁は人の背丈より高いところまで極上のゴブラン織りでおおわれていて、その上方には金色に際立つ鏡板があり、あらゆる意匠の金メッキ装飾で飾りたてられている。そこに取り付けられた縦長の鏡は、金メッキされた天井から下がるクリスタルガラス製シャンデリアの輝きにきらめく正装の雅《みやび》を、けむるような光のなかで映し出し、それをまた他の鏡が映し出す。広間の一方の端には舞台らしき一段高くなった壇が置かれ、その背後には装飾された壁が広がってタペストリー上部にある塑像の列につながっている。これを断ち切るのは左右に分かれた階段であり、そこには真紅の絨毯が敷かれ、バルコニーのようなものを形づくっており、舞台からははるか高いところにある、丈の高い両開きの扉の先へと通じている。これが舞台装置である。奥に部屋を暗示する垂れ幕がかかり、金メッキされたいくつかの椅子が役者のために置かれ、緑色の鉢にはオレンジの樹が植えられていて庭園の趣を醸し出している。

このしつらえには恋ごとがぴったりである。出し物は、まもなく没落することになるフランス貴族の振舞いをボーマルシェが皮肉った作品である［フィガロの結婚］。そうした振舞いは他国の一八世紀上流社会にも、そして自分たちの気分に合せてこのまばゆいばかりの舞踏の間を建てた［オーストリア］社交界にも広まってゆく。この社交界は不注意にも作品の作曲者［モーツァルト］を庇護したことで記憶されるが、同じく不注意にも、イタリア人のライバル［サリエリ］が暗躍してモーツァルトを兵糧攻めにす

るのを許した。ボーマルシェは、こうした人士を優美にそして徹底的に皮肉った。モーツァルトがこの風刺に賛同したことはまちがいない。けれども、毒抜きをしてしまったので、鋭い批判が鈍り、単に世相を反映するだけのものになってしまった。そのような反映の常として、どっちつかずのまま解けない謎を残しながらも、なんとか〔風刺を〕知らないふりをするにはごまかしがなさすぎた。あれこれ偽るには率直すぎた。また〔オペラへの反映が〕あまりにもきちんとしていたため、ごくわずかの風刺もそれがゆがめられたり、あるいは除かれていても隠すことができず、この風刺は上流社会の理解を容易にしたり、拍手を送りあるいは非難の声をあげやすくしているように思われたかもしれない。我々にわかっているのは、ケルビーノが恋煩いの、どんな女性にも恋をしてしまう多感な若者であり、ロジーナが成り上がり貴族で、スキャンダルから自分の名誉を守ろうとしており、またフィガロが口達者なすれっからしで欲得づくのイスパニア野郎だ、などなどということである。ケルビーノはおどおどしてためらいがちでありながら、急な歓喜に任せて歌うこともできる。「もう自分が何者で、何をしているのかわからない」。ロジーナは、結った美しい金髪をほどきつつ、浮世の情感をありったけこめて歌うことができる。「愛の神よ、安らぎをお与えくださいませ」。一八世紀ウィーンの市民は、こうした場面で拍手喝采することができた。もっとも、その作曲者にまで市民が思いを馳せることはなかった。

これまでに上演された喜劇のうちで、もっとも完璧な演目といってよいこのオペラでは、常ならずはっきりと気分の対位法が見られるのであり、これに並ぶのはヴェルディの「ファルスタッフ」やその他い

＊1　この広間は一九九二年の火災後、会議場に改築された。

くつかの作品くらいである。それは他の芸術では得られないもので、おそらくオペラという形式にもっとも豊かな可能性を与えている。この特質は他の芸術種目でも見られはするが、程度の点でオペラにかなうものはない。ケルビーノはたしかに移り気で愚かしいほど感傷的であるが、「『恋とはどんなものか』ご存知のあなた方」と歌い、荘重で生真面目な側面をもみせ、「自分にはそれがわからない」と歌って、情熱がせわしなく高まったり醒めたりする人物でもある。モーツァルトの天才は、ケルビーノにこうした性格をいっぺんに与えた、否、それ以上のものを与えた。同じようにはっきりと、そして直截な手立てでこの奇跡を成し遂げた芸術を、私はほかに知らない。ひょっとして絵画が多くのことを示唆するかもしれない。ワトーの「白い服のジル」にはあまりにも数多くの真実が戸惑うほどに並んでいるので、見ていると映りのよい鏡の前に立っているようである。推し測る力さえあれば、総体を映し出しているのがわかる。しかし、この効果は多くを象徴化に負っている、といわなければならない。そして象徴は精緻でかぎりなく精妙でも、近似以上のものではありえず、反映に反映を重ねてわずかにゆがんでいる。オペラ、ことにモーツァルトのオペラでは象徴は退いている。真実がまっすぐに、智に妨げられずに心を打つ。言葉だけで多くのことを語ることはできるだろうが、それでは目のくらむような瞬間は与えられない。多くの側面が同時に放つ閃光から生ずるあの光の強烈さは、「語りに要する」時間という要素のために阻まれている。そこにある白色光はプリズムを通してみることにより、構成するそれぞれ独立の混じりけのない色に分かれてしまう。音楽そのものは絶対でどんな物理的束縛からも自由であり、我々の夢の真実を、他の何物もなしえないやり方で与えてくれる。だが、それは真実の全体ではなく、我々が死すべき運命にあるという真実を語らない。ほんのしばらく、我々はそのことを忘れることもできようし、それは確かなことではないと自分を言いくるめることさえできよう。しかし、楽団員が立ち上がって楽器を片づけるとき、その夢は打ち砕かれる。ただ、フィガロの最後のコードが喝采に飲み込まれるときは、夢がそこで醒めるわけではない。そこで我々は、ある世界から別の世界にそのまま移るのでもない。モーツァルトの音楽世界と融合した、パリッ子ボーマルシェの描く恋ごとの世界は、我々の住まう世界である。我々自身の世界であり、それをほんの数時間、我々は少し高みから眺めていたのである。そしてその光景は、我々のなかにはかない愛の苦悩を呼びさました。

ケルビーノはケルビーノであり、「ご存じの方」はモーツァルトだけである、というのはあたっていない。音楽がモーツァルトそのものであるということは誰も否定しないが、モーツァルトはケルビーノであり、そしてフィガロであった。そしてアルマヴィーヴァ家の人々でもあり、その他すべての登場人物でもあった。どのように眺めようと同じことである。奇跡はもちろん、虚実が緊密にふれあうほどに並べ置かれたということによって起きる。奇跡は、我々の目の前に登場する世俗の人物たちによって起こされるのであり、そして音楽と一体となって、空気のように無頓着で自由な彼らによって、世俗の言葉を用いながら起こされる。

ボーマルシェの描く古風な色恋沙汰が、それにふさわしいセットで展開するのがこのロココ調の舞踏の間、きらめくクリスタルガラスの光に照り映える舞踏の間であり、そこに我々が入ることができるのは、これをしつらえた上流社会が今は存在しないからである。芸術の引き起こす奇跡、芸術作品のために建てられたどんな劇場でも得られないほど強い感動を、この舞踏場が与えてくれる。といっても、この場所で当時の様子に感傷的にいっそう連想が働くためではない。私が知るかぎり、モーツァルトのオペラはどれも、この王宮内のどこかで演じられることはなかった。「フィガロ」はまちがいなく、劇場用に劇場演目として書かれた。モーツァルトは、彼の女王〔マリア・テレジア〕を満足させるために造られたこの舞踏の間に入っていてもよさそうなものであるが、私の知るかぎり、一歩も足を踏み入れていない。モーツァルトがマリー・アントワネットに君と結婚するよと約束したのはここではなく、シェーンブルンの新宮殿であった――髪粉のかかったかつらをつけ、つるつるした寄木細工の床で転んでしまった五歳の神童を、彼女は抱き起こしたのだった。ここでの演技は掛け値なしに本物であったが、劇場での演技はそうではない。もっともモーツァルトの時代の劇場では本物であったかも知れない。その時代、舞台の登場人物たちが衣服や仕草の細部にいたるまで、観客席にいる男女とそのまままつながっていたことははっきりしている。しかし今日我々がオペラに出かけるのは、一夕、作りものの演目で気晴らしをするためである。何時間か客席に座って、仮装をした人々が演ずる仮装劇を観賞する。音楽は現実感を深めるものではなく、むしろ虚構性を高める。劇場の建物自体が仮装しているようである。もちろん別の時代の装いである。一九世紀のオペラのひいき客たちは、真鍮と金メッキで趣味悪く飾った紅いビロード張りのボックス席でほっとくつろいでいたかもしれない。しかし、我々はといえば、一歩劇場に足を踏み入れるや、現実から劇場特有の世界に身を移す。そこで演じられるものはすべて、現代風俗を映すものでないかぎり、すぐに珍奇な見世物となり、観客は耳目を属して喝采する。こうしたなりゆきの極端な例として、ゲイ[*2]の「乞食オペラ」を観ればよい。「舞台」がすっかり毒気を抜かれてしまっているので、今では郊外の女生徒に人気の出し物となっている。

ともあれ、ウィーン王宮のレドゥーテンザールはモーツァルトをとても身近なものにしてくれて、彼の肩をポンとたたいてしまいそうな心地さえする。しつらえ、言葉、音楽、すべてが一体である。我々がどんな服装をしていようとかまわない。この場は、我々のなかに混じった何人かの制服の人々と、ぱらぱらと目に入る宝石をつけた人々にふさわしいものであろう。だが、そうした人々がいなくてもかまわない。タペストリーで飾った壁の魅力は、時の隔たりを忘れさせるのに十分である。モーツァルトやシェイクスピアその他誰の時代であろうと、時の隔たりは過去にほどよく浸るための大きな妨げとなる。幸い、我々は上演を身近に感じ、ほとんどその一部になりきっているようである。それはこの世で一番美しい出し物というだけでなく、かぎりない深みをもった芸術作品である。

そうこうするうちに、我々は気分に浸る。それは我々の求めていたもの、ウィーンのもつ浮世離れした気分である。この気分は驚くべき才能をもった男によって舞台上でつかまえられ、永遠に固定化されるが、彼はこの気分を誰とも十分に共有することはなかった。舞台のしつらえが、いくぶんこの気分を映しており、そして我々も、そのしつらえのなかにいる。もっともらしく説明すれば、「あとは野となれ山となれ」の気分だと思う。しかし、こうしたことを理屈で説明しようとするのは適当とはいえない。いずれにしても、これはデカダンスの最初の輝きを帯びた気分である。衰微の始まりは、洗練の度合からいえば至高の時である。衰微の始まりは下降の時ではない。逆にそれは、気力の尽きた精神が最後にみせる熱に浮かされた飛翔である。偉大な社会が経験するデカダンスの初期の年月は、過剰な輝きとい

＊2　ジョン・ゲイ（一六八五―一七三二）、英国の詩人で劇作家。「乞食オペラ」（一七二八年）は彼の代表作。

う点からいうと、結核患者の霊気に駆られた熱望にたとえられるかもしれない。そこには似たような紅潮が顕れ出る。

その紅潮は劇の登場人物の頬にはっきりと見て取れるものの、音楽には感じ取れない。モーツァルトはデカダンスのなかにいたが、デカダンスには染まっていなかった。彼の偉大なところである。ボーマルシェの原作ないしはダ・ポンテの台本のなかの登場人物には、下降が差し迫っていることが感じ取れる。しかし、音楽自体にはそれが感じられない。ここに描かれた社会は空気がたいそう希薄になっていて、並みの人間であると息は長くもたない。手塩にかけた植物が花開く瞬間、肥料のやりすぎがわかることがある。手のかけすぎだったのである。精力が弱まっている。人であれば後戻りして、再度飛躍してみなければならない。けれども、次にはより高く、あるいは少なくとも同じ高さまで飛べるという保証はない。モーツァルトが時代精神の危機に、なぜか気づいていたことはほとんど疑いない。どんな芸術家も、自分が生きる時代の空気にそこそこ染まっているにちがいない。そうでなければ、芸術作品に必要とされる、数ある条件のひとつが満たされないことになる。それは、現にあることと、あったかもしれないことを同時に熟考することから生まれる緊張感である。緊張はたとえ感情的なものであっても不可欠である。正気すぎて事実に愚直に就くと評判の芸術家でも、これなしにはやってゆけない。モーツァルトの作品はバッハの作品ほどには「健康」といえない。けれども同じくらい正気である。「フィガロ」は「カンディード」と同じくらい正気である。ヴォルテールはモーツァルトと同じくらい感情的である。両者の作品は、ともに同じ不可欠の緊張感に依拠している。ヴォルテールは自分の感情的な志向を、自分にも他人にも包み隠そうとした。モーツァルトはそうしなかったというだけである。バッハはモーツァルトよりも健康な時代を生きた。モーツァルトはシューベルトよりも、シューベルトはシューマンよりもより健康な時代を生きた、といえる。しかし、健康というのは肉体の性状で、精神の発展とか均衡とは別物である。両者は絡み合っていることが多いにしても。正気についていえば、シューマンはバッハと同じくらいに正気だったと主張することができるように思われる。知られているようにシューマンはみずから望んで精神異常の診断を受け、精神病院で亡くなった。バッハは大聖堂を擁する都市の充足したオルガン奏者で、すっぽり被るカツラをつけ、多くの子を育てた。シェイクスピアはドライデンの時代にいたら気が違っているように見えたであろうし、今度はドライデンがさかのぼってエリザベス朝の人々のあいだにおかれたら、やはり狂気と映ったであろう。狂気とは不易の概念ではない。健康という概念すら、我々をどこかに導いてくれるわけではない。「シューマンの」「クライスレリアーナ」が「モーツァルトの」「ジュピター」よりも不健康で、後者が「バッハの」「ゴルトベルク変奏曲」よりも不健康であるとしても、これら作品のあいだの差異は、三作品すべてを併せたものと「夏は来にけり」[*3]との隔たりにくらべたら、微々たるものである。

時代というものについていえば、それぞれの時代の相対的な精神状態を一般化することなど、はたして我々に赦されるであろうか。我々にとって一八世紀は正気で、一九世紀はいささか狂っているように見える。そのとおりかもしれないが、確たることはいえない。一八世紀の正気が、途方もないひとりよがりの誇大妄想であると明かすのは、いともたやすいことかもしれない。それは人々を惑わせて、生活

＊3　一三世紀末・一四世紀初頭の唄。

に形式と秩序の感覚を課することが人間にできるのだという確信に導いているのだから。他方、これにつづく時代にみられるロマン派の誤謬とされるものに、別の光をあてることができるかもしれない。つまり、均衡と中庸の感覚を使って人間の問題に対処し、逆巻く流れに身を任せたのだと見るのである。もっとも、こうしたことがらを一般化することは難しいだけでなく、できないといわざるをえない。

モーツァルトはとても正気であったがゆえに狂気の気味があったといえるかもしれない。たしかにふつうではなかったろう。彼の音楽は力に満ちていて豊穣である。それは当時の時代精神に合わないものであり、宮廷の陰謀と相まって、ウィーンの人々が彼をさしおいてサリエリを好む原因となったのはまちがいない。当時のウィーンの人々は、それまでの精神力を失いつつあり、彼らがそれを取り戻すことは二度となかった。我々はモーツァルトにウィーンの気分、理想化された気分を感ずる。というのは、モーツァルトのうちに、高度な文化が表層に現れた驚異のすべてを、内面の強さとともに見出すからである。言葉をかえていえば、我々は奇跡を見ているのである。洗練の極致の表現とでもいうべきものが、それとは通常相容れない力強さと一体となっている。力強さは根に宿り、せいぜい幹に宿ることはあっても、花にはないものである。モーツァルトはそれを花に与えることができ、そうして花は永遠に生きて、ありえたかもしれないことを厳かに証言する。我々にはそう思われる……。注釈が必要である。こうした見方により、我々とあの時代とのあいだに横たわる一世紀半を隔てて、*4 我々はまちがいなく事態を見渡すことができる。我々には奇跡が見える。我々の理解の及ぶかぎりでは、かの文化を確かなものにしたのはモーツァルトであった。しかし、彼の同時代人の眼には異なって映っていたかもしれない。我々には完璧な反映に見えるものも、同時代人たちにはなんの反映にも見えなかったかもしれない。「フィガロ」

公演初日の夕べ、皇帝ヨーゼフが尋ね、モーツァルトが応えたやり取り――「モーツァルトよ、音符がとても多いことを認めるだろう」、「とんでもございません、陛下。ひとつたりとも多すぎることはございません」――は、ある亀裂を示唆しているかもしれない。天才と常識人というだけでなく、時代の申し子と、そうはなりきれない者とのあいだに走る亀裂である。ウィーンの人々にとって奇跡はなかったかもしれない。我々には奇跡が見える。モーツァルトの音楽がもつ表層の魅惑のなかに申し分なく映し出されるのは、いくたの「世紀末」のうちでもっとも輝かしい世紀末の卓越した美点の数々、優雅、魅惑である。その薫りを、今日のウィーンにもまだ見出しうるだろう――あの時代以来、何も起こらなかったからである。本当に何も。

洗練された優雅さという気分は、大都市建設を正当化する唯一の気分である。都市に住まうには、多くの楽しみや利点、不朽の美徳に背を向けなければならない。田舎の自然で長閑な生活を別のものに置き換えるには、代償としてたいそう高級なものを要求しないわけにはいかないであろう。それはただ凝縮され、手のこんだ文化の形をとって現れるしかない。一八世紀末に、こうした状態に多くのヨーロッパの都市が達していたことがわかる。とりわけウィーンはそうであったろう。数ある都市のなかでウィーンは創造力の枯渇した今日に至るまで、あの気分のいくばくかをなんとか保持してきた。一九世紀から二〇世紀に変るころ、気まぐれなヘルマン・バール――長らく自分と仲間たちを、このうえなく若く進取の気性に富むと思い込んでいた――は、自分の人生すべてはバッロク時代のなかで費やされたと認め

＊4　本書の出版は一九三八年である。

ざるをえなかった。「私は消えゆく残光を曙の最初の輝きと思い誤った」。その残光はたいそう長くとどまり、たえまなく変る色彩の調和で空を染めたので、地と空との境界を見誤ったとしても赦されよう。振り返って、それならホフマンスタールによるささやかな完成に生き生きとした将来が望みうるかといえば、それは難しい。彼やシュニッツラーその他幾人かはウィーンにとどまり、旧世界が終るのを見届けたが、それ以外で、ヨーロッパのよその地にはまだ回復の力が残っていると信じた者たちは、この地を去らなければならなかった。現在のウィーンは、ハプスブルクの最後の日々と同じようにロココの時代を生きている。ここではパリと同様に都市文化の名残が、つまり特定の街区にかぎられず、都市全体をほのかに彩る名残が今でも見出されるであろう。ロンドンは、そうした文化を擁するという自負をすっかりなくした。パリは失いつつある。しかし、ウィーンは存続するかぎりは何ほどか、そうした文化を保持するのではないだろうか。都市、なかんずく大都市は、今や急速に死につつある我々の文化が表出されるひとつの場である。都市国家アテネとなると別である。そこでは都市が国家であり、単に国の首都につきるわけではなかった。本物の都市文化は新しいものであったが、今ではもう死に絶えており、ただ先に述べたように、ウィーンにはかろうじて残っている。モーツァルトの音楽に我々は都市文化の理想的な姿——想像の世界だけで現実に達成されたわけではない——を見る。それもそのはずで、都市文化だけがモーツァルトの音楽を、あるいはその多くを可能にしたからである。実際、私が理解するかぎり、文明の興隆全般に我々の文化が果たした唯一とはいわないまでも主要な美学的貢献は、オペラを含む演奏会用音楽芸術である。(ここで私が文明というのは、無数の文化を包含した人類の文明のことである。それら文化は何千年にもわたりゆるやかに渦巻き、うねり、泡立ち、時に少し持ち上がり、急に崩れてもういちど持ち上がり、今回はその状態が少し長くつづく。まるでゆっくり増殖するイーストの塊のようである）。ルネサンスとともに生まれた文化は、芸術の栄光に包まれているにもかかわらず、芸術よりはむしろ科学に傾いていたように思われる。デカダンスの音楽はといえば、それは奇妙な役割を演じていたが、この点についてはあとで見てゆくことになろう。

偉大な文化の輝きは消えゆくものである。永遠に同一である生命そのものに向けられる人間の努力のはかなさほど、身につまされるものはない。祝祭の一日にたとえることもできよう。何か月もかけて準備がつづけられ、その催しの企画にますます多くの人々が盛んに集められる。もっとも、その数の何倍もの人は傍らから見ているだけである。その日が近づくにつれ、見慣れない光景が現れて祝祭を予告する。街路には色とりどりの旗や飾りがつけられ、山車が大規模な行進の予行をし、路上は方々からやってきた人たちで溢れる。わくわくする気分がみなぎり、わきで準備を眺めるだけの人々もそれに染まってくる。目的を共有するといった感覚であり、それが自己保身の法則によって生まれた個人の垣根を一時的に取り払ってしまう。多くの人の胸に、いつもとちがう感情の渦が巻き起こり、それは日常生活で呼び起こされるものよりもはるかに強いものである。個としての私は宇宙の絶対的な中心をなすわけではない、という感覚に襲われてしばし愕然とする。かの栄光の座を占めるのは当然のことながら、もっと偉大なもの、しかとわからないが自我を超えた何か、祝祭の日が象徴する何かであるように思われる。その日が間近になると、それが王室の記念日であろうと戴冠式であろうと、目はこぞって外に、上に向けられるかのようである。日々のパンを稼ぐかわりばえのしない営みとは異なる何かに皆で夢中になることにより、多数の人々のなかに力がみなぎる。皮肉なことに、この途方もない力は、それを眠りから覚ました当の祭事と釣り合わないほど大きいが、ともあれこの力が集中するのは祭事だけである。さて、行進が始まる。突如太鼓が鳴り響き、とりどりの色が燃え立つ。長らく待ちつづけた人々がついに動き出す。盛大な催し、多くの準備を重ね、待ちに待った出来事であり、これぞ人生の絶頂である。しかし、それは過ぎゆく。止まっていてはくれない。金と真紅の制服は一生に一度、この日々にまとうために埃を払って取り出されたものであるが、目の前に現れたと思うと、あっというまに通り過ぎる。我々の目を楽しませる羽飾りは止まっていてはくれない。他のものが代って現れることはわかっているが、じきにそれも尽きることもわかっている。行進の開始とほぼ同時にクライマックスがやってくる。今、目の前にあったものが、もう行ってしまう。お伽の国を思わせる目のくらむ金ぴかの大型馬車が、揺れながら通り過ぎ去ってゆく。一目見ようと、我々が何時間も待っていたものである。多くの人々がすすんで長いあいだ準備したものが今やすべて、あっというまに過ぎ去る。馬車の後ろに騎乗した護衛を見送ったあとは、もう何も残らない。一条の細い光が灰色の年月を貫く。時は止まらない。でも、大事なのはおそらく、静かに準備したあの何か月もの時間であろう——その月日と残光であろう……。大きく拡大していえば、それが文化の歩みなのである。抱卵の年月のあと、騒がしい年月がやってくる。騒がしい時期のあと、突然の輝きが湧き起こり、次から次へと飛び火して、ついには辺り一面が輝きわたる。と、その瞬間にはもう、最初の輝きは消滅している。このように進行してゆくのであるが、満ちるよりは欠けるほうが速やかで突然であり、ついには、いくつかの点だけがそここにかすかに光をとどめるだけである。

これがウィーンのこれまでの姿である。

ルネサンスの曙と咲きにおうオーストリア・バロックとのあいだに横たわる年月、つまり、中世と近代都市とをつなぐ二世紀にわたる時期は刺激に満ちていたけれども、これといった遺物は極めて少ない。すでに述べたように影響は外からやってきた。マクシミリアン皇帝はドイツの人材を好み、彼の統治下の南部ドイツ全域とオーストリアでは活発な芸術活動が展開された。地域や領邦の境界を越えて寄せては返す文化の潮流が見られ、その結果、ドナウ様式が形成されるにいたった。クラナッハがその指導者であったが、ミヒャエル・パッハーも面目を施した。インスブルックにはマクシミリアン皇帝自身の墓所［として建てられた宮廷教会］がある。ドイツ式できわめて多くのオブジェからなり、さまざまな意匠の二八体のブロンズ像が控えていて、その制作には一世代を要した。デューラーもまたマクシミリアンに多くを負っていて、二度めにイタリアに行った際には年金を与えられた。［次の］皇帝カール五世はスペイン・ハプスブルクの初代でもっとも偉大な国王でもある[*5]が、彼も年金を与えつづけた。カール五世はティツィアーノをたいそうひいきにして三度も肖像画を描かせ、自分は三たび不死の身を授かったと述べている。「切った梨を持つ聖母」「若きヴェネツィア婦人の肖像」ならびにもっともすばらしい「聖三位一体の礼拝」――名品中の名品でサイズは大きくないが、無限の広がりが示唆され、宙に「浮かぶ」天使の群れが併せて描かれている――を我々が見ることができるのはカール五世のお蔭といってもよい

＊　＊　＊　＊

＊5　スペイン国王としてはカルロス一世。

と思う。

もっとも、こうしたことはすべてウィーンの外の話ともいえ、我々の都市と関係するというより、むしろ帝国全体とかかわっている。ウィーンはいまだ要塞であり、そのころにやっとハプスブルク家が取り戻したばかりであった。ただ、死んではいなかった。何かに貢献するところまではいかなかったが、ある種の中心ではあった。そこには音楽があった。名高い宮廷合唱団、あの一級の少年合唱団を創設したのはマクシミリアンである。今は王宮の礼拝堂を拠点にしており、歴史を振り返ればハイドンやシューベルトが団員として所属していたこともある。とはいえ、この地に根ざした創造性はまだほとんどみられなかった。それが現れ出るのは、英国、フランドル、フランス、そして最後に北方ドイツがそれぞれヨーロッパの芸術学校としての役割を果たしたのちのことである。絵画はドナウ学派が衰微してからイタリアの専売となり、建築も同様であった。今日のウィーンがあるのもイタリアのお蔭である。オーストリア芸術に及ぼすイタリアの影響がその後いかに強いものとなったかは、ウィーンやその他の地に残る一風変ったルネサンスの記念物を見ればわかるであろう。王宮のスイス門、ケルンテン南部シュピッタルのすばらしいポルツィア城がそうである。なかんずくザルツブルクでは初期イタリア・バロックの完全な表現が見られ、ソラーリによって設計された一七世紀初めの大理石の大聖堂は、考えうるかぎりもっとも純粋なイタリア様式である。こうしたものを見ることによって、次に来るべきものへ我々は心の準備ができる。もっともこれだけでは、オーストリアがどれほどバロックに愛着を覚え、自己のイメージへと造形していったかを予想するのは難しい。

この間、ハプスブルク家は繁栄をつづける。今日の共和国を構成する諸州はマクシミリアンが確保していった。結婚がさまざまに画策され、それは古い時代を新しい時代へとつなげることにもなった。マクシミリアンの治世は中世の終りを告げるものとはいえ、マクシミリアン自身は中世の人であったからである。彼は「最後の騎士」と呼ばれる。芸術と学問を保護したものの本人は何よりも武人であって、それはハプスブルク家らしいところでもある。この人物のうちにはいまだ騎士道の炎が揺らめいているのがうかがえ、そして一騎打ちに自分の命を懸けることをたいそう好んだのである。こうした勇敢と好奇心という性格とともに、マクシミリアンには向こう見ずの気性も兼ね備わっており、そのせいで、本人にふさわしくない、あるいはその富にとうていそぐわない企てを手がけることになり、なけなしの金を濫費した。そして自分の野心を満たし必要を充足するため、彼は無心してまわることを余儀なくされた。こうした側面が彼のロマンティックな人物像を損なっている。もっと幸せな境遇にあったなら、去りゆく時代の雄々しい性格と新しい時代の熱い探究心とが結びついたかもしれない人物である。ハプスブルク家の現世の栄光を強く願い、死に際してみずからに苦行を課した。遺言は歯を抜いて砕き燃やすこと、歯とともに髪の毛も焼くこと、遺体は人々に見せたあと、石灰を詰めた袋に入れ、そのあとダマスク織りの布で包んだ棺に納めてヴィーナーノイシタットの自分の宮殿の礼拝堂祭壇下に葬り、祭式を執り行う司祭たちに自分の心臓を踏ませよ、というものであった。これがマクシミリアンであり、最後の騎士、あるいはまた見方を変えれば文無しマクシミリアンであった。いずれにしても中世の人物である。

シャルル突進公とイザベル・ド・ブルボンとの娘であるマリー・ド・ブルゴーニュとの最初の結婚によって、マクシミリアンは一族に異質で繊細な血統を招き入れた。たいそう美しく洗練された公女はあらゆる分野の芸術を擁護し、歴史に残るふたりの子をなして亡くなった。その死は不慮のもので、乗っていた馬から落ちて脚を負傷したのに、ゆかしさのゆえに手当てを拒んだためであった。ふたりの子とはマルガレーテ・フォン・エスターライヒとフィリップ美公である。ふたりとも父よりも母の血筋を引いたようである。マルガレーテははじめフランス王太子と婚約したが、のちにスペインに渡り、フェルナンドとイサベルの唯一の男子と結婚した。しかし、この繊細で傷つきやすい若者は三年後に亡くなる。*6 このハプスブルク家のマルガレーテは恐ろしい嵐で難破しかけたとき、二行連句を［フランス語で］したためて、最大の危険のつづくあいだ首に巻いていた。

ここに横たわるはマルゴ、気高き乙女
もったはふたりの夫、死してなお処女

後年のハプスブルク家の愚かさによって憂鬱になったら、この連句を想い起こすといい。気丈な告別の言葉を生み出した血が、のちのハプスブルク家の人たちにも流れていた。マリー・アントワネットが死に就くにあたって示した勇壮さを思い起こすのもよいだろう。実際、この驚異的にして不器用でもある一族は、取り返しのつかない災厄の時にだけ見せる一種優れた資質を備えていたように思われる。それはおそらく奇妙な運命論であり、それが一方の皇帝フリードリヒ三世と他方の皇帝フランツ・ヨーゼフとを結びつけている。フリードリヒ三世はつかみどころのない無能力さを示しながら、大きな幸運を手にするこつを心得ており、フランツ・ヨーゼフは近視眼的偏狭さに染まりながらも、自分が設けた目標が完全に阻まれたとき、それを素早くすっかり忘れてしまうという、なんともうらやむべき能力をもっていた。たぶん、そこには機微にふれる何かがある。いずれにしてもハプスブルク家には賞讃すべき平静さで自分の最期を迎えた者が幾人かいた。

マルガレーテ・フォン・エスターライヒは生きながらえたが、スペイン女王としてではなかった。王位を継承したのはフィリップである――男前でものぐさ、無頓着、才能に恵まれていたが、自分に甘すぎた。カトリックの両陛下[*7]の忌まわしい娘である狂女ファナと結婚したフィリップは若くして亡くなり、棺に納められて、精神虚弱の妻に引き回された。ファナは他の女が近づくことを許さず、朽ちてゆく死体を一日また一日と見守った。夫妻はふたりの子を、かなり才能に恵まれたふたりの息子をもうけた。ふたりが狂人でも痴人でもなかったことは驚きであり、それどころか、ともに皇帝に、カール五世［カルロス一世］とフェルディナント一世になる。しかし、ふたりの子孫のうちの多くの者が抱えた苦悩、のちのハプスブルク家の多くの人々の膏肓に入った病的な偏執が、あの禍の結婚がもたらした結果と見るのは、あながち空想のしすぎではないであろう。禍の結婚とは、ドイツ人の戦士王［マクシミリアン一世］と才能あふれるブルゴーニュの公女［マリー・ド・ブルゴーニュ］から生まれた放埓で愛想のいい息子［フィリップ美公］と、退化した血筋――つまりはカスティーリャのイサベル女王のような人物において、ぞっとするような輝きをみせていた血筋――の退化した娘［ファナ］との、あの結婚である。狂女ファナが

＊6　死亡は結婚半年後。
＊7　イサベル一世とフェルナンド二世。

好ましい先祖であったなどとはとてもいえない。

ファナの子たちは、その一生の大部分を通じて母親の影響に抗したとはいえ、カール五世晩年のメランコリーの色合は、いずれにしても母親に帰せられる部分があるにちがいない。彼の終焉はハプスブルクの人らしからぬものであった。ローマを略奪したこともあるこの偉大な人物は、退位して時計製作と創意に満ちた機械仕掛けの玩具製作に引きこもり、魔術師との評判も立てられた。最後は狂乱したかのように自分をこのうえなく残酷な苦行に追い込み、かつて支配に喜びを覚えた俗界にまったく背を向けた。これはハプスブルク家らしからぬことであったが、ただ、これにはハプスブルク家の将来を暗示するものも見られる。領土拡大の大義がこれにおおいにかかわってくる。ハプスブルク家は早い時期から領土拡大のために結婚を利用したことで知られており、戦争に訴えたのは政治的策略によって獲得したものを維持しようとする場合にほぼかぎられていた。このやり方を皮肉る短いラテン語の章句[*8]がある。作者は、うつけのフリードリヒ三世からウィーンを奪ったハンガリー王マティアス・コルヴィヌスとされる。しかし、この国にとってはおぞましい結婚のほうが、征服戦争で血を流すよりも耐えるべき禍が果たして少なかったかどうか、と考えてしまう。

それはともかく、カールとファナは我々がたどる道筋の外にある。オーストリアの支配者になるのは、カール五世の弟フェルディナント一世であった。カールより小柄であるけれども、はるかに均整が取れていた。フェルディナントは正気のうちに亡くなったが、死因となった熱病は教会の暴力抗争を解決できなかったための苦労と心痛が引き起こしたといわれる。彼は世界の列強に仲間入りしたオーストリア・ハプスブルク家の、最初の皇帝であった。カトリック教徒のイサベル［カスティーリャ女王］とフェルナンド［アラゴン王］の孫にしては珍しく、宗教的寛容を持ち合せていたように思われる。もっとも、ボヘミアと悶着になり、「血のプラハ議会」事件[*9]につながったのは、すべて当時のカトリック側のもつ頑迷さのせいであるが、フェルディナントにも避けがたくこの頑迷さが見出されたのも確かである。アルカラ・デ・エナーレス［マドリード北東の街］で生まれ、スペインで育ったフェルディナントは若いころ、弟の人気をいささか嫉妬していた兄のカールによってネーデルラントに送られた。フェルディナントはネーデルラントで、エラスムスの立てた教育計画に従って教育を受けるという幸運に恵まれ、それが終ったあともずっとエラスムスと文通をつづけた。フェルディナントは兄のカールからドイツ圏にあるハプスブルク家の領地を譲り受けた。（カールは東西南北にわたる広大な領土を縦横に長駆し、そのあいだスペインをなおざりにしたため、この国をほとんど敵に回してしまった。そこでとうとう、ハプスブルクの全領土はひとりで治めるには広すぎると判断し、スペインに腰を落ち着けた）。フェルディナントはまもなく、譲り受けた領地にボヘミア王国とハンガリー王国を加えることができた。祖父のマクシミリアン一世がフェルディナントのために調えた、ボヘミアのアンナとの政略結婚の成果であり、アンナの兄ルドヴィークが戦死したため、両国がアンナのものになったからである。この処理にあたってフェルディナントは自分の権利を主張するのではなく、国王の選挙を要望しており、そこに彼の折り目正しさと抜け目なさを見て取ることができる。フェルディナントの地位は確認され、繁栄と拡大をもたらす

＊8　Bella gerant alii, tu felix Austria nube ＝他人をして戦わしめよ。汝幸いなるオーストリア、結婚に励め。
＊9　一五四七年の反乱と首謀者の処刑。

統治にむけて準備万端が整ったはずであった。しかし、ハンガリー人やトルコ人のことや――彼らがたえずしかける戦争によって、ハンガリー王位を保持するといっても、ほとんど名目的なものであった――当時の宗教紛争のために、彼の生涯は闘争に明け暮れた。したがって彼の才能は十分に実を結ぶことはなかったが、それでも学者や文人たちへの関心を失うことはけっしてなかった。何もなければ敬虔といってよいキリスト教信仰に投げかけられた暗い影が、このフェルディナントにはじめて見出されるように思われる。それはローマ教会が絶妙に画策し、スペインの狂信者と聖職者が忌まわしくゆがめた結果である。とはいえ、すぐに見るように、ことはけっして明快ではない。というのは、もしハプスブルク家の中で、そしてハプスブルク家をとおして作用したスペインの狂気がなければ、ヨーロッパの広範な地域はスルタンの帝国［オスマントルコ］の属州に成り下がっていたかもしれないのだから。それにしても、善良なカトリック教徒にとってフェルディナント治下のウィーンは心地よく文化の薫り高いところであったにちがいない。ともあれ、フェルディナントは王宮に居住して統治を行った近代初のハプスブルク当主であり、そして古い要塞の改造を始め、現存のスイス門を含めたすばらしいルネサンス様式のスイス宮の造営を命じたのは彼である。名称は、王宮警護のために採用されたスイス傭兵にちなむ。

フェルディナントを継いだ息子の治下で、生活はさらに快適であったにちがいない。息子はマクシミリアン二世であり、この人物には温厚で慈悲深い専制君主が具える多くの徳目とわずかの欠点とが合さっていたようである。しかし、彼は多くの歴史家から疎まれており、それというのも、歴史家が紋切り方の言いまわしで飾り立てるお定まりの紛争や流血沙汰のがらくたの山を提供してくれないからである。マクシミリアン二世が主にめざしたのは、平和裏に行う統治によってハプスブルクの家領と神聖ローマ帝国全体の地固めをする時間を稼ぐことであった。服属する領地と臣民はすべて、マクシミリアン二世とうまく折り合いをつけたように思われる。ドイツ人、ハンガリー人、ボヘミア人、オーストリア人から、またカトリックとプロテスタントのいずれからも同時に、たぶん嘘のない讃辞を得たマクシミリアンについて語るべきことは多々ある。マクシミリアンはハプスブルク家のうちで皆から広く慕われた最初の当主（例外があるとすれば、メロンを食べすぎて亡くなったアルブレヒト五世であろう）、そして最後の当主であった。しかしながら、マクシミリアン二世はひとつ、とんでもないまちがいを犯した。なんともたわいのないことのように見えるのだが、一五四八年に彼は従妹のマリアと結婚した。一六世紀スペイン・カトリックの王女、つまりは危険な狂信者というか、それともいちずなカトリック擁護者というか、見方によりけりである。多くの人々が好むように見える、歴史における偶然説を信ずるとすれば(ジェイムズ・ワットに急な用ができて、ヤカンが沸騰する直前にたまたま部屋を離れていたら、我々は今日もまだ馬車で旅行しているであろう、という類の)、まちがいなくこの不吉な祝宴に三十年戦争の直接の原因を見、ひいてはホーエンツォレルン家の興隆、その後の一九一四年の戦争［第一次世界大戦］、その結果としてのさまざまな価値の動揺、それがついには英国のエドワード八世退位[*10]に至るのを見て取ることになろう。他方で運命論を採用し落ち着いて考えてみて、カール五世の娘［マリア］の介入がなかったとしても、民主主義を救う戦争［第一次世界大戦］は始まっただろうし、ワットが目の不自由なまま生

＊10　エドワード八世（一八九四―一九七二）は、一九三六年に英国王に即位したが、ウォリス・シンプソン夫人と結婚するためにまもなく退位。のちにウィンザー公と称された。王位は弟のジョージ六世が継いだ。

まれたとしても、蒸気機関はやはり発明されたであろう、というふうに納得するならば、どうであろうか。そうなるとマリアという、たいそうたしなみのある女性が皇帝の妃となり、またハプスブルク家の将来の支配者を産んだ母となって、歴史の発酵過程を――突然に破裂してあたり一面に大火（ここでは三十年戦争をいっているのであり、後年の［第一次世界］大戦を意味するものではない）を引き起こす発酵過程を――わずかに促進した、と控えめに記録することになろう。マリアがこの過程を、夫の寛容の精神にもかかわらず（あるいは、それゆえに）促進したのは、子どもたちの成育に全面的な責任を負っていたからである。マリアが夫を亡くしてスペインに帰還したときに最初に発したのは、異端者が一人としていない国に今一度戻った、という喜びの叫びであった。子どもたちが自分を見習ってくれるよう気配りも怠らなかった。

子どもたちのうちでもっとも重要だったのはルードルフとマティアス、マクシミリアンである。ルードルフとマティアスは皇帝になり、マクシミリアンは皇帝にならなかったものの、窮状にあったフェルディナント二世の後見役を務めた。

ルードルフ二世は、スペイン由来の悪疾（祖父［フェルディナント一世］は、それをわずかに受け継いだだけであり、父［マクシミリアン二世］にはまったくなかったが、父の結婚により倍加された）がなければ、統率力が欠けていても愛すべき君主であったといえよう。折も折であるが、ルードルフはハプスブルク家のなかで芸術への熱狂的な理解を初めて示した人であり、またこれには同族では稀な生き生きとした知性が結びついていた。園芸家アルブレヒト三世の時代を想い起こさせる。しかし、アルブレヒトと同じように彼の科学はおおむね魔術であった。ただ、ルードルフの場合は（もう中世も終って久しいので）言い訳がきかない。ティコ・ブラーエとケプラーを科学的観測の分野で後援しながら、ティコ・ブラーエの用いる占星術的な遣り口に騙されもして、彼をことのほか尊重した。これとスペインの血こそが、ルードルフの全面的な破滅の原因であった。みずからの家族の一員に命を狙われていると強く思い込んで、ひどく病的な隠遁者と成り果て、宗教への熱中と死の恐怖がないまぜになって、たいそう痛ましい強迫観念が形成された。ルードルフの精神的退化は進み、住んでいたプラハの宮殿は、その命により牢獄のような代物に改造された。宮殿内の各所をつなぐ秘密の通路が備わっていて、それによって姿を表にさらす必要がまったくなくなった。カトリックが危機に瀕したときは別にして、ものぐさで怠惰な状態がつづき、少しずつ領邦統治から身を引いていった。国内は混乱状態に陥り、活力ある弟のマティアスが退位させようと画策したのも無理はない。やがて、混乱はあったもののルードルフは退けられた。ところが、マティアスは活力があって前途有望な統治を期待されたにもかかわらず、［皇帝としては］玉座をハプスブルクのチロル分家の一員であるフェルディナント二世のために暖めておくほかにすることがほとんどなかった。フェルディナントはけっして継承順位筆頭にいたわけでなかったが、オーストリア・ハプスブルク家が断絶するのを防ぐために選ばれた。ルードルフもマティアスも、はたまた弟のマクシミリアンも男子をもうけなかったし、またその見込みもなかったからである。彼らはみな齢を重ねつつあり、三人がともに後継者をもたないままに亡くなると、スペインのハプスブルク家がオーストリアの玉座を要求しかねなかった。フェルディナントを後継者に据える算段はなんとかついたものの、不可解なのは、強く反対するはずのボヘミア人が黙認したことであり、これによってボヘミア人は不倶戴天の敵となるはずの人物の覇権を保証してしまった。フェルディナントが後継者になることを、なぜ彼らが不問に付したかは謎である。フェルディナントは私領では、すでに猛烈な戦闘的カトリック教徒としての本性を顕わにしていたからである。たとえば彼が若いころ、自分の奉じるカトリックに改宗しない者は誰であれ、自分の領地を立ち退くことを命じたことがあげられる。領民の三分の二がプロテスタントであるのにそう命じたことに、彼の毒のある性格がうかがえる。自分の信仰を守り退去した人々に替えて、ワラキアから連れてきた従順なカトリック教徒を充てた。フェルディナントは同じ統治の原則をドイツ全土に適用しないうちは満足できず、その動きが止まったのはバルト海沿岸地域であり、しかも、そこでひどく手を焼いてからであった。

フェルディナントの統治全体は、おぞましい野蛮への回帰の影でおおわれていた。それを歴史家はもったいぶって三十年戦争などと名づけている。それはまずもってカトリックとプロテスタントとの、つまり皇帝勢力が率いるカトリック連盟と、ボヘミアおよびバイエルンが率いるプロテスタント連合との直接対決であった。当初カトリック側は、あやうく敗北を喫するところであった。ボヘミア勢はウィーンの城壁まで迫り、フェルディナントが助かったのは奇跡というほかない。しかし、正義なるものは組織が問題になると、お定まりの場違いなものになる。ボヘミア勢はプラハの窓外放擲事件として知られる衝撃的な行動をとり、見事な意気盛んな姿で決起していた。プロテスタント諸領邦の指導者であるトゥルン伯爵に扇動されて、ボヘミアの代表者たちはプロテスタントとカトリックの会議の際に、皇帝の役人ふたりを古宮クラロヴスキ・フラドの窓から外に放り出した。しかし、結束の欠如がじきに顕わになってしまうが、それは相対的にリベラルな運動すべてにとって避けがたい特徴であろう。原因は単純で避けがたいものであって、個別事項で反対の者が全面的反対を唱える傾向があるからである。トゥルン伯爵が招集できた兵力は、自分の栄光を狙う天才将軍に率いられて深くは考えず単純に団結した皇帝派のカトリックを前にして、まもなく物の数ではなくなった。一六二〇年、白山［ビーラー・ホラ］の戦いでボヘミアのプロテスタントは打ち負かされた。

ボヘミアの壊滅で終ったこの事件の正邪をうんぬんするのは、できないことではないが難しい。もちろんカトリックの皇帝派が示した身の毛もよだつような不寛容さは責められるにしても、プロテスタント自身も当時、開明的な精神の模範でもなんでもなかった。機会さえあればカトリックを迫害したにとどまらず、プロテスタント内部でたがいに迫害を行った。たとえばカルヴァン派がルター派を迫害することがあった。そしてトゥルン伯爵は一見したところ、いくぶん向こう見ずの殉教の英雄のようであったが、実は宗教の聖人どころではなく、落ち着きなく陰謀をたくらむ気質で、騒乱を起こすことができなければ途方にくれてしまう類の人間であった。これでオーストリア人の本来の目的が達成されたわけである（それがどれほど壊滅的で決定的であったかは、プラハ郊外、白山で行われた運命的な戦いの日から一九一八年のチェコスロヴァキア共和国独立宣言までほぼ三世紀にわたって、古くて強固な文化をもつボヘミアがまったく存在しなくなったという事実からわかろうというものである）。ところがフェルディナントは、矛を納めて勢力の均衡回復を図るどころか、復讐と貪欲からバイエルンとプファルツに牙をむけた。先にボヘミア人がプファルツ選帝侯フリードリヒ五世を、自分に対抗するボヘミア王として擁立したからである。フリードリヒはカルヴァン派で、英国のジェイムズ一世の婿であったが、ジェイムズ一世はスペインを刺激することを恐れてフリードリヒを支援しなかった。英国王はちょうどスペインと婚姻関係を結ぶ画策をしていたのである。フェルディナントが戦争の本来の舞台をほしいままに拡大してしまったのだから、正邪は十分にはっきりしている。彼は、粗野ながら驚くほど有能な将軍のティリーを従えて中欧のいわば疫病神となり、この地の苦闘する文化にとって死に神となった。フェルディナントは、見事とはいえ偏狭と貪欲に彩られた会戦で目の前に現れる敵をすべて掃討してゆくのだが、その浅ましい所行はフェルディナントのふたりめの天才将軍、ヴァレンシュタインの人格と理想とを貫く騎士物語風の孤独の趣によって和らげられている。こうして一時期、プロテスタントはヨーロッパから一掃され、ハプスブルク家の覇権はアドリア海からバルト海までを掌握したと思われた。フェルディナントに対抗する勢力は、彼の無敵の将軍たちや大胆な作戦、皇帝軍の言語に絶する残虐さにより無力化された。その残虐さはティリー将軍の行ったマクデブルク略奪に伴う残虐行為を頂点として、二〇世紀のロシア、ドイツ、スペインの野蛮行為すら、すっかり影の薄いものにしてしまう。フェルディナントの際限ない野心――それは冷酷に遂行され、行く手にある者の心を怯え萎えさせる類の野心である――を示すのは何よりも、バルト海で海軍を立ち上げてスカンジナビアの地を脅かそうとする試みであった。実はこの海軍創設計画はヴァレンシュタインが手がけたものであったが、ナポレオン風の無謀さと条理を備えていて、戦争につきものの偶発的災厄でうやむやになっていなければ、フェルディナントは英雄の名をほしいままにしたかもしれない。

しかし、災厄は容赦なく訪れた。そしてこの戦争の英雄はグスタフ・アドルフという名のスウェーデンのプロテスタント王であった。フェルディナントの狂気じみた攻勢のためについに奮起して慎重に兵を挙げ、南に向かってゆっくりと、重圧をかけつつ無敗の勢いで軍を進めた。グスタフ・アドルフ自身はリュッツェンで殺害されたものの、すでにライプツィヒを陥落させており、そしてリュッツェン自体も攻め落とされた。ハプスブルク側が抵抗のかぎりを尽くしたあげくであった。

戦争はグスタフ・アドルフの死とともに終るどころではなかった。フェルディナント二世が亡くなってもつづき、後継者であるフェルディナント三世――温厚で、毒のある父〔二世〕の対極にあった――の治世は、戦争を終らせて荒廃した領地を安んじ、ウェストファリア条約をまとめるのに精一杯であった。ヨーロッパで覇権を確立するという希望と期待はいっこうにかなわず、ハプスブルク家は条約に調印せざるをえなかった。条約はまったく新しい対抗勢力を生み出し、その勢力はハプスブルク家の優位に異を唱え、覇権を同家から簒奪してまもなく、その覇権そのものがつくり出した渦に同家を溺れさせ、引きずり込んだ。ブランデンブルクのホーエンツォレルン家である。

以上、十分とはいえないが、マクシミリアン一世からフェルディナント三世に至る年月の歴史を語ってきたのは、歴史そのもののためではけっしてなく、ウィーンが注目の的となる背景を多少とも説明するためであった。文化の重要な中心としてウィーンが興隆するのは一七世紀半ばを待たねばならず、パリやロンドンにくらべるとたいそう遅かった。このような成長の遅滞とその後の速くて繊細な開花、園芸家の用語でいう抽薹《ちゅうだい》〔bolting〕の理由は、主にあの悲惨で血まみれの歴史に求められるであろう。英国がゆっくり落ち着いて成熟しつつあったのにくらべると、ウィーンは取り乱していた。最初、フェルディナント一世とマクシミリアン二世の治世がもたらした比較的暖かな環境で芽を出した柔弱な植物は、ルードルフ二世の失政によって成長を阻まれ、その後、果てしない戦争のあいだに垂れこめていた寒冷の闇にすっかりだめにされた。ウィーンは先述のようにすでに時代の後塵を拝していたが、それは主にトルコ人のせいである。フェルディナント一世の治世の初めに、トルコ人は今一度ウィーンの城門に迫った。彼らが遥かかなたに去ったのは、ついに負けて一六九九年にカルロヴィッツの和約が結ばれたあとである。一言でいえば、トルコ人やらハプスブルク家の独善やらによってウィーンは運に見放されていた。

先に大執事コックスの言を引きながら、ウィーンの抱える主な難題は、国境に近い都市であり東方に備える防波堤という立場から生じたと私は述べた。これがほぼ正しいことは誰もが認めるだろう。しかし、三十年戦争にみられるよけいな攻撃性はどうだろうか。それすらも私には同根と思われる。ハプスブルク家がアジアを押しとどめ、ヨーロッパに近づけないようにしたことに感謝するのであれば、同家がヨーロッパのなかで宗教的迫害の戦いに打って出たことを赦さないまでも、それが避けられなかったと認めるくらいの用意があってもよいではないか。私はフェルディナント二世を容赦しようというのではない。一家の善き父であり、私的で家庭的な美徳を備えていたし、そして逆境にあって賞讃すべき禁欲を発揮したけれども、彼は歴史において屈指の汚れた人物であろうし、そうあらざるをえない。しかし、彼を一個の人間として容赦しないながら、私が行おうとしているのは、辺境の地にこうした人物が現れたことの不可避性を指摘することである。ハプスブルク家はトルコ人の進出を阻んだ。我々はみな、この貢献のゆえにハプスブルク家に感謝していると思う。ところで、消耗し、いつ果てるとも知れない死闘に際してハプスブルク家を支え鼓舞したのは、キリスト教国フランスでもキリスト教国英国でもなく、ハプスブルク家の私利私欲は措くとして、それは抽象的なカトリックの信仰であった。オスマン［トルコ］は大国であり、ほとんど対抗するすべもない勢力を誇っていた。問われるべきは、ヨーロッパのどの君主が私利だけを梃に――それがいかに強かろうと（ハプスブルク家の利己心は十分強かったが）――かくも長期にわたる二国間の戦いを耐え抜いて、ついに勝利を収めえたかということである。別の言い方をすれば、狂信的な信仰は、支柱としてハプスブルク家にとって必須であった。もし我々がスルタンの軛から自由なヨーロッパを高く評価するのであれば、この信仰の強固さに感謝しなければならない。つまり、こういうことだ。狂信というのは統御のきかない性質のものであり、必要な時に作動させて用が終れば働きを止めるというわけにはいかない。恐ろしいことだが、この狂信が猛威となって異教徒と不信心者に牙をむくのも人間の性にほかならないのではなかろうか。一言でいえば、一家を支える必須の宗教的情熱が時として暴走せずにはいられないのである。ここで話をもう一段進めれば、ハプスブルク家の信仰に寄せる情熱を倍加させた、不愉快なスペインとの婚姻関係は意義があったと思われる。この婚姻関係はオーストリアの発展を遅らせた（といっても、この地がトルコ人の手に落ちていれば、そもそも発展はなかったであろう）。間接的ではあれ、この関係は今日のウィーン人の柔軟な性格に大きくあずかっている。しかし、なんといっても否定しがたいのは、この関係がキリスト教世界を救済するのに寄与したことである――そのことの価値をどう見るかは、ここでは問わない。

ウィーン人の柔軟さ、どんな甚大な禍にも致し方ないとして諦めてしまう彼らの姿勢、ある種慢性化した失望と絶望に蓋をしてしまう陽気さ、知的な粘り強さの欠如、死を賭けるほど価値あるものなどないとする態度（それは、多くの人が考えるほどの深みをもつわけではない）――このような特性はすべて、ウィーン人がもつ数多くの極めて繊細で好ましい性格の裏返しである。こうした特性はフェルディナント二世のもたらした災禍に原因があると前に述べたが、やはりここに原因を求めざるをえず、また、すでに示唆したように、災禍そのものは非キリスト教徒の東方と境を接することに起因していた。繰り返しになるが、このフェルディナントは若いころ、私的な利益より信仰に重きを置くプロテスタントをすべて自領から追放した。自分の故郷にいるためならカトリック信仰も厭わないと考えた人々はとどまり、そうでない人々は去らざるをえなかった。この追放劇は、ほどなくウィーンで、そしてオーストリアの全土で演じられた。高潔の士の多くは追放されて二度と戻らず、それとともに人々の士気は落ち込んでいった。朕のための愛国者という原理も同じ過程をたどる。それはフェルディナント二世とともに始まったといってもよいが、こちらはハプスブルク家治世の終焉までつづく。ウィーンは皇帝の御座所であったとはいえ、小邦の首都にすぎなかった。何世紀にもわたり、新しい人材はボヘミア人、ポーランド人、ハンガリー人等に依存しなければならなかった。もちろん、こうした人々のうちに多くの優れた人物がいたが、それ以上に多くの、ただ金目当ての者たちも混じっていた。というのは、王宮に厚遇された者は、所属する民族との絆を断ち切ることに少しも躊躇せず、生まれた土地に背を向け、ハプスブルク家への忠誠のほかは、いかなる忠誠心ももたない者にかぎられていたからである。多くの者はまちがいなく、支配する一家を支えることに最高の愛国心を覚えた。だが、もっと多くの者は自分の利害しか考えなかった。このように、たいして節操もない人々を厚遇することが何百年もひとつの都市でつづけば、社会構造に悪影響を及ぼさないはずがない。

最後にウィーンの地位はといえば、この二〇〇年のあいだ、中央集権化された帝国の首都などではなかったことを理解すべきである。そうなったのは、もう少し後の時代のことである。ウィーンはオーストリアの首都にすぎなかった。ボヘミアとハンガリーもまた、それぞれ首都を有していた。そしてひとりの皇帝、あのどうしようもないルードルフはプラハを自分の首都に定め、その治世のあいだ、ずっとそこにとどまっていた。

我々はその後のことを理解する助けになる事柄を、これまで十分に見てきたといってよい。その後のことというのは、ウィーンがフェルディナント三世による復興期を経て、ついに再生することにほかならない。中世から、来るべきバロックまでのあいだの波乱の時期を記念する建造物が少ないのはどういうわけか、ということも理解できるだろう。先述したように、ウィーンのこの二〇〇年間は創造の年月というよりも収集の時代、つまり準備の時代であった。建物についていえば、イタリアの影響がますます強くなったが、今日ウィーンに残るこの時代の建物は、ないに等しい。もっとも、オーストリアの他の地域には素晴らしい遺産がある。［ウィーンの］王宮そのものは、いくぶん改造され拡張された。フェルディナント一世のスイス宮は現在、王宮の中心に位置するが、マクシミリアン二世がこれに加えて、城内［In der Burg］と呼ばれる中庭の端、つまりミノリーテン教会の陰になるところにアマーリア宮を増築した。しかし、王宮の建物群はウィーンの歴史の、のちの時代に登場した。

この時代に生きた支配者による芸術への耽溺の姿をあぶりだしたいのなら、彼らが楽しんで集めた絵画を見るにしくはない。さまざまのコレクションは一度散逸したが、今では都合よく一か所に集められている。

ハプスブルク家はいつも芸術と学問に関心を示してきた。それは彼らに期待されたことである。フリードリヒ三世は、領土を喪失してハプスブルク家の将来の興隆を夢みるあいだ、昔の武器や甲冑の収集を始めていた。それはウィーンの大コレクションの中核となり、識者によればマドリードを除いて、もっとも素晴らしい武器コレクションとのことである。マクシミリアン一世がマリー・ド・ブルゴーニュと結婚して、マリーが輿入れでネーデルラントとフランスから多くの貴重な財宝をもたらしたとき、収集は進行中であった。フェルディナント一世は既定方針どおり収集をつづけたが、関心は画家というよりも学者に向けられた。当時の画家の庇護者の役割を任されたのは兄のカール五世であった——世界支配を念頭において育てられて、あまり学があるほうではなく、読書に喜びを覚えることもなかったためかもしれない。しかし、帝室コレクションの真の父は、プラハでみずから幽閉状態を選んで、とりとめのない人生を送った、あの不幸なルードルフ二世である。彼が集めた絵画と芸術作品は、ハプスブルク家所蔵のほぼすべての絵画とともに（現在、アルベルティーナ宮にある、公や大公たちがそれぞれ手がけた素描と版画の驚くべきコレクションは別にして）、リング通りを挟んで王宮の反対側にある双子のネオルネサンス様式の建物の一方に収蔵されている（もう一方には剥製の動物や鳥類を収蔵）。

たとえ歴史に疎くても、そこの迷路のような展示室をまわってじきにはっきりしてくるのは、ハプスブルク家がどのあたりに重点を置いたかということである。地元ドイツの美術作品であるクラナッハ、デューラー、グリーン［別名、ハンス・バルドゥング］、ホルバインの作品を別にすれば、さまざまな点で豊富なコレクションはネーデルラントと北イタリアから集められている。全体を眺めると、この博物館は神聖ローマ皇帝たちの好みをはっきりと説明するものとなろう——基調だけであるにしても。国のコレクションとしては奇妙で、豊かではあるがバランスが取れていない。この美術館は美術史博物館と呼ばれる。しかし、ローマ部門とエジプト部門を含めないなら（含めるべきだと思うが）、これほど誤解を招きやすい名称はない。絵画部門は、ヨーロッパ絵画史のわかりやすい代表作を期待して訪れるような所ではまったくない。ロンドンのナショナル・ギャラリーのほうが制約は多々あっても、はるかにそうした目的にかなっている。ウィーンで目を引くのは、一握りの好みの画家を惜しみなく並べ立てていることであり、その代り他の大勢を軽視ないしはまったく無視していることである。ある程度帝室コレクションを補完するものに、貴族たちが手がけた私的なコレクションがある。たとえば千もの名作を擁するリヒテンシュタイン家のコレクション、またそれよりも少ないが、チェルニーン家、ハッラハ家のコレクションがある。しかし、そうはいっても、収集は一八世紀で完全に終っているようだし、欠落を埋めようとする一九世紀コレクションの努力は光彩をそえるというより涙ぐましい。いずれにしても、ファン・ゴッホやセザンヌはもちろん、ルノワールさえウィーンでは場違いである。三人はすべて信念の人であった。この時代のウィーンは、ことをなすには疲弊していて成り行き任せであった。これに対し三人は、フランスである種の奇跡を行うのに忙しかった。それは衰頽の時代に栄光を与えるために、しばしば起こる奇跡であり、ヨーロッパの弱りはてた神経に電気のように刺激を与えて新しい知覚に導こうとしていた。しかし、ウィーンには彼らの手も及ばなかった。「アジアはラントシュトラーセで始まる」。[*11]この通りを越え、都市の中心部に向かってアジア的運命論の気分が忍び込み、あらゆるものに浸透していた。

セザンヌの重要作品はウィーンにはない。プーアなファン・ゴッホの作品、「オヴェル・シュル・ワー

＊11　六七ページ訳注1参照。

ズの平野」[*12]がひとつある。出来栄えがプーア（ひどい）というのではなく「プーア〔不幸な〕キーツ」という意味のプーアである。「平野」はベルヴェデーレ宮殿のオランジュリーに幾人かの異郷にあるパリ人の作品と一緒に展示されているが、衰頽の我がウィーンのいっそう不愉快な性格を愕然とするほどに強調するばかりである。ところが、次の刹那にそれは滑稽に見えてくるのであり、そのわけはそれが痛ましいほどに孤立しているからである。まるでペットの小犬がいるべき夫人の居間に大型猟犬が鎮座する趣である。

ウィーンの気分を感得したいのなら、ファン・ゴッホは閑却しなければならない。限界を知らない情熱的な才能とは別に、世の中には他のものもある。夜鳴き鶯には、それが山の峰々を越えて瞬きもせず太陽を見つめる鷲ではないからといって、軽蔑されるいわれはない。氷河や寒冷な山頂という目に飛び込むイメージによって、整った田舎の風景は実際以上に安っぽく見えてしまうだろうが、手狭で優雅な環境から、モーツァルトのような天才だって巣立つことができたし、鷲自体〔ファン・ゴッホ〕はといえば、干拓された狭い低地から飛び立ったのである。

我々はハプスブルク家が果たした芸術・文化後援者としての新しい役割を話題にしていたのであった。ハプスブルク家の人たちが絵画の目利きである、ときまっていわれ、何人かは疑いもなくそうだろう。しかし、収蔵品の構成から判断するかぎり、彼らの趣味は幅広く目の肥えたものではなかった。実際には、手あたりしだいにできるだけ多く取得しただけで、目の届く範囲を超えて真剣に求めた様子が見られない。はっきりしているのは、ハプスブルク家の熱意は色彩に、しかもヴェネツィア派のすべてが燃え立つような色彩に向けられていたことである。これにくらべると、フィレンツェ派は冷遇されていた。

次から次へと壁面にヴェネツィアの赤色や金色が豊かに輝く。ティツィアーノ、ロット、ヴェッキオ、ティントレット、ふたたびティツィアーノ、ティツィアーノとつづく。ティツィアーノは、ティツィアーノ・ヴェチェッリオとラベルにご丁寧にもフルネームで表記されており、このほうが確かに豊かに響く。どういうわけか、燃えるような着色の広がりは、どうも感覚をげんなりさせる。ハプスブルク家の多くの者は、配色が豊かであるかぎり、絵画はすべて同じようによいものであるはずだ、と見ていたような気がする。しかし、一つひとつの絵を公平に吟味してわかるのは、これらティツィアーノの絵画は、この画家の驚くべき守備範囲を二重三重に完全に網羅していることである。「この人を見よ」から「ダナエ」まで、「イザベラ・デステ［の肖像］」からいくつかの聖母マリア像にまで及んでいる。絵画は注意深く選び取られたにちがいない。文句のつけようがない。しかし、この瑞々しい亜熱帯色の横溢（コレッジョのすもも青と灰色に始まる）を目の前にすると、皇帝カール五世が体現するマドリードがティツィアーノをたいそう好んだように、オーストリアのハプスブルク家が、たとえばヴェラスケスを好んでいてくれたら、と思ってしまう。なるほど、プラド［美術館］を別にすれば、ウィーンには他のどこにもひけを取らないほど多くのヴェラスケス作品が存在する。しかし、あのころヴェラスケスは［スペイン・ハプスブルク家のフェリペ四世の］お抱え画家だったので、少し無理をすれば、もっと多くのヴェラスケス作品をウィーンにもたらすことができたように思われる。オーストリア・ハプスブルク家はヴェラスケスを肖像画家として高く評価したが、それ以外の分野ではヴェネツィア派を好んだ形跡がある。いくつ

＊12　「オヴェル近くの麦畑」の別称。ベルヴェデーレ宮殿、オーストリアギャラリー所蔵。

かヴェラスケスのピンクやブルーの衣装を着けた内親王・親王たちの愛らしい絵があり、それらは目を落ち着かせ、感覚を明晰にしてくれて、ヴェネツィア派の過度な色彩を見たあとの知覚を、優美に描かれたレースによって清めてくれる。しかし、残念ながら二〇〇年後にマネが、その模倣になるのを免れようと一生を費やした類のヴェラスケスの作品はあまりに少ない。

こうしたあれこれのバランスの欠如が帝室の好みによるものかどうか、判断するのは難しい。とはいえ、ヴェネツィア派の華麗さこそ、ハプスブルク家の多くの者がこれぞ絵画と呼んだものであると考えざるをえない。ルードルフ二世は本物の目利きであったようである。彼はプラハにデューラー、ブリューゲル、コレッジョの作品で知られる「芸術と驚異の間」を創設しているが、彼の統治の下でこの都市は黄金時代を迎える。ルードルフ亡き後、収集熱はハプスブルク家の若い人々に受け継がれたように見える。ルードルフのふたりの後継者、マティアスとフェルディナント二世は反宗教改革に忙殺されていて、雅なことがらに浸る余裕はなかったはずである。英国の資産家の次男・三男がしばしば教会に委ねられたように、ハプスブルク家の若き王子たちはウィーンから派遣されて諸領邦の統治にあたった折、芸術を自分たちの特別の任務とみなしたようである。ともあれ、今日のウィーンにみられるコレクションの豪華さは、ふたりの王子のお蔭である。ひとりは、あのどうしようもなかったフェルディナント二世の息子、レーオポルト・ヴィルヘルムで、ネーデルラント総督としてレンブラントの晩年にあたる時期、大量の絵画を収集し、もうひとりは、チロル大公フェルディナントである。興味深い人物であり、鑑賞するとともに創造もした。今もプラハ郊外、カトリック皇帝［フェルディナント二世］がボヘミアのプロテスタント反乱軍を打ち破った白山にはルネサンス様式の星形［六角形］の城、フヴェズジャ城が立っている。この城を設計したのがハプスブルク家随一の腕の立つ建築家だったこのチロル大公である。[*13] この人はまちがいなく優れた鑑識眼をもっていたと思われる。彼が関与しなければ、ウィーンのコレクションに価値あるラファエロ作品が並ぶことはなかったろう。「牧場の聖母」があるのは彼のお蔭である。また疑いもなく、ウィーンのもっとも珍しい——その本性上、もっとも偉大などとはいえないが—宝物のひとつがチロル大公に由来する。それはチェリーニの名高く素晴らしい塩入れで、金細工師としてのチェリーニの今に残る唯一本物とされる作品である。チェリーニがそれとなく語ったところによると、フランス国王［フランソア一世］のために制作されながら、まもなく彼が国王の勘気に触れたため、国王が我がチロル大公に贈ったものである。チロル大公はハプスブルク家の並みの者よりもはるかにしっかりした眼をもっていたにちがいないと思われる。

ヴェネツィア派の華麗さこそ、ハプスブルク家がこれぞ絵画と呼んだものだったのではないか、とまで言うのは難しい。それよりも、ヴェネツィア派絵画が優勢であったのは、ただレッセ・フェール［自由放任］政策のためで、ヴェネツィアが接触しやすかったからかもしれない。というのは、北イタリアと並んでネーデルラントの例があり、こちらのほうが接触はさらに容易であり、ハプスブルク家が完全に押さえていたからである。オランダ・フランドル絵画のコレクションは膨大であるが、何か大入袋の寄せ集めといった趣で大量の二流作品があり、それと同程度に多くの一流作品もありながら、驚くべき

＊13　フェルディナント一世の息子の、チロル大公フェルディナント。城はボヘミア総督時代の一六世紀半ばに建設。

欠落も認められる。しかし、少なくともひとつの奇跡がある。奇跡とはあの「ビロード」のブリューゲル［ヤン・ブリューゲル］の作品である。

こうした明るい庶民受けする名品群が高貴な一家の目にどのように映っていたか、正確にわかれば興味深いことであろう。それらの大半はもともと、プラハにいたルードルフ二世の「芸術と驚異の間」に収蔵されていたようである。ブリューゲル父子は貴顕のあいだで人気があったにちがいない。ふたりの秀逸の作品が、それぞれ一品ずつ、旧市街の外にあるリヒテンシュタイン宮殿のコレクションに収められているからである。ブリューゲル（父）の全作品の半分もが、ウィーンという［ネーデルラントより］南部の都市にあるという事実は偶然であるはずがない。もしかすると、ティツィアーノの作品と同じように、ブリューゲルの作品もただ手頃な大きさだったからであろうか。もしかすると、ブリューゲルの色の鮮やかさと彼のヒューマニストとしての思想がヴェネツィアに対する解毒剤になったのであろうか。あるいは、一九世紀［絵画］をなおざりにしたのと同じように、単にブリューゲルをもてはやしただけなのか。当世のスペインのカトリックのなかにも、「農民の結婚式」を見れば、謹厳をくずさずしゃちほこばるばかりではない者がいる。もしかすると……。確としたことはわからない。もしかすると、収集したオーストリア・ハプスブルク家の、あの何かに取りつかれたような無力のルードルフが、こうした素朴なテーマをたいそう好み、大伯父カールがもたらした規範の恐るべき壮大さ［grandezza］から逃れることに喜びを覚えたのだろう。確かなことは、美術史博物館にあるブリューゲル・コレクションを完全なものにするためには、アムステルダムから「楽園のアダムとイヴ」を持ってくるべきだということである。[*14]併せて、「地獄の」ブリューゲル[*15]による地獄と無縁な素晴らしい「冬景色」——凍った低地でスケートをする小さな黒い人影の描かれた――も必要である。

　こうした作品を見るだけでも旅をする価値が十分にあるし、もちろん、ほかにも多数の名品がずらりと並んでいる。ファン・ダイク、ルーベンス、レンブラント、ロイスダール（壮大な「大きな森」）である。ファン・アイク作品では秘蔵の「サンタ・クローチェの枢機卿」［アルベルガティの肖像とされる］もある。それでも、こうした［名品を見る］機会であるだけに、欠落がどうしても際立つ。帝室のコレクションにはフェルメールがない。ただし、チェルニーン家がなんとかひとつ確保しており、それが室内を描いた完璧な絵である「アトリエの画家」[*16]である。あるいは帝室コレクションにはフランス・ハルスの作品も欠けていて、リヒテンシュタイン家のコレクションにある肖像画「ウィレム・ファン・ヘイトフイゼン」[*17]に匹敵するものがない。リヒテンシュタイン・コレクションは壮麗なバロック様式の宮殿に収蔵されており、ヨーロッパでもっとも美しい画廊となっている。このリヒテンシュタイン・コレクションや、その他の一八世紀の諸侯が収集しウィーンに輝かしい特色を与えている規模の小さなコレクション、そして美術アカデミーに人々は遅かれ早かれ引き寄せられる。ボッティチェッリ、カナレット、エル・グレコ、デラ・ロッビア、さらに幾人かの巨匠の作品は、すべて個人所有の画廊に見事に展示されている。そして

＊14　ヤン・ブリューゲル（父）の作品、現在、ハーグにある。
＊15　ピーテル・ブリューゲル（子）。
＊16　「絵画芸術」とも名づけられる。
＊17　現在、この肖像画は売却されてミュンヘン・アルテピナコテークにある。

フランスの画家も思いつくかぎりは、ほぼみな個人所有である。ハプスブルクはフランスに対する「永遠」の対抗勢力であったことが思い出されるのであり、そのためにコレクションもまたその余波をこうむっている。

ウィーンのコレクション*18について、とやかくいうつもりはない。その反対である。他のどこのコレクションとくらべても、その収集は遜色なく、ただ、その選択がかなり奇妙というだけである。理に適ったバランスが欠けていることさえ、並はずれて面白い。そこで思うのは、過ぎ去った時代の伝説的な芸術後援者たちが、今日の事業の帝王たちとほぼ同じくらい無邪気で欲張りだったことである。

しかしながら、両者のあいだが空隙だったわけではない。つまり、一六世紀のハプスブルク家から始まって百万長者が出現するまでの期間には、もっとよい時代が挟まっていた。そのことは、ハプスブルク家の血を引かない諸侯の私的コレクションに収蔵された絵画がすでに告げていたところである。オーストリア家はその時点で安定した体制を確立し、絵画収集をやめてしまっていて、その仕事は配下の貴族たちに任されたのである。一六五七年、三十年戦争後の疲弊の時代を乗り切ってウィーンを保持したフェルディナント三世が死去すると、王宮は押しも押されもせぬ象徴ではなくなった。王宮はますます成長して最後まで皇帝の住まう居所でありつづけた。しかし、究極の権力が置かれてはいても、もはや絶対の中心ではなくなっていて、新しい勢力がめまぐるしく活動していた。ウィーン市民に変化が生じつつあった。どう見てもドイツ的な芸術意識が支配者たちの取り込んだ柔らかなイタリア的要素によって駆逐されていたのに、今ではどうであろう。ソラーリが設計してピンクと白の大理石を使って建設されたイタリア様式のザルツブルク大聖堂〔完成は一六二八年〕から一世紀もしないのに、勝者がイタリアでもドイツでもないことに気づかされる。何かまったく新しいもの、外来の圧力と内発の力のあいだにはらまれる緊張から生まれたもの、それがオーストリアであった。この新しい国の基調こそ、現在のウィーンの基調である。

＊18　ハプスブルク家の収集（美術史博物館）。

V ベルヴェデーレ

長いあいだ、地場の職人にとって状況はまったく不利であった。南に開かれていることによって緩和され、スラブの血によってわずかなねじれがあるものの、オーストリアは畢竟ドイツであり、その天分はドイツのものであった。この地の才能ある人々が当初、その表現活動においてまったくドイツ的であったことはすでに見たとおりである。ドイツ・ゴシックがウィーンの象徴でもあった時代、つまりシュテファン大聖堂の時代も垣間見た。さらに、マクシミリアン一世治下でドイツの芸術家と職人がどれほど元気づけられたかということ、ベッリーニではなくクラナッハが指導者であり鼓吹者であったこと、そしてのちにデューラーが皇帝から年金を拝領したことを見た。やがて、こうしたことすべてが変った。ハプスブルク家はあらたな権力者の常として異国のものを求めた。イタリア人が招聘され、その数を増していった。当時のウィーンの芸術家と職人の嘆きは、今日の英国の音楽家とそっくり同じであった。外国人は何をしても正しいのである。これはとても腹立たしいことであったにちがいない。人々は伝統をもっていながら、その伝統は無視され踏みにじられた。マクシミリアン一世の墓を造った彫刻家の後継者たちは失業状態であった。彼らが状況に適応しようとしても適応できなかった。また、たとえできたとしても、外国の名前をもたない者に展望は開かれなかった。一七世紀初頭にあってイタリア文化の覇権は［オーストリアで］押しも押されもせぬものだったが、依然、外から押しつけられた様式であることにかわりはなかった。

さて、一六五六年三月三日、シュタイアマルクのグラーツでひとりの子どもが生まれた。この子につづいてオーストリア各地で、時勢に適って新しく、しかも土着の精神に染めあげられた何人かの人々が誕生するが、この子は彼らに先立つもっとも重要な人物である。洗礼名をヨハン・ベルナルト・フィッシャー・フォン・エルラッハという。この名前は栄光に満ちた新時代の象徴となり、その栄光はその後ほぼ二〇〇年にわたってつづいて余光を保った。

建築家として名をなそうと決意したフィシャー・フォン・エルラッハは、イタリア人の手になるオーストリアの建物を見てもひるむことはなかった。むしろその反対である。自信に満ちた新時代の子として、廃墟ではなく新しい建物に関心をそそられた。廃墟はドイツのものであり、新しい建物とはイタリアの建物である。最良の意匠がイタリアのものであることは明らかであった。しかし、ウィーンに在住するイタリア人の数は多くて才能ゆたかであったものの、彼らから学ぶだけでは不十分であった。そこで二四歳のとき、エルラッハはイタリア本国へ、北イタリアとローマへ旅立った。時宜にかなっていた。ちょうどイタリアでは大建築の時代の幕が閉じられようとしていたからで、しかも、ウィーンにいたイタリア人たちは、自分たちの伝統から切り離されていたからである。エルラッハがイタリアに滞在した最初の年、一六八〇年の冬にジョヴァンニ・ロレンツォ・ベルニーニが八二歳で亡くなった。これは象徴的な出来事であったといってよい。ベルニーニはサン・ピエトロ大聖堂の列柱廊を手がけた建築家であり、ライバルにさほど悩まされることもなく、長年にわたり重鎮として君臨していた。そのベルニーニが亡くなったのである。彼はさまざまな試みを行ったが、いつも形式主義を保持していて、この形式主義は広まりつつある新しい時代精神にはそぐわなかった。ベルニーニはバロックを創出したけれども、それは衝動から生まれたというよりも知性の産物であった。ベルニーニの影に隠れていたライバルたちは、別のことに心を奪われていた。彼らは熱心に表現豊かな形式を求めていた。試みがいつも成功したわけではない。しかし、彼らのなかでもっとも重要なボッロミーニがエルラッハにとっては、荘厳さを誇った当時の大家たちよりもおそらく大きな意味をもったであろう。

若いオーストリア人は見た、そして描いた。一世紀後のゲーテと同じように、北の人間ならば誰でもそうしなければならないように、彼もオレンジの花咲く国にやってきた。ゲーテと同じように、目にしたものが彼を魅了した。だが、去りゆく時代を謳ったゲーテと異なってエルラッハが目を向けたのは、古典古代の寂寥とした廃墟ではなく、輝くばかりの真新しい建物に具現された、新時代の運動が示す確かな躍動であった。彼は見た、そして描いた。練習のつもりで既存の建物を写生し、それらの精緻にして自由な変容を試みたようである。ちょうど作曲家が既存の主旋律を取り上げ、そこから一連の変奏を引き出すようなものである。彼が就こうとした技芸が必要とする、自由に湧き起こる想像力を鍛えるために、これ以上優れた訓練は思いつかない。エルラッハは五年ものあいだこの訓練を行い、やがて故国に帰った。訓練の仕上げをするため、さらに一時期、装飾画家として働いた。一六八七年に帝室技師に任命され、同じ年にウィーンで今も注目に値する記念碑の建立を委託された。それはグラーベンにある「三位一体柱」であり、皇帝レーオポルト一世の命によりペスト大流行――ペストはロンドンを荒廃させた数年後にウィーンを襲った――からの解放に感謝して奉献された柱である。もとになる設計はエルラッハによるものではなく、イタリア人のブルナチーニのものであった。とはいえ、この手の仕事では設計は建築様式からまったく自由になされるので、設計者と同じくらいに建築を請け負った者に依存するところが大きい。石に穿たれた自由な幻想曲ほど、若き建築家の心情にぴったりのものはないと思えてくる。エルラッハは自分の経歴がまさに始まらんとするときに、大家であるベルニーニと最終的に決別し、扱いにくい材料をなんとか駆使して知的直観を表現しようとするボッロミーニの情熱を受け入れたのである。エルラッハは努力をつづけ名声を得た。彼が戻ってきたのは、世界でもっとも幸運な瞬間であった。

それというのも、彼がまだイタリアで学んでいたとき、侵略してきたトルコ人がウィーンの市壁までふたたび迫り来て市壁外の地域を荒廃させたものの、シュターレムベルク［ウィーン防衛司令官］に押しとどめられ、ついにソビエスキ［ポーランド王］に追い払われたからである。ウィーンは悲惨を極めたあと、今や反転にむかう。トルコ人が最終的に撃退されたということをウィーン人がわかっていたかどうか、判断は難しい。とはいえ、当時二〇万もの軍隊を打ち負かすことで、すべてはこれでほぼ決着がついたと受け止められたにちがいない。わかっていたかどうかはともかく、彼らは危機がすべて終りを迎えたかのように振舞ったのである。生命力が突然に高まった。ついこの前まで包囲されていた要塞都市は急速に皇帝を擁する社会の中心になってゆき、それにふさわしい機能を整えだした。貴族たちはみずからの新しい宮殿の建造を始めた。最初は市内の新奇な場所に建造し、そして市壁――獅子心王［英国王リチャード一世］釈放で手に入れた身代金で造った中世の市壁――がついに取り壊されると、その外側に建てて個人所有の庭園で囲った。そのとき、彼らの身近に控えていたのがフィシャー・フォン・エルラッハであった。彼は聡明な若き建築家で稀にみる才に長け、ウィーン人のためにウィーンを造るという新しい構想を打ち立てた。注文に次ぐ注文が彼に寄せられた。やがて七歳下の若者、ルーカス・フォン・ヒルデブラントにも注文が殺到した。彼はエルラッハと時にライバルとして、時に協力者として仕事をしてゆくことになる。競争と協力のはざまで、このふたりが（そして、そのころは国中が復興の時代だったので彼らの例に倣う者たちが）五〇年を経てウィーンの外観をすっかり変えてしまい、我々が今日その独特の雰囲気とともに知るこの都市を残してくれた。その雰囲気をこれから記してゆきたい。

ほんの数年前までバロックは英国で建築物につけられた、俗で取るに足りない瘤のようなものと解釈されるのがふつうであった。時代は変った。現在では（あるいは、つい昨年のことかもしれない）バロックは粋なものとすら解釈される。粋であるかもしれないが、そうだとしても、そうした見方は長つづきしないであろう。それはともかく、真面目な人々が今ようやく個人的な好悪は別にしてバロック様式をあるがままに評価しようと真剣に望んでいる。かくして近寄って適切な視角から綿密に眺めれば、我慢のならないものは、最初驚きの目でざっと見たものより少なそうである。こうした心変りは主にサッシェヴァレル・シトウェル氏のお蔭であり、特にその二部作、『南方バロック芸術』と『ドイツ・バロック芸術』に負う。このうち前者でシトウェル氏は古くからの偏見を攻撃したものの孤立無援であった。次いでほとんど同時にH・V・ランチェスター氏の実証的で見事ではあるけれども、あまりに簡潔すぎるエルラッハについての研究書が出て、このような符合が、取り巻く空気の変化を暗示している。

バックが我々に訴えかけてくるとすれば、シトウェル氏に深く感謝しなければならないが、それでも彼の見解は残念に思えなくもない。バロック様式の綺麗な側面は強調しても偉大さに言及しないからである。それを説明する手がかりは、バロックとロココをはっきり区別し損ねたことにある。「こうした古典派のふたつの濃い影が合流し溶け合って、もはや分離できず一体化する。そこでは規模を基準にするほかに、ふたつを区別する手立てはほとんどない」。バロックとロココは合流し溶け合う。この融合の境界を指摘することはできないかもしれない。しかし、ロココと盛期バロックの差異は確かに一面では規模の違いであるが、精神の違いでもある。我々がウィーン周遊を終えるまでには、この点を明らかにしたいと思う。

ウィーンを初めて訪れた人が初日にグラーベンを散歩する。この都市の中心にあるという理由で選んだのである。通りというより広場とでもいうのが似つかわしい、この短い幅広い道の真ん中に風変りな記念碑が突っ立っていて、訪問者を不意打ちする。それは見たところ、レリーフをほどこした台座と、その上の黒っぽい大理石でできた奇妙な手の込んだ彫像からなる。彫像はうねり立ち上がる雲のようで、ケルビム（智天使）を支え、一番上に父と子と精霊の三位一体を象徴する、日の光に輝くメッキを施した太陽光線をいただいている。初めての訪問者は、面白いけれどよくわからないと肩をすくめて通り過ぎる。我々は、この彫像に影がとどきそうな近さにあるシュテファン大聖堂のほうを気にかけながら、このわきを通り過ぎたことがある。我々は一目見て、ゴシックとバロックの対比から生まれる独特の趣を伝えるものだという漠然とした印象をもって、この彫像を受け止めた。ウィーンを初めて訪れるたいていの者は、動物園を訪れた気分にでもならないかぎり、しげしげと眺めたりはしない。だが我々にとって、これは大事な記念碑なのである。これはフィッシャー・フォン・エルラッハが、みずからの手で変貌させることになった都市の通りに初めて登場した記念である。同時にバロックへの優れた導きとして、これ以上のものを思いつかない。

この三位一体柱、あるいは、ふつうペスト柱と呼ばれるものはバロックの最高傑作というわけではない。離れ業が多すぎて心ゆくまで満足できない。しかし、これはきわめて純粋かつわかりやすくて、最高峰のバロックが秘める深い衝動のほんとうの姿を表現している。錯綜を招く要素はない。これを設計したブルナチーニは、自由に心の赴くままに空想につき従った。何か実用を考えて、たとえば宮殿の居間の設備を調えるために想像力を働かせるといった問題にぶつかることはなかった。着想の十分な実現を唯一妨げたものは重力の法則であり、それはブルナチーニを地上に引きとめた。こうして彼の着想は教会や宮殿よりもペスト柱で、はるかに完璧に理路整然と表現されていることがわかる。それでもこうした着想を正しく評価しなければ、バロック建築をあるがままに理解できないだろう。

大方の人々とバロックとのあいだに介在する大きな障壁は、ある基本的な誤解にある。目に入る飾り物はすべて実際に飾り物として意図されたもの、あるいは押しつけられた装飾という思い込みである。装飾のない建物が想定され、この飾りのない構築物に、空想の生み出したありとあらゆるオブジェが一九世紀の安っぽい代物のようにくっつけられる、という思い込みである。これほど真実からかけ離れた話はないし、ひと時、虚心坦懐にじっとこのペスト柱を見つめれば、真実がほの見えてくるはずである。実用が問題にされないところでは「装飾」が総体にほかならず、総体が「装飾」だからである。ペスト柱は、ただの柱があって、それに天使［ケルビム］と雲が貼り付けられたといったものではない。大きな石の塊があって、それがはっきりした意図をもって変容させられたのである。これによって我々はバロックの観念に、オーストリアのバロックにたどり着く――フィシャー・フォン・エルラッハ、ルーカス・フォン・ヒルデブラント、プランタウアーその他多くの者たちのバロックである。

バロックは、一八世紀の天才あるいは誇大妄想狂による完璧な表現、そして当然に予想される表現であり、人間がみずからの固有の秩序をむき出しの自然に刻みつけるものである。この観念を最後まで推し進めれば、これはもちろん、途方もないロマン主義の考え方である。ノヴァーリスが夢想したのと同じようにロマン主義的であり、それは実際、最後まで推し進められた。最後とは、建築でいえばすべての材料を建築家の意図に従わせることである。すべての材料を。

このころまでヨーロッパの建築家たちは、自分たちの使う材料を尊重してきた。石、木、金属を使用し、設計にあたってはこうした材料の質と属性に配慮し、建物をそれら材質になじむように工夫した。石や木は石材や木材として用いられるにあたって、装飾を考えて刻まれていたが、石の石たる権利、木の木たる権利はふつう尊重されていた。こうした方針は我々の時代の建築家・彫刻家のきっぱりとした姿勢ととてもよく符合している。彼らが作品に用いる材料を尊重する様はたいへんなもので、見ようによっては自分の意志をもったまともな彫刻家というよりも物神崇拝する者と映るだろうし、そうすると、バロックに対する現在の興味は一時的な流行にすぎない、としか考えられないだろう。というのは、今日のまことに誇らしげな作品の対極にあるものを想像することはできないと思われるからである。グラーベンにあるペスト柱で唯一、設計者にとってこの世で大切なものは、設計者の天と地、宇宙についての観念である。それ以外のあらゆるもの、この柱の場合には素材の大理石のことであるが、それは至高の目的を達成するために採用された世俗の手段である。石は責めつけられ、はねつけられ、そして適切な場所に据えられ、まるで主人の目的に仕える奴隷のようである。もし石そのものが綺麗だったり、たとえば美しい光沢が得られそうだとか、天然の色合をもったりとかいうことであれば、それは結構なことである。こうした事実に建築家は喜んで留意し、利用しようとする。ただし、建築家がこのような特性に興味をもつのは、そうしたものが前から抱いていた自分の目的に役立つかぎりであって、それ以外の何ものでもない。彫刻家の仕事は石自身に十分に自己を語らせることであるという観念が当今、あちこちで流布している。そうした人間味のある考え方は、一七世紀の職人が「イタリア・トスカーナ地方」カッラーラの石切り場から最高に美しい色合の大理石を採取しているとき、彼らにはまったく縁遠いものであった。彼らとその同時代人たちは自然をあるがままにしか受け止めていなかった。イタリアに行くために越えねばならないアルプス山脈は、なんの足しにもならない忌々しい迷惑な代物であった。

　ウィーン・バロックの建築家たち、つまりフィッシャー・フォン・エルラッハ、ルーカス・フォン・ヒルデブラントたちは、実際、賞讃に値する彫刻家であり装飾家であった。ことによると彼らの着想の萌芽は絵画、特にシスティーナ礼拝堂のミケランジェロによる天井画にあるのかもしれない。ランチェスター氏が指摘したように、ここで初めて装飾と建築が不可分で一体のものになっている。ここでいう絵画は、無地の魅力的な表面に加えられたものではなく、天井をめぐる全体構想の有機的な部分をなしている。また、後期ゴシックの巨匠、たとえばブリュンのアントン・ピルグラムの石の彫刻——すでに我々はウィーンのシュテファン大聖堂にある、彼の手になる説教壇に感銘を受けた——は、新しい特有の力で新進の建築家たちに強い印象を与えたのではないかと私には思われる。ピルグラムの精巧な透かし彫りはゴシックのデカダンス期に属しており、その背後にある精神はグラーベンのペスト柱の彫刻を支える精神とは異なる。つまり、ピルグラムは個人的な構想を表現するのにふさわしい展性をもった材料として石を使用しているのではない。反対に、離れ業に没頭し、石に対抗しつつ決然たる精神がそれに対して何ができるかを示そうとする。とはいえ、私が思うに、彼の心のうちのどこかに石を含めたすべての材料は、その本来の性質いかんを問わず設計者が選んで使うためにそこに存在する、という考えが漠然とあったかもしれない。とすれば、ピルグラムによる一六世紀初頭の説教壇のあとに、一七世紀の終りころグラーベンのペスト柱が出現してもなんら驚くことはないだろう。

そうはいっても、力強い影響を及ぼしたのはミケランジェロであった。彼が成し遂げたことに照らしてみるなら次なる一歩は明らかで、装飾を取り付けるという原理を完全に払拭し、塗料とメッキを万遍なく使って、それを石材と木材、金属製品と漆喰とともに基礎構造自体の構成部分にしてしまうことである。建築家は効果を狙い、自分のひそかな構想を実現することを願った。そして建築家は画家、彫刻家、メッキ師、左官といった数多くの職人を統率し、彼らの作業が自分の構想に従い、その実現に生かされるようにした。この原理を具体化した傑作が、王宮にあるバロック的内装のなかでももっとも完成度の高い帝室図書館に見られる。ここで目にするのは、偉大な建築家が才能ある画家やその他の職人と密接に協働しながらバロックの理想を完全に実現した様であり、また、あらゆる材料を混交・融合して大胆に構想された全体を作り上げている様である。画家はダニエル・グランで、シュヴァルツェンベルク宮の天井画も描いていて、建築家が力をふるうようになって以降、それまで万事に力をふるっていたイタリア人画家――アントーニオ・ブルナチーニ、ドメニコ・マルティネッリ、フラテル・ポッツォ―

―に取って代ったオーストリア人画家のうちで、おそらくもっとも才能豊かな者だろう。このイタリア人のうち、ポッツォはリヒテンシュタイン家の者がイタリアから招聘した画家で、彼の最高傑作は華麗なリヒテンシュタイン宮殿のフレスコ画である。

グランはこの帝室図書館で（この画家が当時、成功を収めたどの室内でもそうしたように）建築家の構想にひたすら従い、他方、建築家はこの画家の芸術のために類まれな不朽の（といっても相対的でしかないのだが）環境を用意した。この驚くべき広間はバロックの内部装飾の最高水準にあり（ロココの時代がまもなくこれにつづく）、最初にざっと全体を見渡したとき、どこでひとつの素材が終り別の素材が始まるか、どこで木材が金属に場所を譲り、どこで石材が木材と金属を支えているか、どこで彫刻が絵画に変っているのか、見分けることができない。これはバロックの夢の実現である。線は流れるようで途切れず、あるところまでひとつの材料で造られていたのが、いつのまにか別の材料に代り、展性をもった材料を手で成形したかのように、基をなす意匠は見る者に親しく表現される――その意匠は、巨匠の内に心象として存在し、木とか石、金属のうちにあるわけではない。独立自存の意匠として、ここで成功裡に実現される。素材がどのように混交していようと、意匠は夢の実現にぴったりと合せることができた。また、その実現は忠実な職人たちの一団によってなされ、彼らは自分たちの個性を全体のなかに喜んで埋没させたのであるが、それは自分たちの仕事が全体を通じて生きることを知っていたからである。これぞバロックである。

バロック様式の実現は、数多くの有能な芸術家や職人が存在し、壁画家から石工にいたるまで、彼らが責任感と創造性、進取の気性を備えながらも、設計・監督者である建築家と緊密に協力して働く用意のあることに絶対に依存していたことは明らかである。この基本的な重大事はフィシャー・フォン・エルラッハ自身の生涯において見て取れる。エルラッハは建築家として一本立ちする前、壁画家として働いていた（もっとも、そうしなければならなかったからではない）。

この条件が満たされなければ、バロックもなかったであろう。ちょうど、多くの感性豊かな音楽家たちがいて、ひとりの指導者または指揮者に協力し、最終的には彼に従って演奏する用意がなければ、交響曲もオペラも存在しえないようなものである。建築にあってはこの状態は長くつづかず、減退していった。というのは、自発的な即興の雰囲気を湛え、重力の法則とたえず格闘するバロック様式は、設計者の計画を実行するために有能で素質に富んだ人々を特に必要としたが、建築上のその他の重要な段階すべてにわたって、程度の差こそあれ、同じ条件が満たされねばならなかったからである。また、最初にそう見えたほど、［バロックの現場は］理想的な状態にあったわけではない。かつてはある種の団体精神が存在したと思われ、自意識の強い英雄的行為がほとんどなかったことも確かだろう。優れた能力をもった者が気高くも公益を念頭において、天才のために自分の個性を犠牲に供したということである。状況はよくわかっていたと思う。描く才能をもった者がいて、絵画は建物で利用された。彼が好きなものを好きなように好きな場所で、建築家の思いに頓着せず描くことが許されるはずもなかったのは明らかである。音楽にあっては結局のところ、こうした状況が今なお、あたりまえのこととして通用している。自分に自信をもったプリマドンナや第一ヴァイオリン奏者が卓越したトスカニーニと争うことはない。そんなことはせず、彼らはトスカニーニに、自分たちの日々の糧を得て芸術を実践する手段を見る。

私は遠まわしに個人主義を攻撃し、万国の労働者よ団結せよ、というつもりはまったくない。今の我々がもつ個人主義的な衝動をみずから意識的に抑圧することは、我々の本性を損なうことである。ヤーコプ・ブルクハルトは持ち前の洞察力をもって、ルネサンスを個人の発見と呼んだ。ルネサンスは、我々がその最後尾を占める時代の誕生だった。末裔の我々は頼まれても、その位置を変えることはできない。個人はすでにフィッシャー・フォン・エルラッハの時代には発見されている。エルラッハ自身がこの類の際立った実例である。しかし、発見は賞讃を意味するものではなく、個人を途方もない高みに押し上げることは、この時代が衰頽してゆく時期にゆだねられた。エルラッハは現役の時すでに有名であったが、有名だからといって、彼と一緒に何かを表現する目標をもった人々との協働が妨げられることはなかった。エルラッハはルネサンスの、つまり遅れてやってきたオーストリア・ルネサンスの大立者である。オーストリア・ルネサンスは今の専門用語でいえば、ヨーロッパ・ルネサンス一般に算入され包含される。けれども、エルラッハを舞い上がらせた活力あふれる上昇気流はまさに、地域共同体に閉じ込められていたエネルギーが急に出口を見出したものであった。今は失われたこの目的の共同体（音楽の世界では多少生きながらえているが、その理由は明らかである）は、このうえなく幸せな事態ではあったけれども、今は存在しないし、失われたものを今さら嘆いても仕方がない。それはデカダンスの始まりとともに、成り行きに従って避けようもなく失われたが、数多くの栄えある結果を残し、それには一七六三年以降の芸術活動全体も含まれる。（ヘルマン・バールは、［この年の］シレジアをプロイセンに割譲した日をオーストリア・デカダンスの始まりとしているが、その日は他の日と特段変るところはない）。目的の共同体はどのような形態であろうと、新しい文化が生まれる時にだけ復活するだろう。しかし、喧しく囃して人為的に再興しようとする試みは時間の無駄である。共同体は衰頽と単純に歩調を合せるわ

料金受取人払郵便

松田局承認

655

差出有効期間
2023年
3月31日まで
(切手不要)

郵便はがき

2588790

神奈川県開成町延沢580―1―101

成文社 行

ご購入ありがとうございました。このはがきをお送りいただいた皆さまには、新刊のご案内などをさせていただきます。ご記入の上、ご投函下さい。

お名前　フリガナ　　年齢

ご住所　〒

TEL

ご職業

所属団体／グループ名

本書をお買い求めの書店　　市区郡町　　書店

ご購読の新聞・雑誌名

書　名

●本書についてのご感想や小社へのご希望などをお聞かせください。

●本書をお求めの動機（広告、書評、紹介記事には新聞・雑誌名もお書き添えください）
□店頭で見て　□広告　□書評・紹介記事　□その他
□小社の案内で　（　）（　）（　）

●本書の案内を送ってほしい友人・知人のお名前・ご住所

お名前　フリガナ

ご住所　〒

●書籍注文書●

（書名）　（定価）　（申込数）　冊

（書名）　（定価）　（申込数）　冊

（書名）　（定価）　（申込数）　冊

書籍は代引きで郵送、お届けします（送料無料）。

けがないし、新しい時代が我々とともに始まるなどと考えるのは、うぬぼれというものである。古い時代はまだ死んでおらず、我々はもう少し先まで進むことになる。できるだけ潔く進む気になれば楽しいだろう。空中に飛び上がって胸を叩き、沈む太陽にむかって、ようこそと大声で挨拶をして、自分を物笑いの種にしないようにしよう。そのような勘違いは［一九世紀末］九〇年代なら赦されたであろうが、今日ではまったくばかげたことである。

一七世紀後期のウィーンの建築家たちに、そしてフィッシャー・フォン・エルラッハに戻ろう。彼らは今述べた考えに心を煩わすことはなかった。彼らは指導者エルラッハに従って先へ先へと進んでいった。この指導者は持ち込まれた仕事は引き受け、ますます確かな手法を見つけ出し、多彩な天性の才能によって自由に精緻化していった。その様式にウィーン市民は賛同し、また、彼の着想が申し分なく事物を表現している、と考えた。彼は宮殿や教会、記念碑を建設し、それらはすべて今日も残っている。そこには美と驚くべき技が、機を見る確かさが見出されるだろう。

ここでエルラッハやヒルデブラントらが残した魅力ある記念碑的建造物をすべて、いちいちあげるのはあまりにも退屈であろう。かぎりがないし、それにベデカー旅行案内書がすべて記載している。ただ、少数ではあるが、たいそう興味深く無視できないものがある。おそらくそれらが、言及されることのない他のものにも光をあてることになろう。

先にグラーベンのペスト柱について少し考察した。曲線を使った大理石の積雲ピラミッドであり、カトリック信仰の象徴を戴き、カトリック教徒の皇帝が跪く像で飾られている。すでに見たように柱は決定的なバロック作品であり、実用目的に縛られていない。オーストリアの他の街、とりわけリンツにも類似のものがあるにはあるが、ウィーンで似たようなものをふたつと見ることはない。我々のバックロク建築家たちが可塑的造形、流れる線、彫刻の組み合せ（ランチェスター氏の用語）にいかに魅力を覚えようと、ペスト記念柱の類を建造しながら暮らすことは明らかに不可能であった。もっぱら雲や真珠色の蜻蛉のようなものからなるその柱は、カッラーラ産の大理石を使い、先に述べた着想を完璧に表現するのに役立った。だが、記念碑建立のためには資金を拠出する貴族や高位聖職者が必要であった。彼らは自分たちのために宮殿や教会を求めた。フィッシャー・フォン・エルラッハと仲間たちは、その両方を建てた。彼自身の設計にきちんと従って建設された初期の建物にサヴォア・オイゲン公の新宮殿（の大部分）がある。これはブルナチーニの柱〔ペスト柱〕とは鋭い対比をなしていることがわかる。宮殿はケルントナー通りから入った狭い脇道のヒメルプフォルト・ガッセに立っている。現在は財務省の建物で、すでに注目したような類の意外な宮殿のひとつであり、それは共同住宅――穴居のような部屋を備え、グーラシュの臭いを発する――と接して立っている。バロック建築だが、まわりの中世の環境に適応しているのは、他の多くのエルラッハの建造物と異なって、当時まだ中世の市壁に囲まれていた都市の真ん中に建てられたからである。ここで我々が否応なく想い起こすのは、建てた者が熟達した建築家で、すべての規則とともに想像力の所産をよく知る者だったということである。バロックの人間たちは興行師、ペテン師であり、自己宣伝屋であり、地形的な制約のない広々とした土地空間がないと途方に暮れてしまう輩であると考える人がいるなら、この宮殿を一目見て自分のまちがいを知るとよい。ヒメルプフォルト・ガッセは天国への門というその名にふさわしく、本当に狭い通りである。そこに自分の家を造ろうと決めたオイゲン公は、極めて重要な人物であった。エルラッハはこの通りの輪郭を損なうことなく、オイゲン公の望みどおりの壮観を創り出した。エルラッハが自分に課した課題は、斜めから見ても強い印象を与える偉容を工夫することだった。そこには、建物を正面から見て観賞する空間の余裕がなかったからである。そして、垂直方向に対して水平方向の広がりを強調することによって、彼は見事にこの課題を解決した。この建物は総体として環境へ適応した完璧な実例であり、この時代の基本的な安定性と同時代の主要な工匠たちとを顕彰するものとなっている。

グラーベンのペスト柱の背後に秘められた意図と、ヒメルプフォルト・ガッセにある宮殿の正真正銘度とをひとたび認めたなら、そのほかの宮殿や教会は、もっと曇りない目で眺められるだろう。本書の別のページにカール教会の写真を掲げている。[*1] この教会は、もうひとつのペスト記念碑であり、もうひとつのバロックの勝利を告げるものであって、多くの人がエルラッハの傑作とみなしている。[*2] この教会は昔、市壁の外の野原に立っていた。新しい構想を象徴するかのように、華麗で孤高で、空気のように自由に見えたにちがいない。現在はケルントナーリングのちょうど外側に横たわり、教会のまわりは窮屈になってきていて、隣接する一九世紀の建物はこの至宝のためのみすぼらしい書割となっている。エルラッハがこの傑作を設計したとき――明らかに傑作を意識して構想・計画し、そのことは、教会のもともとの背景を描いた版画のどれを見てもわかる――いつの日にか野原には建物が立つことを予感していたことはまちがいない。しかしまた、自分の構想に相応の配慮が払われることも、まちがいなく期待

＊1　原書の写真は、本書では「後景」の扉ページに掲載している。
＊2　カール教会は、ペスト退治の守護聖人カール・ボロメウスのために一七一三年に創建された。

していた。彼は生涯新しいものに没頭し、過去のしがらみから完全に解放されていて、人がほとんど成し遂げられなかったことを達成した。それは「真の調和であり、現代芸術がそれにためらいを抱くのは、新しいものがつねに旧いものの価値を高めることを理解しないからである」。しかし、エルラッハが亡くなってからカール教会のまわりに続々と建てられた建物は新しいものではなく、また旧いものの価値を高めもせず、調和はすべて欠落している。旧いものの真価を評価することをいっそう難しくしている。

それでもなお教会のまわりには、その全貌を目に収めるだけの十分な空間が残っている。部分ごとに眺めなければならず、一望のもとに見えることにならない［ロンドンの］セント・ポール大聖堂とはちがい、カール教会は地面から起き上がったような建物であって、高くそびえる神秘的なドームではない。筆者がウィーンのなかで一番大切に思うシルエットがミノリーテン教会のものであり、そのわけはウィーンが失うことで凋落を招いた厳格さを表しているからであるが、そうだとすれば、この聖カール・ボロメウス教会の明るい緑のドームや、見事に均整のとれた二つの時を告げる塔［鐘楼］、さらにトラヤヌス記念柱風の二本のくっきりした柱は、そのままで（あるいは、ほぼそのままで）ウィーンの比類ない象徴となっている。貴族の宮殿――リヒテンシュタインやキンスキー、シェーンボルン、ハッラハ、チェルニーン、ロプコヴィッツ、シュヴァルツェンベルク各家の宮殿――を擁するウィーン。シェーンブルン宮殿と、王宮の魅力的な箇所とを擁するウィーン。スペイン乗馬学校のウィーン。ハイドンのウィーン。モーツァルトが理想化し、ホフマンスタールとリヒャルト・シュトラウスが芳香・防腐処理したウィーン。光輝く教会祭壇や付属礼拝堂、神の栄光を指し示す天蓋を誇りにするウィーン。栄光の高みにあって穏やかになり、穏やかなままでいた一八世紀ウィーン。優雅、洗練、平衡を達成し、我々西側世界の貢献である都市文化を正当化するように思われるウィーン。みずからが生み出したはずの偉大な人物、モーツァルトとシューベルトを理解するのを結果的に阻まれたままのウィーン。

ウィーンとバロックのつながり全体が奇妙である。バロックの時代、それは音楽でいえばグルックの時代でもあり、この都市にとっては再生の真っ盛りであった。デカダンスはまだやって来ていない。それでも建築については、その再生はデカダンスの様式で表現された。事情は次のようである。エルラッハと仲間たちを鼓舞したイタリア人は、イタリアにいたイタリア人にかぎればデカダンスの建築家たちであった。デカダンスの種はミケランジェロにあった。彼は自分の思うままに振舞った。そしてベルニーニの建築にあっては、ルネサンスのものである本源的衝動の純粋性は、その透明性を失い、多くの些末なものに汚されるようになった。イタリアのバロックをどれだけ高く評価しようとも、デカダンスの表現と見るしかない。衰頽の徴候はすべてそこに出ており、のちにオーストリアのデカダンスについて語るとき、この徴候がはっきりと現れてくるだろう……。それはともかく、すでに述べようとしたように、イタリアを守るアルプス山脈の北側斜面にあるウィーンでは、イタリアでデカダンスである芸術様式が再生の表現として取り上げられた。これには何か不吉なものがあり、将来のよからぬ前兆であった。それが示唆する環境は人工的で異国風であった。何かが置き去りにされていた。

その何かとは、ゆっくりした成長である。ウィーンは中世が終ってもあまりの長きにわたって眠りこけ（精神的・知的なまどろみの理由はすでに見た）、みずから創造しようとする意志をほとんどもたなかったのだが、急に目覚めて再出発を始めた。それも最初からやり直すのではなく、イタリア人が三世紀ものあいだに猛烈な活動によって到達した、なんとも知れない高みから始めた。

一八世紀のウィーンと二〇世紀のニューヨークとのあいだに類比が成り立ちそうである。突然の成熟はウィーンでは知性の色合が濃く、ニューヨークでは物欲が主役であった。ただ、どちらの場合も外からやって来たものであり、ゆっくりした成熟がもたらす必然的で健全な結果ではない。両方とも、粗野な台木に気まぐれに接木された、外来の切り枝が開花したものと見ることもできよう。両方とも、型に納まったところがなく、種子からゆっくり育てた植物のもつ強固な性質が欠けている。ここにウィーンの悲劇のもとがある。だがまた同時に、このうえない外来の美と遅れた開花の幸いとがある。

エルラッハが聖カール・ボロメウスに捧げたすばらしい教会を設計したとき、彼の頭に宿命という考えはなかった。また、彼や同僚、職人たちも衰頽に翻弄される類の人々ではなかった。イタリアのベルニーニとボッロミーニは旧い観念の基礎の上に幻想的な変容を巧みに仕上げていたのだが、彼らの幻想の産物は刺激的で示唆に富む新しい着想としてオーストリアにやってきた。トラヤヌス記念柱をまねた奇妙な柱がカール教会のドームの両側を固めているが、エルラッハはいいかげんな戯れの才に任せて据えたのではない。彼は二本の柱が強い表現力をもつと考え、ドームの偉容を強調するために案出した。(我々がグラーベンのペスト柱に表現されたバロックの意図を想い起こし、その制作主任［エルラッハ］が建築的感覚に富んでいたことを考えるならば——オイゲン公の宮殿を見ると、まさにそう考えざるをえない——その［二本の柱の］表現力の強さが今も変らないのは当然である)。この二本の柱がないものと想像してみる。すると教会の設計は不完全なものに映り、柱が取ってつけた、役立たずのいい加減なものではなく、ちょうど東方のモスクのミナレット［尖塔］がそうであるように、最初の構想の不可欠

SEIBUNSHA

出版案内
2022

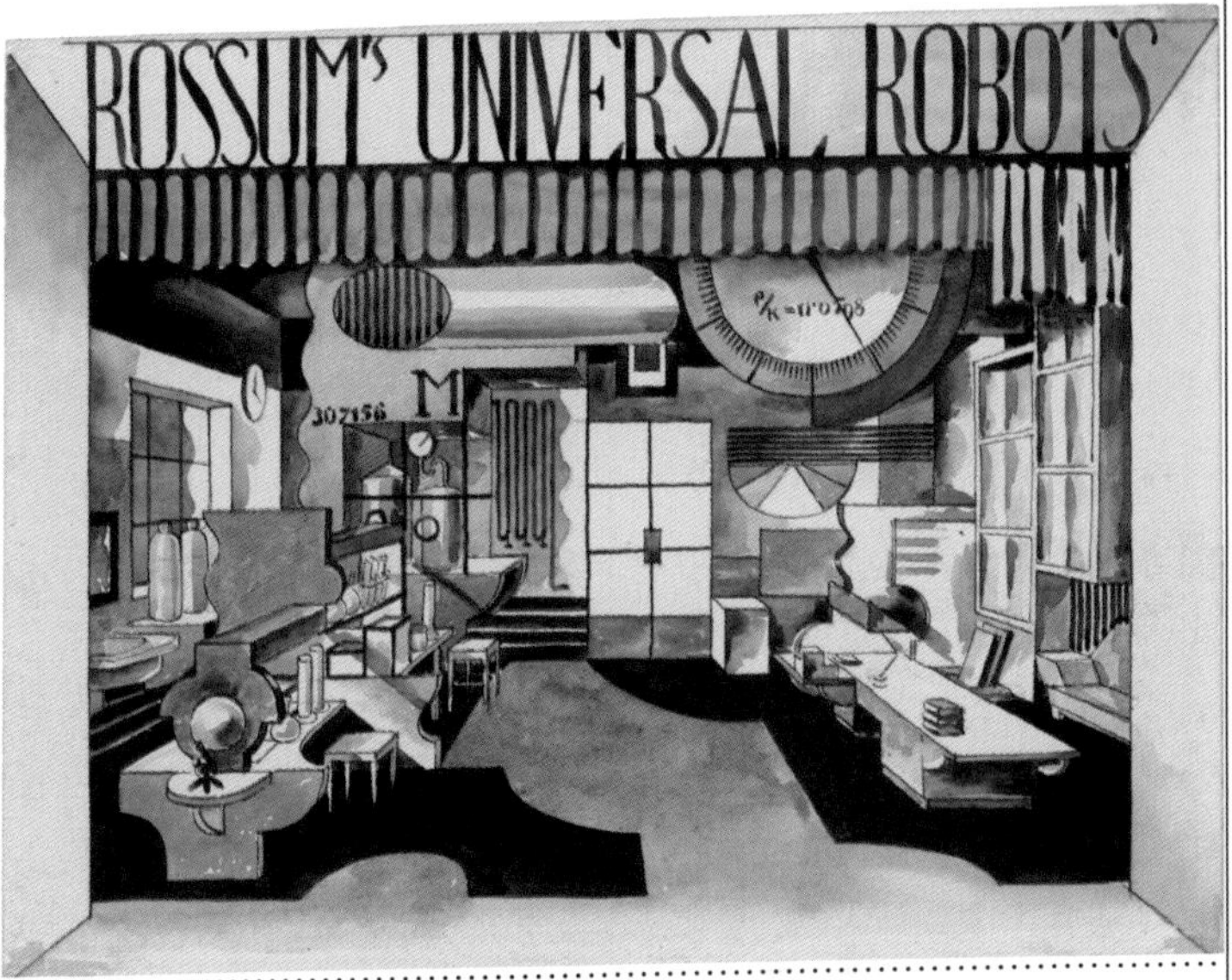

『ロボット（RUR）』の舞台デザイン（『ベドジフ・フォイエルシュタインと日本』カバーより）

成文社

〒258-0026　神奈川県開成町延沢 580-1-101

Tel. 0465-87-5571　Fax. 0465-87-9448　URL http://www.seibunsha.net/

価格はすべて本体価格です。末尾が◎の書籍は電子媒体（PDF）となります。

歴史

栗生沢猛夫著

『ロシア原初年代記』を読む

キエフ・ルーシとヨーロッパ、あるいは「ロシアとヨーロッパ」についての覚書

A5判上製貼函入　1056頁　16000円
978-4-86520-011-9

キエフ・ルーシの歴史は、スカンディナヴィアからギリシアに至る南北の道を中心として描かれてきた。本書は従来見過ごされがちであった西方ヨーロッパとの関係（東西の道）に重点をおいて見直し、ロシアがヨーロッパの一員として歴史的歩みを始めたことを示していく。　2015

歴史

栗生沢猛夫著

イヴァン雷帝の『絵入り年代記集成』

モスクワ国家の公式的大図解年代記研究序説

A5判上製　396頁　6000円
978-4-86520-030-0

「天地創造」からの「世界史」とそれに続く16世紀までのロシア史を極彩色細密画で描き出す『絵入り年代記集成』。21世紀に初めて出版された『集成』はなぜこれまで日の目を見なかったのか。謎の解明を目指すと同時に、全体構成と内容、歴史史料としての意義について考察する。　2019

歴史

R・G・スクルィンニコフ著　栗生沢猛夫訳

イヴァン雷帝

四六判上製　400頁　3690円
978-4-915730-07-8

テロルは権力の弱さから発し一度始められた強制と暴力の支配はやがて権力の統制から外れそれ自体の論理で動きだす——イヴァン雷帝とその時代は、今日のロシアを知るうえでも貴重な示唆を与え続ける。朝日、読売、日経、産経など各紙誌絶賛のロングセラー。　1994 ◎

歴史

長縄光男著

評伝ゲルツェン

A5判上製　560頁　6800円
978-4-915730-88-7

トム・ストッパード「コースト・オブ・ユートピア」の主人公の本邦初の本格的評伝。十九世紀半ばという世界史の転換期に「人間の自由と尊厳」の旗印を掲げ、ロシアとヨーロッパを駆け抜けたロシア最大の知識人の壮絶な生涯を鮮烈に描く。　2012

歴史

大野哲弥著

国際通信史でみる明治日本

A5判上製　304頁　3400円
978-4-915730-95-5

明治初頭の国際海底ケーブルの敷設状況、それを利用した岩倉使節団と留守政府の交信、台湾出兵時の交信、樺太千島交換交渉に関わる日露間の交信、また日露戦争時の新技術無線電信の利用状況等の史実を明らかにしつつ、政治、外交、経済の面から、明治の日本を見直す。　2012

歴史

稲葉千晴著

バルチック艦隊ヲ捕捉セヨ

海軍情報部の日露戦争

四六判上製　312頁　3000円
978-4-86520-016-4

新発見の史料を用い、日本がいかにしてバルチック艦隊の情報を入手したかを明らかにし、当時の海軍の情報戦略を解明していく。さらに世界各地の情報収集の現場を訪れ、集められた情報の信憑性を確認。日本海軍がどれほどの勝算を有していたか、を導き出していく。　2016

歴史

松村正義著

日露戦争一〇〇年

新しい発見を求めて

四六判上製
256頁
2000円
978-4-915730-40-5

日露戦争から一〇〇年を経て、ようやく明らかにされてきた真実を紹介する。講和会議を巡る日露および周辺諸国の虚々実々の駆け引き。前世紀末になって開放された中国、ロシアの戦跡訪問で分かった事。歴史的遺産を丹念に発掘し、改めて日露戦争の現代的意義を問う。

2003

歴史

松山大学編

マツヤマの記憶

日露戦争一〇〇年とロシア兵捕虜

四六判上製
240頁
2000円
978-4-915730-45-0

マツヤマ！　そう叫んで投降するロシア兵がいたという。国際法を遵守して近代国家を目指した日本。実際に捕虜を迎えた市民たち。捕虜受け入れの実相、国内の他の収容所との比較、日露の収容所比較、ロシア側からの視点などを包摂して、その実態を新たに検証する。

2004

歴史

日露戦争研究会編

日露戦争研究の新視点

A5判上製
544頁
6000円
978-4-915730-49-8

戦争に大きく関わっていた欧米列強。戦場となった朝鮮半島と中国。戦いの影響を受けざるをえなかったアジア諸国。当事国であった日露、とくにロシア側の実態を明らかにするとともに、従来の研究に欠けていた新たな視角と方法を駆使して百年前の戦争の実相に迫る。

2005

歴史

松村正義著

日露戦争と日本在外公館の〝外国新聞操縦〟

A5判上製
328頁
3800円
978-4-915730-82-5

極東の小国日本が大国ロシアに勝利するために採った外交手段のひとつが〝外国新聞操縦〟であった。現在では使われなくなったこの用語の内実に迫り、戦争を限定戦争として世界大戦化させないため、世界中の日本の在外公館で行われた広報外交の実相に迫る。

2010

歴史

土屋好古著

「帝国」の黄昏、未完の「国民」

日露戦争・第一次革命とロシアの社会

A5判上製
352頁
6000円
978-4-915730-93-1

日露戦争がロシアに問いかけたもの——それは、「帝国」という存在の困難と「国民」形成という課題であった。日露戦争を「長い一九世紀」という歴史的文脈の中に位置づけて、自由主義者たちの「下から」の国民形成の模索と第一次革命の意味を論じる。

2012

歴史

稲葉千晴著

ヤド・ヴァシェームの丘に

ホロコーストからユダヤ人を救った人々

四六判並製
160頁
1500円
978-4-86520-051-5

イェルサレムにあるヤド・ヴァシェームは、ホロコーストによって命を奪われた同胞と、ナチの脅威に立ち向かった英雄を追悼する場所である。本書は、その場所の成り立ち、ホロコーストからユダヤ人を救った「有徳の人」を概説し、かれらを具体的に紹介していく。

2020

歴史

コンペル　ラドミール著

長い終戦

戦後初期の沖縄分離をめぐる行政過程

Ａ５判上製　３２０頁　５６００円
978-4-86520-047-8

いったい何が沖縄の戦争の幕引きを長引かせたのか。「降伏をめぐるプロセス」と「沖縄の行政分離に至るプロセス」の二つのプロセスに注目して、その過程を見ていく。沖縄の問題に、戦後初期の日米の資料を多角的、多面的に解明することで迫っていく。　２０２０

歴史

Ｅ・Ｊ・ディロン著　成田富夫訳

ロシアの失墜

届かなかった一知識人の声

Ａ５判上製　５１２頁　６０００円
978-4-86520-006-5

十九世紀半ば、アイルランドに生まれた著者は、ロシアへと深く入り込んでいく。ウィッテの側近にもなっていた彼は、帝政ロシアの崩壊に直面。ロシアが生まれ変わろうとするとき、それはロシア民衆にとって幸せなことか、未知なるものへの懐疑と願望を吐露していく。　２０１４

歴史

Ｅ・Ｊ・ディロン著　成田富夫訳　西山克典監修

ロシア　昨今

ソヴィエト・ロシアへの偏らざる見解、１９２８年再訪の記録

Ａ５判上製　３６０頁　５０００円
978-4-86520-046-1

革命後の一九二八年秋、十四年間の空白の後、人生の思い出多きロシアの地を訪れたひとりのアイルランド人。革命とボリシェヴィズムを世界に対する「浄化」カタルシスと捉え、期待と危惧を秘めたソヴィエト社会を活写していく。異色のソヴィエト社会・文化論。　２０２０

歴史・文学

Ｅ・Ｊ・ディロン著　成田富夫訳

トルストイ　新しい肖像

四六判上製　３４４頁　３４００円
978-4-86520-024-9

アイルランド生まれの著者は、十九世紀末葉、世界的に名を馳せていたトルストイとの関係を築いていく。文学作品の翻訳から始まり、トルストイと彼を取り巻く人々との交わりは、著者ならではの体験と観測とを育み、新たなトルストイ像が形造られていく。　２０１７

歴史・文学

セルゲイ・トルストイ著　青木明子訳

トルストイの子どもたち

四六判上製　２７４頁　２５００円
978-4-86520-037-9

トルストイは十三人の子どもをもうけたが、夭折した五人を除く八人について孫である著者が語る。かれらは父の死後、第一次世界大戦、ロシア革命、内戦と続く二十世紀初頭の激動の時代を生きた。そんな波乱に満ちた彼らの生涯に通底する文豪との関係にも迫る。　２０１９　◎

現代・ビジネス

中尾ちゑこ著

ロシアの躁と鬱

ビジネス体験から覗いたロシア

四六判上製　２００頁　１６００円
978-4-86520-028-7

ソ連崩壊後に「気まぐれな好奇心」からモスクワのビジネススクールで短期講師に就任。それ以来、ロシアに特化したビジネスを展開する著者の目に映ったロシア、ロシア人、彼らとのビジネスを赤裸々に描く。48歳でロシアビジネスに踏み込んでいった女性の型破りの記録。　２０１８

歴史

沢田和彦著

日露交流都市物語

A5判上製
424頁
4200円
978-4-86520-003-4

江戸時代から昭和時代前半までの日露交流史上の事象と人物を取り上げ、関係する都市別に紹介。国内外の基本文献はもとより、日本正教会機関誌の記事、外事警察の記録、各地の郷土資料、ロシア語雑誌の記事、全国・地方紙の記事を利用し、多くの新事実を発掘していく。2014

歴史

沢田和彦著

白系ロシア人と日本文化

A5判上製
392頁
3800円
978-4-915730-58-0

ロシア革命後に故国を離れた人びとの多くは自国の風俗、習慣を保持しつつ、長い年月をかけて世界各地に定着、同化、それぞれの国や地域の政治・経済・文化の領域において多様な貢献をなしてきた。日本にやってきたかれらが残した足跡を精緻に検証する。2007 ◎

歴史

沢田和彦著

ブロニスワフ・ピウスツキ伝

〈アイヌ王〉と呼ばれたポーランド人

A5判上製
400頁
4000円
978-4-86520-040-9

ロシア領リトアニアのポーランド貴族の家に生まれたピウスツキは、ペテルブルグ大学へ進学するも、皇帝暗殺未遂事件に連座してサハリン島へ流刑。過酷な運命を生きた巨人の生涯を、近代史を彩るアイヌ、日本を含む珠玉のような事柄とともに描く、本邦初の本格的評伝。2019

歴史

長縄光男著

ニコライ堂遺聞

四六判上製
416頁
3800円
978-4-915730-57-3

明治という新しい時代の息吹を胸に、その時代の形成に何ほどかの寄与をなさんとした人々。祖国を離れ新生日本の誕生に己の人生をかけたロシア人たちと、その姿に胸打たれ後を追った日本人たち。ニコライ堂に集った人々の栄光、挫折、そして再生が描かれる。2007

歴史

ポダルコ・ピョートル著

白系ロシア人とニッポン

A5判上製
224頁
2400円
978-4-915730-81-8

来日した外国人のなかで、ロシア人が最も多かった時代があった。一九一七年の十月革命後に革命軍に抗して戦い、敗れて亡命した白系ロシア人たちだ。ソ連時代には顧みられなかった彼らを、日露関係史を専門とするロシア人研究者が入念に掘り起こして紹介する。2010 ◎

歴史

生田美智子編

満洲の中のロシア

境界の流動性と人的ネットワーク

A5判上製
304頁
3400円
978-4-915730-92-4

満洲は、白系ロシアとソヴィエトロシアが拮抗して共存する世界でも類を見ない空間であった。本書は、その空間における境界の流動性や人的ネットワークに着目、生き残りをかけたダイナミズムを持つものとして、様々な角度から照射していく。2012

歴史・思想

森岡真史著

ボリス・ブルックスの生涯と思想

民衆の自由主義を求めて

A5判上製
456頁
4400円
978-4-915730-94-8

ソ連社会主義の同時代における透徹した批判者ボリス・ブルックスの本邦初の本格的研究。ブルックスがネップ下のロシアで、また国外追放後に亡命地で展開したソヴェト経済の分析と批判の全体像を、民衆に根ざした独自の自由主義経済思想とともに明らかにする。 2012

歴史

近藤喜重郎著

在外ロシア正教会の成立

移民のための教会から亡命教会へ

A5判上製
280頁
3200円
978-4-915730-83-2

革命によって離散を余儀なくされたロシア正教会の信徒たち。国内外で起きたさまざまな出来事が正教会の分裂と統合を促していく。その歴史を辿るなかで、在外ロシア正教会の指導者たちがいかにして信徒たちを統率しようとしていったのかを追う。 2010

歴史

V・クラスコーワ編　太田正一訳

クレムリンの子どもたち

A5判上製
446頁
5000円
978-4-915730-24-5

「子どもたちこそ輝く未来！」――だが、この国の未来はそら恐ろしいものになってしまった。秘密警察長官ジェルジーンスキイから大統領ゴルバチョフまで、歴代の赤い貴族の子どもたちを通して、その「家族の記録」すなわち「悲劇に満ちたソ連邦史」を描き尽くす。 1998

歴史

モーリーン・ペリー著　栗生沢猛夫訳

スターリンとイヴァン雷帝

スターリン時代のロシアにおけるイヴァン雷帝崇拝

四六判上製
432頁
4200円
978-4-915730-71-9

国家建設と防衛、圧制とテロル。矛盾に満ちたイヴァン雷帝の評価は、その時代の民衆と為政者によって、微妙に、そして大胆に変容を迫られてきた。スターリン時代に、その跡を辿る。国家、歴史、そしてロシアを考えるうえで、示唆に満ちた一冊。 2009

歴史

J・ロッシ著　外川継男訳　内村剛介解題

さまざまな生の断片

ソ連強制収容所の20年

四六判上製
208頁
1942円
978-4-915730-16-0

フランスに生まれ、若くしてコミュニストとなり、スパイ容疑でソ連で逮捕。以降二十四年の歳月を収容所で送った著者が、その経験した出来事を赤裸々に、淡々と述べた好編。スターリン獄の実態、そしてソ連邦とは何だったのかを考えるうえでも示唆的な書。 1996 ◎

歴史・思想

外川継男著

サビタの花

ロシア史における私の歩み

四六判上製
416頁
3800円
978-4-915730-62-7

若き日にロシア史研究を志した著者は、まずアメリカ、そしてフランスに留学。ロシアのみならずさまざまな地域を訪問することで、ロシア・ソ連邦史、日露関係史に関する独自の考えを形成していく。訪れた地域、文明、文化、そして接した人びとの姿が生き生きと描かれる。 2007

歴史

太田丈太郎著

「ロシア・モダニズム」を生きる

日本とロシア、コトバとヒトのネットワーク

A5判上製
424頁
5000円
978-4-86520-009-6

一九〇〇年代から三〇年代まで、日本とロシアで交わされた、そのネットワークに迫る。個々のヒトの、作品やコトバの関わり、その彩りゆたかなネットワーク。それらを本邦初公開の資料を使って鮮やかに蘇らせる。掘り起こされる日露交流新史。　2014

歴史

太田丈太郎著

イリーナさんというひと

ソ連という時間をさがして

A5判上製
272頁
3000円
978-4-86520-048-5

ソ連という時間を生きた女性が遺した文書を読み解き、個々のヒトの「ヴォイス」を甦らせていく。いぬいとみことチュコーフスキーの児童文学、ブブノワの画家としての業績、「青年同盟」をめぐるニコライ・ハールジエフの研究、島尾敏雄の小説が蘇ってくる。　2020

歴史

神長英輔著

「北洋」の誕生

場と人と物語

A5判上製
280頁
3500円
978-4-86520-008-9

北洋とは何か、北洋漁業とは何か。十九世紀半ば以降のその通史（＝場）を概観し、そこに関わった人物たちの生涯（＝人）を辿りながら、北洋（漁業）の歴史の語り方そのもの（＝物語）を問うていく。いまなお形を変えながら語り継がれている物語に迫る。　2014

歴史

N・ヴィシネフスキー著　小山内道子訳

トナカイ王

北方先住民のサハリン史

四六判上製
224頁
2000円
978-4-915730-52-8

サハリン・ポロナイスク（敷香）の先住民集落「オタス」で「トナカイ王」と呼ばれたヤクート人ドミートリー・ヴィノクーロフ。かれは故郷ヤクーチア（現・サハ共和国）の独立に向け、日本の支援を求めて活動した。戦前、日本とソ連に翻弄された北方先住民たちの貴重な記録。　2006

歴史・文学

リディア・ヤーストレボヴァ著　小山内道子訳

始まったのは大連だった

リュドミーラの恋の物語

四六判上製
240頁
2000円
978-4-915730-91-7

大連で白系ロシア人の裕福な家庭に育ったミーラ。日本降伏後に進攻してきたソ連軍の将校サーシャ。その出会い、別離、そして永い時を経ての再会。物語は、日本人の知らなかった満州、オーストラリア、ソ連を舞台に繰り広げられる。　2012

歴史

エレーナ・サヴェーリエヴァ著　小山内道子訳　サハリン・樺太史研究会監修

日本領樺太・千島からソ連領サハリン州へ

一九四五年―一九四七年

A5判上製
192頁
2200円
978-4-86520-014-0

日本領樺太・千島がソ連領サハリン州へ移行する過程は、ソ連時代には半ばタブーであった。公文書館に保存されていた「極秘」文書が一九九二年に公開され、ようやくその全容が知られることになる。民政局によって指導された混乱の一年半を各方面において再現、検証する。　2015

歴史

異郷に生きる

来日ロシア人の足跡

長縄光男、沢田和彦編

A5判上製
274頁
2800円
978-4-915730-29-0

日本にやって来たロシア人たち――その消息の多くは知られていない。かれらは、文学、思想、芸術の分野だけでなく、日常生活の次元において、いかなる痕跡をとどめているのか。数奇な運命を辿った人びとの足跡を追うとともに、かれらが見た日本を浮かび上がらせる。　2001

歴史

異郷に生きるII

来日ロシア人の足跡

中村喜和、長縄光男、長與進編

A5判上製
274頁
2800円
978-4-915730-38-2

数奇な運命を辿ったロシアの人びとの足跡。それは、時代に翻弄されながらも、人としてしたたかに、そして豊かに生きた記録でもある。日本とロシアの草の根における人と人との交流の跡を辿ることで、異郷としての日本をも浮かび上がらせる。好評の第二弾――　2003

歴史

遥かなり、わが故郷

異郷に生きるIII

中村喜和、安井亮平、長縄光男、長與進編

A5判上製
294頁
3000円
978-4-915730-48-1

鎖国時代の日本にやってきたロシアの人や文化。開国後に赴任したペテルブルクで榎本武揚が見たもの。大陸や半島、島嶼で出会うことになる日露の人々と文化の交流。日本とロシアのあいだで交わされた跡を辿ることで、日露交流を多面的に描き出す、好評の第三弾――　2005

歴史

異郷に生きるIV

来日ロシア人の足跡

中村喜和、長縄光男、ポダルコ・ピョートル編

A5判上製
250頁
2600円
978-4-915730-69-6

ポーランド、東シベリア、ウラジヴォストーク、北朝鮮、南米、北米。ロシア、函館、東京、ソ連、そしてキューバ。時代に翻弄され、数奇な運命を辿ることになったロシアの人びと。さまざまな地域、時代における日露交流の記録を掘り起こして好評のシリーズ第四弾――　2008

歴史

異郷に生きるV

来日ロシア人の足跡

中村喜和、長縄光男、ポダルコ・ピョートル編

A5判上製
360頁
3600円
978-4-915730-80-1

幕末の開港とともにやって来て発展したロシア正教会。日露戦争、日露協商、ロシア革命、大陸での日ソの対峙、そして戦後。その間にも多様な形で続けられてきた交流の歴史。さまざまな地域、時期における日露交流の記録を掘り起こして好評のシリーズ第五弾――　2010

歴史

異郷に生きるVI

来日ロシア人の足跡

中村喜和、長縄光男、沢田和彦、ポダルコ・ピョートル編

A5判上製
368頁
3600円
978-4-86520-022-5

近代の歴史の中で、ともすれば反目しがちであった日本とロシア。時代の激浪に流され苦難の道を辿ることになったロシアの人々を暖かく迎え入れた日本の人々。さまざまな地域、さまざまな時期における日露交流の記憶を掘り起こす好評のシリーズ、最新の論集――　2016

歴史

ハプスブルクとハンガリー

H・バラージュ・エーヴァ著　渡邊昭子、岩崎周一訳

四六判上製
416頁
4000円
978-4-915730-39-9

中央ヨーロッパに巨大な版図を誇ったハプスブルク君主国。本書は、その啓蒙絶対主義期について、幅広い見地から詳細かつ精緻に叙述する。君主国内最大の領域を有し、王国という地位を保ち続けたハンガリーから眺めることで、より生き生きと具体的にその実像を描く。　2003

歴史

オーストリアの歴史

R・リケット著　青山孝徳訳

四六判並製
208頁
1942円
978-4-915730-12-2

中欧の核であり、それゆえに幾多の民族の葛藤、類のない統治を経てきたオーストリア。そのケルト人たちが居住した古代から、ハプスブルク帝国の勃興、繁栄、終焉、そして一次、二次共和国を経て現代までを描いた、今まで日本に類書がなかった通史。　1995

歴史

オーストリア現代史 1918―2018

アンドレーアス・ピットラー著　青山孝徳訳

四六判上製
160頁
1600円
978-4-86520-055-3

オーストリア＝ハンガリー君主国が崩壊し、そこに暮らしていた諸民族は、自分たちの民族国家を樹立したり、すでに存在した同一民族の国家に加わったりした。取り残された「オーストリア人」が、自らのアイデンティティを求めて歩んだ共和国一〇〇年の歴史を辿る。　2021

歴史

カール・レンナー 1870―1950

ジークフリート・ナスコ著　青山孝徳訳

四六判上製
208頁
2000円
978-4-86520-013-3

オーストリア＝ハンガリー帝国に生まれ、両大戦間には労働運動、政治の場で生き、そして大戦後のオーストリアを国父として率いたレンナー。本書は、その八十年にわたる生涯を、その時々に国家が直面した問題と、それに対するかれの対応とに言及しながら記述していく。　2015

歴史

カール・レンナー その蹉跌と再生

ジークフリート・ナスコ著　青山孝徳訳

A5判上製
400頁
5000円
978-4-86520-033-1

二つの世界大戦後の混乱の中で二度の共和国樹立者、つねに調和を重んじ、構想力に富み、前向きで思いやりのある政治家。すでにコンパクトながら包括的な伝記のある著者が、本書でより詳細にレンナー八十年の実像に迫る。粘り強くオーストリアを率いた「国父」の肖像。　2019

歴史

カール・レンナー入門

アントーン・ペリンカ著　青山孝徳訳

四六判上製
176頁
1800円
978-4-86520-050-8

オーストリアの「国父」は死後70年の現在も評価と批判が交錯する人物である。オーストリアの抱える「あいまいさ」――ナチから解放された国であるとともに、ナチとともに犯した加害を忘れた国――を作り出したのはレンナーではないか、と著者は鋭く迫る。　2020

歴史

資本主義の世界像

オットー・バウアー著　青山孝徳訳　水田洋 序論

四六判並製
96頁
1000円
978-4-86520-052-2

本書は一九一六年、シベリアの捕虜収容所において、大きな資料的制約の下で執筆された、バウアーの唯一とも言える哲学的著作である。名著『封建的世界像から市民的世界像へ』の著者フランツ・ボルケナウは、自分が重要な示唆を受け取った著作の一つに本書を上げる。　2020

歴史

統制経済と食糧問題

第一次大戦期におけるポズナン市食糧政策

松家仁著

A5判上製
304頁
3200円
978-4-915730-32-0

十八世紀末葉のポーランド分割でドイツに併合されたポズナン。本書は、第一次大戦下、そこで行われた戦時統制経済を具体的に描き出し、分析していく。そこには、民族、階級の問題など、それ以降の統制経済に付き纏うさまざまな負の遺産の萌芽がある——。　2001

歴史

国家建設のイコノグラフィー

ソ連とユーゴの五カ年計画プロパガンダ

亀田真澄著

A5判上製
184頁
2200円
978-4-86520-004-1

ユーゴスラヴィア第一次五カ年計画のプロパガンダは、ソ連の第一次・第二次五カ年計画とはいかに異なる想像力のうえになされていたのか。それぞれのメディアで創りだされる視覚表象を通し、国家が国民をどのようにデザインしていったのかを解明していく。　2014

歴史

彗星と飛行機と幻の祖国と

ミラン・ラスチスラウ・シチェファーニクの生涯

ヤーン・ユリーチェク著　長與進訳

A5判上製
336頁
4000円
978-4-86520-012-6

スロヴァキアの小さな村に生まれ、天文学の道へ。パリ—アルプス—南米—タヒチと世界を巡り、第一次大戦時にはフランス軍でパイロットとして活躍。そして、マサリク、ベネシュとともにチェコスロヴァキア建国に専念していく。その数奇な生涯をたどる。　2015

社会思想

私の社会思想史

マルクス、ゴットシャルヒ、宇野弘蔵等との学問的対話

黒滝正昭著

A5判上製
488頁
4800円
978-4-915730-75-7

「初期マルクス」の思想形成過程から入って、宇野弘蔵、ヒルファーディング等現代社会思想の森林の迷路を旅する。服部文男・ゴットシャルヒの導きで学問的対話の域に達した著者四十五年間の、研究の軌跡と問いかけ。　2009

歴史・思想

ユートピアの鎖

全体主義の歴史経験

小沼堅司著

四六判上製
296頁
2500円
978-4-915730-41-2

マルクス＝レーニン主義のドグマと「万世一党」支配の下で起っていた多くの悲劇。本書は、スターリンとその後の体制がもったメカニズムを明らかにするとともに、ドストエフスキー、ジイド、オーウェルなどいち早くそこに潜む悲劇性を看取した人びとの思想を紹介する。　2003

歴史・思想

A・シュタイン著　倉田稔訳

ヒルファディング伝

ナチズムとボルシェヴィズムに抗して

Ｂ６変並製　１１２頁　１２００円

978-4-915730-00-9

名著『金融資本論』の著者としてだけでなく、社会民主主義を実践し大戦間の大蔵大臣を務めるなど党指導者・政治家として幅広く活躍したヒルファディング。ナチズムによる非業の死で終った彼の生涯を、個人的な思い出とともに盟友が鮮やかに描き尽くす。　１９８８

歴史・思想

倉田稔著

マルクス『資本論』ドイツ語初版

Ｂ６変並製　３６頁　３００円

978-4-915730-18-4

小樽商科大学図書館には、世界でも珍しいリーナ・シェーラー宛マルクス自署献呈本がある。この本が、シェーラーに献呈された経緯と背景、また日本の図書館に入って来ることになった数奇な経緯をエピソードとともに辿る。不朽の名著に関する簡便な説明を付す。　１９９７

歴史

倉田稔著

ハプスブルク・オーストリア・ウィーン

四六判上製　１９２頁　１５００円

978-4-915730-31-3

中央ヨーロッパに永らく君臨したハプスブルク帝国。その居城であったウィーンは、いまでも多くの文化遺産を遺した、歴史に彩られた都である。その地に三年居住した著者が、歴史にとどまらず、多方面から独自の視点でオーストリア、ウィーンを描きだす。　２００１

歴史・思想

倉田稔著

ルードルフ・ヒルファディング研究

四六判上製　２４０頁　２４００円

978-4-915730-85-6

二十世紀前半の激動の時代に、ヒルファディングは初めマルクスに従いながら創造的な研究をし、そしてマルクスを超える視点を見出した。『金融資本論』の著者は、新しい現実をユニークに分析し、とりわけナチズムとソ連体制を冷静に観察し、批判した人物でもある。　２０１１

歴史・思想

倉田稔著

ヨーロッパ　社会思想　小樽

私のなかの歴史

四六判上製　２５６頁　２０００円

978-4-915730-99-3

学問への目覚めから、ヨーロッパを中心とする社会思想史、そして小林多喜二論、日本社会論へと続く、著者の学問的足跡をたどる。『北海道新聞』に連載された記事（２０１１年）に大きく加筆して再構成。また、留学したヨーロッパでの経験を、著者独自の眼差しで描く。　２０１３

歴史・思想

倉田稔著

マルクス主義

四六判並製　１６０頁　１２００円

978-4-86520-002-7

マルクス主義とは何か。その成り立ちから発展、変遷を、歴史上の思想、人物、事象を浮き彫りにしながら辿る。かつ、現代の世界情勢について、マルクス主義の視座から、グローバルにそして歴史を踏まえつつ分け入っていく。今日的課題を考えるときの一つの大きな視点。　２０１４

現代・思想

倉田稔著

日本社会をよくするために

Ｂ６変並製　３２頁　３００円
978-4-86520-026-3

金権政治、選挙、行政、労働それに教育とテーマは幅広く深い。それにも関わらず、平易な文章なので、日本語を母国語としない学習者向け教材にも活用できる程。何よりも著者が自身の考えや知識で教え導くのではなく、読者に寄り添い共に考えてくれる意義深い書物。　２０１８

歴史・思想

Ｎ・Ｋ・ミハイロフスキー著　石川郁男訳

進歩とは何か

Ａ５判上製　２５６頁　４８５４円
978-4-915730-06-1

個人を神聖不可侵とし、個人と人民を労働を媒介として結び付け、社会主義を「共同体的原理による個人的原理の勝利」とする。この思想の出発点が本書でありナロードニキ主義の古典である。その本邦初訳に加え、訳者「生涯と著作」所収。待望の本格的研究。　１９９４

歴史・思想

高野雅之著

ロシア「保守反動」の美学

レオンチエフの生涯と思想

四六判上製　２４０頁　２４００円
978-4-915730-60-3

十九世紀ロシアの特異な人物であり、今日のロシアでブームを呼び起こしているレオンチエフの波乱にみちた生涯を追う。そして思想家としてのかれのなかに、すなわちその政論と歴史哲学のなかに、「美こそすべての基準」という独自の美学的世界観を跡づけていく。　２００７

歴史・思想

浜由樹子著

ユーラシア主義とは何か

四六判上製　３０４頁　３０００円
978-4-915730-78-8

ロシアはヨーロッパでもアジアでもないユーラシアである。ソ連邦崩壊後にロシア内外で注目を集めたこの主張は、一九二〇年代のロシア人亡命者の中から生まれた思想潮流に源を発している。その歴史的起源を解明し、戦間期国際関係史の中への位置づけを図る。　２０１０　◎

歴史・思想

デイヴィド・シンメルペンニンク＝ファン＝デル＝オイェ著　浜由樹子訳

ロシアのオリエンタリズム

ロシアのアジア・イメージ、ピョートル大帝から亡命者まで

Ａ５判上製　３５２頁　４０００円
978-4-86520-000-3

敵か味方か、危険か運命か、他者か自己か。ロシアにとってアジアとは。他のヨーロッパ人よりもはるかに東方に通じていたロシア人が、オリエントをいかに多様な色相で眺めてきたかを検証。ユーラシア史、さらには世界史を考えようとする人には必読の書（杉山正明氏）。　２０１３

歴史・思想

イヴァーノフ＝ラズームニク著　佐野努・佐野洋子訳

ロシア社会思想史　上巻

インテリゲンツィヤによる個人主義のための闘い

Ａ５判上製　６１６頁　７４００円
978-4-915730-97-9

ロシア社会思想史はインテリゲンツィヤによる人格と人間の解放運動史である。ラヂーシェフ、デカブリストから、西欧主義とスラヴ主義を総合してロシア社会主義を創始するゲルツェンを経て、革命的民主主義者チェルヌイシェフスキーへとその旗は受け継がれていく。　２０１３

歴史・思想

ロシア社会思想史 下巻

インテリゲンツィヤによる個人主義のための闘い

イヴァーノフ＝ラズームニク著　佐野努・佐野洋子訳

A5判上製
584頁
7000円

978-4-915730-98-6

人間人格の解放をめざす個人主義のための闘い。倫理的個人主義を高唱したトルストイとドストエフスキー、社会学的個人主義を論証したミハイローフスキー。「大なる社会性」と「絶対なる個人主義」の結合というロシア社会主義の尊い遺訓は次世代の者へと託される。　2013

歴史・文学

監獄と流刑

イヴァーノフ＝ラズームニク回想記

松原広志訳

A5判上製
380頁
5000円

978-4-86520-017-1

帝政ロシアの若き日に逮捕、投獄された著者は、物理学徒からナロードニキ主義の作家・思想家の途へ転じ、その著作で頭角を現す。革命後のロシアでは反革命の嫌疑をかけ続けられ、革命と戦争の激動の時代に三度の投獄・流刑の日々を繰り返した。その壮絶な記録。　2016

歴史・文学

ロシア・インテリゲンツィヤの運命

イヴァーノフ＝ラズームニクと20世紀前半ロシア

松原広志著

A5判上製
312頁
4000円

978-4-86520-032-4

自由と人格の尊厳を求めて文筆活動に携わり、帝政ロシアからスターリンの監獄までを経験、その後ナチス・ドイツの収容所を経て、戦火のヨーロッパ各地を流転。その間、多くの知識人たちと交わした論争を紹介しながら、その流浪の生涯を浮き彫りにしていく。　2019

歴史・思想

ロシアとヨーロッパⅠ

ロシアにおける精神潮流の研究

T・G・マサリク著　石川達夫訳

A5判上製
376頁
4800円

978-4-915730-34-4

第1部「ロシアの歴史哲学と宗教哲学の諸問題」では、ロシア精神を理解するために、ロシア国家の起源から第一次革命に至るまでのロシア史を概観する。第2部「ロシアの歴史哲学と宗教哲学の概略」では、チャアダーエフからゲルツェンまでの思想家たちを検討する。　2002

歴史・思想

ロシアとヨーロッパⅡ

ロシアにおける精神潮流の研究

T・G・マサリク著　石川達夫・長與進訳

A5判上製
512頁
6900円

978-4-915730-35-1

第2部「ロシアの歴史哲学と宗教哲学の概略」（続き）では、バクーニンからミハイローフスキーまでの思想家、反動家、新しい思想潮流を検討。第3部第1編「神権政治対民主主義」では、西欧哲学と比較したロシア哲学の特徴を析出し、ロシアの歴史哲学的分析を行う。　2004

歴史・思想

ロシアとヨーロッパⅢ

ロシアにおける精神潮流の研究

T・G・マサリク著　石川達夫・長與進訳

A5判上製
480頁
6400円

978-4-915730-36-8

第3部第2編「神をめぐる闘い。ドストエフスキー」は、本書全体の核となるドストエフスキー論であり、ドストエフスキーの思想を批判的に分析する。第3編「巨人主義かヒューマニズムか。プーシキンからゴーリキーへ」では、ドストエフスキー以外の作家たちを論じる。　2005

歴史・思想

神話学序説

表現・存在・生活をめぐる哲学

A・F・ローセフ著　大須賀史和訳

四六判上製
322頁
3000円
978-4-915730-54-2

スターリン体制が確立しようとする一九二〇年代後半、ソ連に現れた哲学の巨人ローセフ。革命前「銀の時代」の精神をバックグラウンドに、ギリシア哲学、ロシア正教、宗教哲学、西欧哲学に通暁した著者が、革命の時代に抗いながら提起した哲学的構想の一つ。　2006

歴史・思想

ロシア宗教思想史

御子柴道夫著

四六判上製
304頁
2500円
978-4-915730-37-5

神を論じることは人間を論じること、神を信じることは人間を信じること。ロシア正教一千年の歴史のなかで伝統として蓄積され、今なおその底流に生き続ける思想とはなにか。ビザンチン、ヨーロッパ、ロシアの原資料を渉猟し、対話することで、その思想の本質に迫る。　2003

歴史・思想

ロシア革命と亡命思想家

1900―1946

御子柴道夫編

A5判上製
432頁
4000円
978-4-915730-53-5

革命と戦争の時代を生きたロシアの思想家たちが、その雰囲気を語り、その社会に訴えかけた諸論文を紹介する。その背後には、激しい時代の奔流の中で何かを求めて耳傾けている切迫した顔の聴衆が見える。時代を概観できる詳細な年表、各論文の丁寧な解題を付す。　2006

歴史・文学

名前の哲学

二十世紀ロシア神名論の哲学

セルゲイ・ブルガーコフ著　堀江広行訳

A5判上製
352頁
5000円
978-4-86520-049-2

無神論に対抗して二十世紀初頭に花開いたロシア宗教哲学は、ロシア正教の言語観と神名論に着目した独自の言語哲学を生む。名詞の背後に人間を介した宇宙の発話と、宇宙を介した個人の発話を見て、これら人間によるすべての命名の頂点にある神名の啓示を説く。　2021

歴史・文学

原典によるロシア文学への招待

古代からゴーゴリまで

川崎隆司著

四六判上製
336頁
3200円
978-4-915730-70-2

古代から近代までのロシア文学・思想を、その特異な歴史的背景を解説しながら、それぞれの代表的作品の原典を通して紹介。文学を理解するために一番大切なことはなによりも原典を読むことであるとする著者が、独自の視点で描く。　2008

歴史・文学

白倉克文著

近代ロシア文学の成立と西欧

四六判上製
256頁
3000円
978-4-915730-28-3

カラムジン、ジュコフスキー、プーシキン、ゴーゴリ。ロシア文学の基礎をなし、世界的現象にまで高めたかれらは、いかにして西欧と接し、どのようなものを享受したのか。西欧世界の摂取を通じ、近代の相克そのものを体験せねばならなかったロシアを微細に描きだす。

2001

歴史・文学

白倉克文著

ラジーシチェフからチェーホフへ

ロシア文化の人間性

四六判上製
400頁
4000円
978-4-915730-84-9

十八世紀から二十世紀にかけてのロシア文化が、思想・文学を中心に据えて、絵画や音楽も絡めながら、複合的・重層的に紹介される。そこに通底する身近な者への愛、弱者との共感という感情、そうした人間への眼差しを検証していく。

2011

歴史・文学

ゲーリー・マーカー著　白倉克文訳

ロシア出版文化史

十八世紀の印刷業と知識人

A5判上製
400頁
4800円
978-4-86520-007-2

近代ロシアの出版業はピョートル大帝の主導で端緒が開かれ、十八世紀末には全盛期を迎えた。この百年間で出版業の担い手は次々に移り変わったが、著者はその紆余曲折を、政治・宗教・教育との関係のなかに丹念に検証していく。特異で興味深いロシア社会史。

2014

歴史・文学

M・プリーシヴィン著　太田正一訳

森と水と日の照る夜

セーヴェル民俗紀行

A5変上製
320頁
3107円
978-4-915730-14-6

知られざる大地セーヴェル。その魂の水辺に暮らすのは、泣き女、呪術師、隠者、分離派、世捨て人、そして多くの名もなき人びと…。実存の人、ロシアの自然の歌い手が白夜に記す「愕かざる鳥たちの国」の民俗誌。一九〇六年夏、それは北の原郷への旅から始まった。

1996

自然・文学

M・プリーシヴィン著　太田正一編訳

プリーシヴィンの森の手帖

四六判上製
208頁
2000円
978-4-915730-73-3

ロシアの自然のただ中にいた！　生きとし生けるものをひたすら観察し洞察し表現し、そのなかに自らと同根同種の血を感受する歓び、優しさ、またその厳しさ。生の個性の面白さをとことん愉しみ、また生の孤独の豊かさを味わい尽くす珠玉の掌編。

2009

歴史・文学

太田正一編訳

プリーシヴィンの日記

1914—1917

A5判上製
536頁
6400円
978-4-86520-025-6

本書は、プリーシヴィンが長年に渡って書き続けた詳細かつ厖大な日記のなかで、第一次世界大戦からロシア革命に至る四年間を選び出し編訳したものである。メディアや人びとのうわさ、眼前に見る光景などが描かれ、時代の様相と透徹した眼差しが伝わってくる。

2018

歴史・民俗

中堀正洋著

ロシア民衆挽歌

セーヴェルの葬礼泣き歌

四六判上製
288頁
2800円
978-4-915730-77-1

世界的に見られる葬礼泣き歌を十九世紀ロシアに検証する。天才的泣き女と謳われたフェドソーヴァの泣き歌を中心に、時代とセーヴェル（ロシア北部地方）という特殊な地域の民間伝承、民俗資料を用い、当時の民衆の諸観念と泣き歌との関連を考察していく。

2010

歴史・文学

中村喜和編

イワンのくらし いまむかし

ロシア民衆の世界

四六判上製
272頁
2718円
978-4-915730-09-2

ロシアで「ナロード」と呼ばれる一般の民衆＝イワンたちはどんな生活をしているだろうか？「昔ばなし」「日々のくらし」「人ともの」「植物誌」「旅の記録」。五つの日常生活の視点によってまとめられた記録、論稿が、ロシア民衆の世界を浮かび上がらせる。

1994

文学

V・ベローフ著　中村喜和訳

村の生きものたち

B6判上製
160頁
1500円
978-4-915730-19-1

ひとりで郵便配達をした馬、もらわれていった仔犬に乳をやりにいく母犬、屋根に登ったヤギのこと……。「魚釣りがとりもつ縁」で北ロシアの農村に暮らす動物好きのフェージャと知り合った「私」が、村のさまざまな動物たちの姿を見つめて描く詩情豊かなスケッチ集。

1997

文学

大森雅子著

時空間を打破する ミハイル・ブルガーコフ論

A5判上製
448頁
7500円
978-4-86520-010-2

二十世紀ロシア文学を代表する作家の新たな像の構築を試みる。代表作に共通するモチーフやテーマが、当時のソ連の社会、文化の中でどのように形成され、初期作品から生涯最後の長篇小説『巨匠とマルガリータ』にいかに結実していったのかを明らかにする。

2014

文学

S・ドヴラートフ著　沼野充義訳

わが家の人びと

ドヴラートフ家年代記

四六判上製
224頁
2200円
978-4-915730-20-7

祖父達の逸話に始まり、ドヴラートフ家の多彩な人々の姿を鮮やかに描きながら、アメリカに亡命した作者に息子が生まれるまで、四代にわたる年代記が繰り広げられる。その語りは軽やかで、ユーモアに満ち、どこまで本当か分からないホラ話の呼吸で進んでいく。

1997

文学

S・ドヴラートフ著　ペトロフ＝守屋愛訳　沼野充義解説

かばん

四六判上製
224頁
2200円
978-4-915730-27-6

ソ連からアメリカへ旅行鞄一つで亡命したドヴラートフ。彼がそのかばんをニューヨークで開いたとき、そこに見出したのは、底の抜けた陽気さと温かさ、それでいてちょっぴり悲しいソビエトでの思い出の数々だった。独特のユーモアとアイロニーの作家、本邦第二弾。

2000

文学

古宮路子著

オレーシャ『羨望』草稿研究

人物造形の軌跡

A5判上製
240頁
4000円
978-4-86520-058-4

革命後のロシア文壇に彗星のごとく現れ、わずか10年の活躍ののちにスターリン体制によって窒息させられたユーリー・オレーシャ。無名だった彼を一躍文壇の寵児にした小説『羨望』の草稿を読み解き、作品として形を取るまでのプロセスに肉薄、小説誕生の軌跡に迫る。　2021

文学

竹内恵子著

廃墟のテクスト

亡命詩人ヨシフ・ブロツキイと現代

四六判上製
336頁
3400円
978-4-915730-96-2

ソ連とアメリカ、東西陣営の両端から現代社会をアイロニカルに観察するという経験こそ、戦後の文化的廃墟から出発した彼を世界的詩人へと押し上げていく。ノーベル賞詩人の遺したテクストを読み解く本邦初の本格的研究。「極上の講義を受けている気分」（管啓次郎氏）。　2013

歴史・文学

高橋誠一郎著

ロシアの近代化と若きドストエフスキー

「祖国戦争」からクリミア戦争へ

四六判上製
272頁
2600円
978-4-915730-59-7

祖国戦争から十数年をへて始まりクリミア戦争の時期まで続いたニコライ一世（在位一八二五―五五年）の「暗黒の三〇年」。父親との確執、そして初期作品を詳しく分析することで、ドストエフスキーが「人間の謎」にどのように迫ったのかを明らかにする。　2007

歴史・文学

高橋誠一郎著

黒澤明で「白痴」を読み解く

四六判上製
352頁
2800円
978-4-915730-86-3

「白痴」の方法や意義を深く理解していた黒澤映画を通し、登場人物の関係に注目しつつ「白痴」を具体的に読み直す―。ロシアの「キリスト公爵」とされる主人公ムィシキンの謎に迫るだけでなく、その現代的な意義をも明らかにしていく。　2011

歴史・文学

高橋誠一郎著

黒澤明と小林秀雄

「罪と罰」をめぐる静かなる決闘

四六判上製
304頁
2500円
978-4-86520-005-8

一九五六年十二月、黒澤明と小林秀雄は対談を行ったが、残念ながらその記事が掲載されなかったため、詳細は分かっていない。共にドストエフスキーにこだわり続けた両雄の思考遍歴をたどり、その時代背景を探ることで「対談」の謎に迫る。　2014

歴史・文学

高橋誠一郎著

「罪と罰」の受容と「立憲主義」の危機

北村透谷から島崎藤村へ

四六判上製
224頁
2000円
978-4-86520-031-7

青春時代に「憲法」を獲得した明治の文学者たちの視点で、「憲法」のない帝政ロシアで書かれ、権力と自由の問題に肉薄していた『罪と罰』を読み解き、島崎藤村の『破戒』や『夜明け前』との関連に迫る。さらに、徳富蘇峰と小林秀雄の文学観の危険性に迫る。　2019

文学

長瀬隆著

ドストエフスキーとは何か

四六判上製
448頁
4200円
978-4-915730-67-2

全作品を解明する鍵ドヴォイニーク（二重人、分身）は両義性を有する非合理的な言葉である。唯一絶対神を有りとする非合理な精神はこの一語の存在と深く結びついている。ドストエフスキーの偉大さはこの問題にこだわり、それを究極まで追及したことにある。　2008

文学

木下豊房著

近代日本文学とドストエフスキー

夢と自意識のドラマ

四六判上製
336頁
3301円
978-4-915730-05-4

二×二が四は死の始まりだ。近代合理主義への抵抗と、夢想、空想、自意識のはざまでの葛藤。ポリフォニックに乱舞し、苦悩するドストエフスキーの子供たち。近代日本の作家、詩人に潜在する「ドストエフスキー的問題」に光を当て、創作意識と方法の本質に迫る。　1993

文学

木下豊房著

ドストエフスキー その対話的世界

四六判上製
368頁
3600円
978-4-915730-33-7

現代に生きるドストエフスキー文学の本質を作家の対話的人間観と創作方法の接点から論じる。ロシアと日本の研究史の水脈を踏まえ、創作理念の独創性とその深さに光をあてる。国際化する研究のなかでの成果。他に、興味深いエッセイ多数。　2002

文学

木下宣子著

ロシアの冠毛

A5判上製
112頁
1800円
978-4-915730-43-6

著者は二十世紀末の転換期のロシアを三度にわたって訪問。日本人として、日本の女性として、ロシアをうたった。そこに一貫して流れるのは、混迷する現代ロシアの身近な現実を通して、その行く末を温かく見つめようとする詩人の魂である。精霊に導かれた幻景の旅の詩。　2003

歴史・芸術

イメージのポルカ
スラヴの視覚芸術

近藤昌夫、渡辺聡子、角伸明、大平美智代、加藤純子著

A5判上製 272頁 2800円 978-4-915730-68-9

聖像画イコン、シャガール、カンディンスキーの絵画、ノルシュテイン、シュヴァンクマイエルのアニメ、ペトルーシュカやカシュパーレクなどの喜劇人形——聖と俗の様々な視覚芸術を触媒に、スラヴ世界の共通性とともに民族の個性を追い求める六編を収録。 2008

文学

新編 ヴィーナスの腕

J・サイフェルト詩集　飯島周訳

四六変上製 160頁 1600円 978-4-915730-26-9

詩人の全作品を通じて流れるのは『この世の美しきものすべて』、特に女性の美しさと自由に対するあこがれ、愛と死の織りなす人世模様や不条理を、日常的な言葉で表現しようとする努力である。ノーベル文学賞を受賞したチェコの国民的詩人の本領を伝える新編選集。 2000

文学

チェスワフ・ミウォシュ詩集

関口時正・沼野充義編

四六判上製 208頁 2000円 978-4-915730-87-0

ポーランドで自主管理労組《連帯》の活動が盛り上がりを見せる一九八〇年、亡命先のアメリカでノーベル文学賞を受賞し、一躍世界に名を知られることとなったチェスワフ・ミウォシュ。かれの生誕百年を記念して編まれた訳詩集。 2011

文学

ポケットのなかの東欧文学
ルネッサンスから現代まで

飯島周、小原雅俊編

四六判上製 560頁 5000円 978-4-915730-56-6

隠れた原石が放つもうひとつのヨーロッパの息吹。四十九人の著者による詩、小説、エッセイを一堂に集めたアンソロジー。目を閉じてページをめくると、そこは、どこか懐かしい、それでいて新しい世界。ポケットから語りかける、知られざる名作がここにある。 2006

芸術・文学

ブルーノ・シュルツの世界

加藤有子編

A5判上製 252頁 3000円 978-4-86520-001-0

シュルツの小説は、現在四十ちかくの言語に訳され、世界各地で作家や芸術家にインスピレーションを与えている。そのかれは画業も残した。かれのガラス版画、油彩を収録するほか、作品の翻案と翻訳、作品が各所に与えた影響を論じるエッセイ、論考を集める。 2013

歴史・文学

バッカナリア　酒と文学の饗宴

沓掛良彦・阿部賢一編

四六判上製 384頁 3000円 978-4-915730-90-0

「酒」を愛し、世界の「文学」に通じた十二名の論考による「饗宴」。世界各地の文学作品で言及される酒を、縦横に読解していく。盃を片手に、さらなる読書へと誘うブックガイドも収録。酒を愛し、詩と小説を愛するすべての人に捧げる。 2012

歴史・芸術

石川達夫著

チェコ・ゴシックの輝き

ペストの闇から生まれた中世の光

A5判上製
196頁
3000円
978-4-86520-056-0

不条理な受難をいかに受け止め、理不尽な不幸といかに折り合いをつけるか——チェコがヨーロッパのゴシック文化の中心地のひとつとなった時代はペストが猛威を振るった時代でもあった。建築・美術のみならず文学・音楽も含めたチェコ・ゴシックの全体像を探る。　2021

歴史・文学

暗黒　上巻

18世紀、イエズス会とチェコ・バロックの世界

アロイス・イラーセク著　浦井康男訳

A5判上製
408頁
5400円
978-4-86520-019-5

フスによる宗教改革の後いったんは民族文化の大輪の花を咲かせたものの独立を失い、ハプスブルク家の専制とイエズス会による再カトリック化の中で言語と民族文化が衰退していったチェコ史の暗黒時代。史実を基に周到に創作された、本格的な長編歴史小説。　2016

歴史・文学

暗黒　下巻

18世紀、イエズス会とチェコ・バロックの世界

アロイス・イラーセク著　浦井康男訳

A5判上製
368頁
4600円
978-4-86520-020-1

物語は推理小説並みの面白さや恋愛小説の要素も盛り込みつつ、いよいよ佳境を迎える。隠れフス派への弾圧が最高潮に達した18世紀前半の宗教・文化・社会の渾然一体となった状況が、立場を描き分けられた登場人物たちの交錯により、詳細に描写されていく。　2016

文学

プラハ

ペトル・クラール著　阿部賢一訳

四六判上製
208頁
2000円
978-4-915730-55-9

パリへ亡命した詩人が、故郷プラハを追憶するとき、かつてない都市の姿が浮かび上がってくる。さりげない街の光景に、詩人は、いにしえの都市が発するメッセージを読み取っていく。夢想と現実を行き来しながら、百塔の都プラハの魅力を伝えてくれる珠玉のエッセイ。　2006

歴史・文学

プラハ　カフカの街

エマヌエル・フリンタ著　ヤン・ルカス写真　阿部賢一訳

菊判上製
192頁
2400円
978-4-915730-64-1

プラハ生まれのドイツ語作家フランツ・カフカ。彼のテクストに刻印された都市を、世紀末プラハを知悉する批評家エマヌエル・フリンタが解読していく。世紀転換期における都市の社会・文化的位相の解読を試みる画期的論考。写真家ヤン・ルカスによる写真を多数収録。　2008

芸術・文学

イジー・コラーシュの詩学

阿部賢一著

A5判上製
452頁
8400円
978-4-915730-51-1

チェコに生まれたイジー・コラーシュは「コラージュ」の詩人である。かれはコラージュという芸術手法を造形芸術のみならず、言語芸術においても考察し、体系的に検討した。ファシズムとスターリニズムの時代を生きねばならなかった芸術家の詩学の全貌。　2006

文学

古いシルクハットから出た話

アヴィグドル・ダガン著　阿部賢一他訳

四六判上製
176頁
1600円
978-4-915730-63-4

世界各地を転々とした外交官が〈古いシルクハット〉を回すとき、都市の記憶が数々の逸話とともに想い起こされる。様々な都市と様々な人間模様——。プラハに育ち、イスラエルの外交官として活躍したチェコ語作家アヴィグドル・ダガンが綴る晩年の代表的な短編集。

2008

歴史・建築

ベドジフ・フォイエルシュタインと日本

ヘレナ・チャプコヴァー著　阿部賢一訳

A5判上製
296頁
4000円
978-4-86520-053-9

プラハで『ロボット』の舞台美術を手がけ、東京で聖路加国際病院の設計にも加わった、チェコの建築家・美術家フォイエルシュタインの作品と生涯を辿る。日本のモダニズム建築への貢献、チェコでのジャポニスムの実践と流布など、知られざる芸術交流をも明らかにする。

2021

文学

ミラン・クンデラにおけるナルシスの悲喜劇

ローベル柊子著

四六判上製
264頁
2600円
978-4-86520-027-0

クンデラは、自らのどの小説においてもナルシス的な登場人物の物語を描き、人間全般にかかわる根幹的な事柄として、現代のメディア社会が抱える問題の特殊性にも着目しつつ、考察している。本書はクンデラの小説をこのナルシシズムのテーマに沿って読み解いていく。

2018

文学

アレクサンドレ・カズベギ作品選

三輪智恵子訳　ダヴィド・ゴギナシュヴィリ解説

四六判上製
288頁
3000円
978-4-86520-023-2

ジョージア（旧グルジア）の古典的著名作家の本邦初訳作品選。グルジア出身のスターリンもよく読んでいたことが知られている。ジョージア人の慣習や気質に触れつつ、ロシアに併合された時代の民衆の苦しい生活を描いた作品が多い。四つの代表的短編を訳出。

2017

文学

イヴァン・ツァンカル作品選

イヴァン・ゴドレール、佐々木とも子訳　鈴木啓世画

四六判上製
176頁
1600円
978-4-915730-65-8

四十年間働き続けたあなたの物語——労働と刻苦の末、いまや安らかな老後を迎えるばかりのひとりの農夫。しかし彼の目の前に突き出されたのはあまりにも意外な報酬だった。スロヴェニア文学の巨匠が描く豊かな抒情性と鋭い批判精神に満ちた代表作他一編。

2008

文学

慈悲の聖母病棟

イヴァン・ツァンカル著　佐々木とも子、イヴァン・ゴドレール訳　鈴木啓世画

四六判上製
208頁
2000円
978-4-915730-89-4

町を見下ろす丘の上に佇む慈悲の聖母会修道院——その附属病棟の一室に十四人の少女たちがベッドを並べている。丘の下の俗世を逃れたアルカディアのような世界で四季は夢見るように移り変わり、少女たちの静謐な日々が流れていくが……。

2011

文学

工藤左千夫著

新版 ファンタジー文学の世界へ

主観の哲学のために

四六判上製
160頁
1600円
978-4-915730-42-9

ファンタジーは現代への警鐘の文学であるとする著者が、J・R・R・トールキン、C・S・ルイス、フィリパ・ピアス、神沢利子、M・エンデ、プロイスラー、宮沢賢治、ル・グウィンなどの東西の著名な作品を読み解き、そのなかで、主観の哲学獲得のための糸口を探る。 2003

文学

工藤左千夫著

すてきな絵本にであえたら

絵本児童文学基礎講座Ⅰ

四六判並製
192頁
1600円
978-4-915730-46-7

小樽の絵本・児童文学研究センターで長年にわたって開講され、好評を得ている基礎講座の待望の活字化。第一巻の本巻は、就学前の児童にどのような絵本を、どのように読み聞かせたらよいのかを解説する。母親が子どもと一緒に学んでいくための必携、必読の書。 2004

文学

工藤左千夫著

本とすてきにであえたら

絵本児童文学基礎講座Ⅱ

四六判並製
200頁
1600円
978-4-915730-66-5

絵本・児童文学研究センター基礎講座の第二弾。本巻は、就学後の児童にどのような本を与えたらよいのかを解説する。情操の必要性、第二次反抗期と秘密、社会性の意味、自尊の必要性など、子どもの成長に合わせ、そして自己実現へ向けた本との出会いを考えていく。 2008

文学

工藤直子、斎藤惇夫、藤田のぼる、工藤左千夫、中澤千磨夫著

だから子どもの本が好き

四六判上製
176頁
1600円
978-4-915730-61-0

私は何故子どもの本が好きか、何故子どもと子どもの本にかかわるのか、子どもの本とは何か——。五人の著者たちが、多くの聴衆を前に、この難問に悪戦苦闘し、それぞれの立場、それぞれの方法で、だから子どもの本が好き!、と答えようとした記録。 2007

文学

南裕介著

シベリアから還ってきたスパイ

四六判上製
340頁
1600円
978-4-915730-50-4

敗戦後シベリアに抑留され、ソ連によってスパイに仕立てられた日本人。帰国したかれらを追う米進駐軍の諜報機関、その諜報機関の爆破を企む反米過激派組織。戦後まもなく日本で起きたスパイ事件をもとに、敗戦後の日本の挫折と復活というテーマを独自のタッチで描く。 2005

国際理解

横浜国立大学留学生センター編

国際日本学入門

トランスナショナルへの12章

四六判上製
232頁
2200円
978-4-915730-72-6

横浜国立大学で六十数カ国の留学生と日本人学生がともに受講することのできる「国際理解」科目の人気講義をもとに執筆された論文集。対峙する複数の目＝「鏡」に映り、照らし合う認識。それが相互に作用し合う形で、「日本」を考える。 2009

哲学

佐藤正衛著

素朴に生きる

大森荘蔵の哲学と人類の道

四六判上製
256頁
2400円
978-4-915730-74-0

大森哲学の地平から生を問う！　戦後わが国の最高の知性の一人である大森荘蔵と正面からとり組んだ初めての書。大森が哲学的に明らかにした人間経験の根本的事実を、人類の発生とともに古い歴史をもつ狩猟採集文化の時代にまでさかのぼって検証する。 2009

芸術

マイヤ・コバヒゼ著　鍋谷真理子訳

ロシアの演劇教育

A5判上製
228頁
2000円
978-4-86520-021-8

ロシアの演劇、演劇教育は、ロシア文化と切っても切り離せない重要な要素であり、独自の貢献をしている。ロシアの舞台芸術に長く関わってきた著者が、劇場、演劇教育機関、その俳優教育メソッドを紹介し、ロシアの演劇教育の真髄に迫る。 2016

語学

宮崎千穂、エルムロドフ・エルドルジョン著

調査・実務・旅行のためのウズベク語会話

ロシア語付き

A5判並製
196頁
2000円
978-4-86520-029-4

勤務先の大学で学外活動をウズベキスタンにおいて実施する科目を担当する著者が、現地での調査や講義、学生交流、ホームステイ時に学生たちの意思疎通の助けとなるよう、本書を企画。初学者から上級者まで、実際の会話の中で使えるウズベク語会話集。 2018

歴史・思想

石川達夫著

マサリクとチェコの精神

アイデンティティと自律性を求めて

A5判上製
310頁
3800円
978-4-915730-10-8

マサリクの思想が養分を吸い取り、根を下ろす土壌となったチェコの精神史とはいかなるものであり、彼はそれをいかに見て何を汲み取ったのか？　宗教改革から現代までのチェコ精神史をマサリクの思想を織糸として読み解く。サントリー学芸賞・木村彰一賞同時受賞。　1995

歴史・文学

カレル・チャペック著　石川達夫訳

マサリクとの対話

哲人大統領の生涯と思想

A5判上製
344頁
3800円
978-4-915730-03-0

チェコスロヴァキアを建国させ、両大戦間の時代に奇跡的な繁栄と民主主義を現出させた哲人大統領の生涯と思想を、「ロボット」の造語で知られるチャペックが描いた大ベストセラー。伝記文学の傑作として名高い原著に、詳細な訳注をつけ初訳。各紙誌絶賛。　1993

チャペック小説選集

珠玉の作品を選んで編んだ本邦初の小説集

【全6巻】

子どもの頃に出会って、生涯忘れることのない作家。今なお世界中で読み継がれている、チェコが生んだ最高の才人。そして「ロボット」の造語で知られるカレル・チャペック。文学史上名高い哲学三部作を含む珠玉の作品を選んで、作家の本領を伝える。

文学

K・チャペック著　石川達夫訳

①受難像

四六判上製
200頁
1942円
978-4-915730-13-9

人間が出会う、謎めいた現実。その前に立たされた人間の当惑、真実を探りつつもつかめない人間の苦悩を描いた13編の哲学的・幻想的短編集。真実とは何か、人間はいかにして真実に至りうるかというテーマを追求した、実験的な傑作。

1995

文学

K・チャペック著　石川達夫訳

②苦悩に満ちた物語

四六判上製
184頁
1942円
978-4-915730-17-7

妻の不貞の結果生まれた娘を心底愛していた父は笑われるべきか？ 外的な状況からはつかめない人間の内的な真実や、ジレンマに立たされ、相対的な真実の中で決定的な決断を下せない人間の苦悩などを描いた9編の中短編集。

1996

文学

K・チャペック著　飯島周訳

③ホルドゥバル

四六判上製
216頁
2136円
978-4-915730-11-5

アメリカでの出稼ぎから帰ってくると、家には若い男が住み込んでいて、妻も娘もよそよそしい……。献身的な愛に生きて悲劇的な最期を遂げた男の運命を描きながら、真実の測り難さと認識の多様性というテーマを展開した3部作の第1作。

1995

文学

K・チャペック著　飯島周訳

④流れ星

四六判上製
228頁
2233円
978-4-915730-15-3

飛行機事故のために瀕死の状態で病院に運び込まれた身元不明の患者X。看護婦、超能力者、詩人それぞれがこの男の人生を推理し、様々な展開をもつ物語とする。一人の人間の運命を多角的に捉えようとした作品であり、3部作の第2作。

1996

文学

K・チャペック著　飯島周訳

⑤平凡な人生

四六判上製
224頁
2300円
978-4-915730-21-4

「平凡な人間の一生も記録されるべきだ」と考えた一人の男の自伝。その記録をもとに試みられる人生の様々な岐路での選択の可能性の検証。3部作の最後の作品であり、哲学的な相対性と、それに基づく人間理解の可能性の認知に至る。

1997

文学

K・チャペック著　石川達夫訳

⑥外典

四六判上製
240頁
2400円
978-4-915730-22-1

聖書、神話、古典文学、史実などに題材をとり、見逃されていた現実を明るみに出そうとするアイロニーとウィットに満ちた29編の短編集。絶対的な真実の強制と現実の一面的な理解に対して、各人の真実の相対性と現実の多面性を示す。

1997

は行

ま行

や行

ら行

わ行

書名索引

＊は現在品切れです。

な部分だったことがわかる。建物本体についても、構想の輝きを否定しようがない。その輝きがあまりにもはっきりしているので、一目見て印象的なものが本当に堅固かどうか疑って、細部を無視しそうになる。しかし、エルラッハの熟達の度合を理解するには、〔掲載した〕カール教会の写真を、ほんのちょっと見るだけで十分である。[*3] 彼は戸惑いを覚えるほど入念な仕上げの基礎として、二つの鐘楼の絶妙なバランスを創り上げることができた。バロックの欺瞞性についてあれこれいわれるとき、このことを想い起こすべきである――〔批判では〕見せかけだけで空っぽであるとか、正面は堂々としているけれども、その均衡と律動は構造上の必要性を満たすよりも建築家の気まぐれに委ねられているとか、あるいは光の入らない窓やどこにも通じない出入り口といった類とかが欺瞞的であるとされる。

この批判は建築のデカダンスを示唆するかのようであり、実際に仄めかしている。けれども、エルラッハの場合には精神のデカダンスを意味しない。というのは、彼の考えでは、正面こそすべてであり、見かけが、内側からと外側からの見かけが枢要だったからである。構造をむき出しにした鉄鋼の骨組みをおおう精神とは別物である。それは無能を認めたにすぎない、つまり過去を模倣せざるをえず、手元にある使いやすい手段を用いることにしただけである。バロックの光の入らない窓はけっして無意味ではない。建築上は正当とはいえないかもしれないが、すでに主張してきたように、ウィーン・バロックの設計者たちは並みの理解に従う建築家ではない。新しい型の人間であり、彫刻家、建築家、室内装飾家をすべて一人で兼ねている。彼らは、必要とされる建物にできるかぎり優れた調和を与えるという決ま

＊3　写真は「後景」扉ページを参照。

りに縛られることなく、逆に必要な設計を試みる口実に建物を利用した。しかし、彼らも建築の伝統的感覚を十分に備え、自分たちの幻想を建物の実際の使用目的に驚くばかりにうまく適応させていった。彼らは（所有者の考える）建物の目的が妨げられないかぎり、自分たちの導きの星に従う自由があると割り切って考えていた。

相違は、外観の均整のために窓をなくした部屋と、同じ目的のためによけいな窓をつけた部屋との相違である。

我々はフィッシャー・フォン・エルラッハについて十分に考察し、彼の成し遂げた仕事の範囲をそれなりに理解した。少し注意深く眺めたいくつかの作品は、さまざまな側面にわたる彼の才能を示しており、同時にバロックの意味を十分に明らかにしている。彼の作品全部を振り返ることはとても時間のかかる作業となろうし、この本の性質上、聖俗合せた壮大な建物のカタログに変ってしまうだろう。しかもウィーンの外にも出てゆかなければならなくなる。我々はエルラッハについて長々と語り、ヒルデブラントや彼よりも重要度の低い同業者たちについてはわずかしか、あるいは、まったくふれることがなかった。これは美の観点からいうと、エルラッハのどの作品にも匹敵する傑作を造り出したヒルデブラントに対して公正を欠く。ただ、歴史的には仕方がない。始めたのはフィッシャー・フォン・エルラッハであり、彼の作品のほうが数の上でもはるかに多いし、彼こそが、ヒルデブラントの助力・示唆を受けながらウィーンの相貌を変えたからである。他にも有名でないだけの人々がいた。だからこそ、エルラッハが一八世紀初め［一七二三年］に亡くなったのちも長く、ウィーンでは美しい建物が建設されつづけたのである。バロックはロココに矮小化されたとはいえ、はるか後年になってもなお、本来の精神が死んではいなかったしるしが見られた。この様式が途方もなくオーストリアに浸透していた例として、グラーベンから少し入ったペーター教会——すでに一瞥した——に立ち戻ってみるとよい。灰色の大理石でできた柱廊玄関が見える。どう見ても、エルラッハのオリジナルの設計に含まれていたように思われるけれども、そうではない。この建築家が亡くなってはるかのちに加えられたものである。教会の建物と完全に調和して、バロックの自然さを雄弁に物語っている。入口を設計したのがイタリア人のアンドレア・アルトモンテであることは、さして問題にならない。

ルーカス・フォン・ヒルデブラントの傑作はベルヴェデーレ宮殿である。カール教会のかなたの丘に立っていて旧市街からははずれている。市壁の撤去により建設が可能になった建物のひとつで、この土地をヒルデブラント以上にうまく活用した建築家はいない。ここがウィーンじゅうでもっとも魅力的な宮殿であることは疑いなく、かぎりなく豪勢でありながら、かぎりなく優雅である。エルラッハであれば、これに匹敵するものを造りえたことも疑いない——ただ、エルラッハは質量に着目するので、ヒルデブラントの妖精のような軽やかさを打ち出すことはなかったであろう。威厳と気取りのなさを合体させるヒルデブラントの才能がここに美しく示されている。この処女地に壮大な建築工事を行う好機をものにしたのはヒルデブラントだった。エルラッハは先輩建築家として王宮の改造や拡張に忙しく、しかもそこではさまざまな気遣いをせねばならず、制約も多かった。エルラッハは貴族のために数多くの宮殿を建設したが、ベルヴェデーレ宮殿のようなものには、注文主として皇族の存在が欠かせなかった。ハプスブルク家はヴェルサイユ宮殿をうらやんでおり、そこでシェーンブルンの新しい夏の宮殿を設計するという最大の機会がエルラッハに与えられた。だが、建設は延期され、彼の計画は日の目を見ずに終った。現在のシェーンブルンは、マリア・テレジアの命で、すでに盛りを過ぎていたパカッシという名のイタリア人により造営されたものである。こうしてウィーンにヒルデブラントの傑作が残った。しかも、大規模な邸宅様式とでも呼ばれるものとは明確に区分された宮殿様式でバロックの傑作である。

ベルヴェデーレ宮殿はサヴォアのオイゲン公によって夏の宮殿として建てられたものであり、冬の宮殿のほうがヒメルプフォルト・ガッセにあることは、すでに見たとおりである。だが、オイゲン公が亡くなったとき、ハプスブルク家が乗り出して［ベルヴェデーレ］宮殿を購入した。おそらく、あまりに堂々としていて、臣下である他の貴族の館にはできないと考えたのであろう。なんといってもサヴォア家には、ある種の自由が許容されねばならなかった。同家は権勢を誇る古くからの家系で、まったく独立しており、みずからが護持する大義の守護者として振舞うことが多かった。少し前にはオイゲン公自身が、ソビエスキによってウィーンから退却を余儀なくされたトルコ軍に手痛い打撃を与えていた。オイゲン公は皇帝の信が厚かった。他の貴族が宮殿を購入・維持できたとしても、そこに住まうとなるとまったく話は別だった。いずれにしても、王宮でハプスブルク家の者が相談して（そんなことが本当にあったとして）買い取ることになったと想像するのは楽しいことである。購入後は、あたりさわりのない宮殿にして、長年、主にハプスブルク家の絵画やその他の美術品の収蔵に利用された。のちにハプスブルク家の主だった者たちが上宮に居住するようになった。そしてまさにこの輝かしい宮殿から、運命的な大公［皇位継承者］であるフランツ・フェルディナントが妻のゾフィー・ホテクとともに出発してサラエヴォへ向かい、セルビア国境地帯での軍事演習の指揮を執った。それ以来、だれも住むことがない。何よりも、他民族と接する国境地帯で軍事演習を企画した者たちの記念碑として立っている。

＊　＊　＊　＊

我々は純粋芸術の栄光について思いめぐらしているうちに、ややハプスブルク家のことを忘れていた。彼らは健在であった。フィシャー・フォン・エルラッハにしても、帝室に認められて初めて一流の建築家になることができた。彼が仕えた皇帝はレーオポルト一世とヨーゼフ一世である。皇帝はいまだオーストリアで至高の存在であったし、その後もさらに二世紀にわたりその地位にとどまることになるが、急速に活力が高まり始めるこの時期、我々が皇帝を忘れていたのは単なる偶然ではない。ベルヴェデーレ宮殿が完成したのは一七二〇年である。中世以来変ることなく一七世紀末まで、ウィーンの生活は王宮を中心に営まれてきた。禍も福もすべて王宮からやって来た。フェルディナント三世の死とともに新しい段階が始まる。想像しうるかぎり微妙で穏やかな精神革命である。その象徴となるのが、ほかならぬベルヴェデーレ宮殿であるとはいえ、大きな変化が目に見えてくるのは、宮殿が五〇年ほど存続してからのことであった。文化的・政治的統制の分散化がまさに起きて進行しようとしており、それはまた迫りくる衰頽と密接にかかわっていたのだが、この宮殿はそうしたことの前兆と見ることができそうである。ベルヴェデーレ宮殿は壮大な宮殿であり、貴族の権勢と保護の力をみせつけるものであって、旧市街を見晴し、建てたのは異国の家系の当主である。こうした貴族の一門の興隆は、ウィーンにまったく別の相貌を、つまり今日我々にはなじみの相貌をもたらした。これ以降、文化の歩調を整えたのは彼らであり、皇帝に意見し、苦情をいい、あるいは導いたのも彼らであった。フェルディナント二世の時にハプスブルク家がヴァレンシュタイン家やティリー家の天才的戦士たちに支援を求めたことが知られている。彼らは皇帝に雇われ、臣従した。皇帝はもはや戦場でみずから指揮する能力をもたなかった。レーオポルト一世になると、さらに一歩進んだ著しい変化が起きた。報酬で雇われた顧問たちが、皇帝の政策を、その執行にとどまらず立案もするようになり、さらには干渉したりゆがめたりした。顧問たちは急速に権力を増大させたが、けっして最高権力者になることはなかった。カウニッツ[*4]のような強力な者たちがきびしい牽制を受ける一方、エーレンタール[*5]のような軟弱な者たちが、自分たちがなんの貢献をしたわけでもない権力機構を瓦解させるに十分な力をもっていた。もちろん、革命が首尾よく完遂されることはけっしてなかった。ハプスブルク家は内閣制度を興したにもかかわらず、［英国の］ハノーヴァー家とちがって最終決定権を手元に残し、その権限を行使した。混乱は生じて当然である。一九世紀になっても外務大臣が朝の新聞で、皇帝が極めて重要な決定を自分に諮ることなく、しかも今まで熟慮を重ねてきた大臣の政策すべてを覆すような決定を下したことを知ることもありえた。しかし、皇帝は大臣の上奏を気の向くままに承認したり拒否したりということはありえたものの、大臣たちはそのまま自分たちの政策を推し進めた。もはや、オーストリアは王宮を指さして「あそこが、良きにつけ悪しきにつけ、この国で起きるありとあらゆることの唯一の源泉である」と言うことはできなくなった。この過程は、まさしくひとつの革命である。革命はレーオポルト一世とともに始まった。

この貴紳自身の性格が革命の進行を促進したかもしれない。彼は時に「大帝」と呼ばれたけれども、その理由は理解しづらい。彼の容姿を見ても、たいして理解に役立たない。コックスによれば、レーオポルトは「虚弱で病気がちの体質、背が低く、鉛色の顔、顔つきは平凡で、オーストリア風の分厚い下唇がきわだっている。足取りは堂々として、ゆっくりで着実。物思いに沈んだ雰囲気で、話し方は不器用、態度はぎこちなく、気質は冷たく粘液質である。スペインの衣服と習慣、礼儀作法に愛着を覚え、ふだん人前に現れるのに黒地のコートをまとい、大きな金羊毛勲章で飾り、真紅のストッキングをはき、真紅の羽飾りのついたスペイン帽を被っていた」。かかとの高い靴を履いていたかどうかは不明である。レーオポルトを十分に評価するには、レリーフに描かれた肖像を見る必要がある。彼は危なげではあるが勝ち誇ったような態度で、後脚で立ち上がった馬にまたがり、月桂樹の冠を被って、足に金のすね当てをつけ、ローマ模様の金の鎖帷子を腹の突き出た体にまとっている。これが輝かしいオーストリアの再生を開始した人物であった。あるいはレーオポルトが偉大なのは、トルコ人を最終的にヨーロッパから駆逐した栄誉を担うからかもしれない。他方、トルコ人がウィーンに到達したこと自体、彼あるいは彼の大臣の責任である。またレーオポルトは、トルコ人がウィーンから撤退するのをその場にいて自分の目で確かめなかった。彼は不名誉なことにウィーンをその運命に任せて地方に引きこもり、そこで、自分の将軍たちがポーランドの王に支援されてウィーンを自分のためにかろうじて救ったことを、驚き困惑しながら聞いたのであった。彼は冷ややかな喝采のなかをウィーンに戻り、ヤン・ソビエスキが民

＊4　ヴェンツェル・アントーン・フォン・カウニッツ＝リートベルク（一七一一―一七九四）、マリア・テレジア、ヨーゼフ二世の下で宰相を務めた。
＊5　アーロイス・レクサ・フォン・エーレンタール（一八五四―一九一二）、オーストリア＝ハンガリー帝国外相を務めた。一九〇八年にボスニア＝ヘルツェゴヴィナの併合を行い、バルカン半島の緊張を招いた。

衆だけでなく貴族にもウィーンの奪還者として歓迎されているのを目にした。しかし「冷たい粘液性の気質」のために、この救済者を王宮に招く気にならなかったようである。その代りに、いつもの黒衣を身にまとい、戦いのあった場所まで馬で駆けて、何か紋切り型の言葉をかけた。ただの将軍が一兵士に勲章を授けるかのような風情であった。

聖職者になるはずだったレーオポルトは隠遁者のように暮らしていたが、フランスのルイ一四世を抑えて［神聖ローマ帝国］皇帝に選ばれていた。ルイ一四世はその後、スペイン継承戦争でレーオポルトの不倶戴天の敵になる。このレーオポルトが紛れもなく近代ハプスブルク家の最初の人間として登場する。宮廷で彼は、二〇世紀までつづくことになる気風を創り出した。厳格な形式主義、陰鬱なスペイン的雰囲気、廷臣志願者の盾の紋章区分が一六であることの要求[*6]、他方で、貧者に対しては痛ましいほど人目を気にする態度、身分の非常に低い臣下にも拝謁を許すこと等々である。こうしたことはすべて、両極端に力点が置かれる不自然な社会に帰結した。高度に特権化された上流貴族と封建制下で甘やかされる最下層身分である。周知のように健全な国の背骨である多数派の中産階級となるべきものは一顧だにされず、オーストリアではその形成が阻まれて、ほとんど存在しなかった。貴族に生まれて支配する側に立つか、貧民に生まれてけっこうな施しを受けるかしかなかったのである。ブルジョアは存在しなかった――もっとものちになって、官吏という広範囲に及ぶ階層が生まれた。万事がフランツ・ヨーゼフのころとよく似ている。レーオポルトの「冷たい粘液性の気質」は、気紛れに珍しくみせるいたわりの調子と時折示される抜け目なさで和らげられ（この篤信のカトリック教徒は、ひいきにしているイエズス会士たちを、将来の皇帝たるべき者にふさわしい教師として認可することを拒んだ）、同時に世論への敏感な配慮は、生まれつき原則づくめの、やや性格の弱い人物の行動をひどく複雑なものにした。こうしたことがすべて、ハプスブルク家の最後の偉大な人物［フランツ・ヨーゼフ］において再生される。

王宮の時代は終った。ウィーンはもはや要塞ではない。ハプスブルク家の強化という大義はもはや自明の事柄ではない。他の要因が生まれ、他の方法が求められた。その第一は、北ドイツの新興国で、三十年戦争終結を記すウェストファリア和約から生まれたプロイセン・ブランデンブルクである。レーオポルトと後継者のヨーゼフ一世、さらにその後継者のカール六世はスペイン継承問題をめぐって主としてフランスと対抗し、この闘いは熾烈を極めた。それにしても駆け引きは、いかに旧い家系であろうとも、一族の世襲の当主がまったく単独で行うには複雑すぎる様相を呈しつつあった。このスペインをめぐる争いについては、すでに研究書の類も出ている。オーストリア皇帝家はスペインを失い、ネーデルラントを獲得したものの、ネーデルラントは財産というよりも困惑の種となるものであった。もしスペインを獲得していたとしても、当時、はたしてどのように役立ったであろうか。英国とフランス、オーストリアは、もはや自分たちだけでヨーロッパの版図を思いのままにすることはできなかった。勢力均衡は初等数学の域をすでに超えていた。ウィーンが栄光の頂点に達したまさにその時、ひとりの男とひとりの女が生まれ、思いがけないこのふたりの人物こそ、ほかの誰よりもウィーンの没落を引き起こすことになる。男はプロイセンのフリードリヒ大王で、一七一二年、ベルリンに生れた。女はロシアのエカチェリーナ大帝［二世］で一七二九年、シュテティーン［現在は、ポーランドのシチェツィン］でドイツ

＊6　盾に描かれる組み合わせ紋が最低一六個ある上級貴族であること。

の王女として生まれた。そして何か不思議な定めによるものなのか、ハプスブルクの家系はこの時、ふたりに対抗すべく、何代にもわたる治世でも例を見ない才能の持ち主を生み出した。このマリア・テレジアは天才というわけではないのに、たった一人で二人に対抗することになった。さらにいえば、フリードリヒとエカチェリーナは獲得しようとするものばかりで、失うものは何もなく、それぞれ一意専心、がむしゃらに突き進み、その若々しい力が阻まれたときにだけ協力しあった。新しい酒が旧いヨーロッパの皮袋に盛られた。どのような結果になったであろうか。

一八世紀初頭のハプスブルク家がぜひとも手中にしたいと思ったスペインではあるが、同国はオーストリアのハプスブルク家を助けることにはならなかったであろう。したがって、大規模なスペイン継承戦争［一七〇一―一七一四］は少々愚かしいものに映らざるをえない。戦争はブレンハイムやマルプラケの戦いで英国の諸連隊に誇らしい戦績を数多くもたらした。ヨーロッパの老いぼれた大物たちは、何をするでもなく昔からの暇つぶしの駆け引きにふけるばかりで、騒々しく粗野な新しい世代が、そうした駆け引きをご破算にしようとしていることに気づかなかった。

こうした事態は、レーオポルト一世にはまったくわかっていなかった。どうしてわかろうか。ヨーゼフ一世にもカール六世にもわかっていなかった。だが、優れた女性で賢く先見の明あるマリア・テレジアは、あらゆる類の不安に苛まれていた。彼女の治世はふつう、もっとも栄光に満ちたものとみなされており、実際、栄光に満ちていた。しかし、本人は失望にとらわれた女性であった。何が悪いのか、明確に理解していなかったとしても、機敏で鋭敏だった彼女は、どこかで何かの具合がまったく悪いことに確信をもっていた。まさにこの時、英国と同じように彼女はたえず平和を維持しようと努めながら、その努力が及ばず自国の名誉を失い、結局のところ、（ここからは英国とちがって）ただ悲惨な戦争に次々と巻き込まれていった。災難を告げる虫の知らせを覚えつつ、彼女の全生涯は、どこから襲いかかるかわからない危険に常に身構える努力に費やされた。敬虔このうえないカトリック教徒でありながら、より大きな利益のためにイエズス会を抑圧し、オーストリアの教会が直接にローマ教皇庁と連絡を取ることを禁止した。また、神聖ローマ帝国が今やあざけりの対象でしかないことを悟り、彼女は世襲の領地に目を向けて、庶民をほどよく教育することが、この多言語の領土を融合し、忠誠と共感にあふれる統一体にする手助けとなることを願った――ただその結果は、口の利けなかった者がはっきりとしたことを語り出し、ピグマリオン［のような思い入れの強い君主］をさんざん罵倒することになっただけであった。いつでも何にでも手を出しかねない息子で後継者のヨーゼフ二世がもつ愚かで世俗的な楽観を、彼女はまったく持ち合せていなかった。マリア・テレジアの精力の多くは、ヨーゼフに外交面の裏取引を思いとどまらせることに費やされた。彼女の治世の政策全般は、息子のヨーゼフと大物宰相カウニッツ、そして彼女自身を加えた三者の緊張関係の結果であり、こうした状態は彼女にとってたいそうおぞましいものに思われた。彼女が憂慮したのは世襲領の風紀にとどまらず、その防衛だった。ヨーゼフはウィーンの外側の環状要塞を取り壊すことを望んだ。花開くバロックの土地を確保するため中世の内側の市壁を取り払った際に構築されたものである。母は息子のいうことを聞こうとしなかった。彼女は心配であった。トルコ人が戻ってくることを恐れ、あるいはそう口にした。前回のトルコ人の出現が頭から去らなかった。もっとも、トルコ人はふたたび戻っては来なかった。ひょっとして彼女は、戻ってくるとはまったく考えていなかったかもしれない。だが、プロイセン人がやって来たし、フランス人がやって来た。市壁を壊さないとした彼女が正しかった——けれども正しかったとわかっても、何たる屈辱であったろう。七〇年前［一六八三年］、ルイ一四世がパリ市壁の外に建設した新宮殿の敷地内で怠惰に暮らしていたころ、レーオポルト一世は陥落を見越してウィーンを逃げ出さねばならなかった。今やっと、目に映るかぎりすべて治まり、ウィーンがヨーロッパ文化の中心となり、郊外にみずからのヴェルサイユ［シェーンブルン］をちょうど完成させて、ヨーロッパ大陸の半分を制しているというのに、ウィーンは不安を拭えなかった。それは奇妙な状況であった。

ウィーンはけっして安全ではなかった。これがウィーン文化の生まれた時の華々しさとその浅薄さを説明する。他のヨーロッパ諸都市に一世紀ほど遅れてウィーンはようやく腰をあげ、［中世の］市壁を打ち壊した。一七世紀を五〇年ほどの期間で済ませ、その期間の大部分はよその一八世紀と重なっている。ウィーンの一八世紀が始まったのはヨーロッパの他の地域で一八世紀がほぼ終りに近づいたころであり、一九世紀にずれ込んでつづいて、実に、この一八世紀が永遠につづいている。というのは、今日のウィーンは激しい変化にもかかわらず、相変らずマリア・テレジア時代のウィーンだからであり、言葉を変えれば、かの時代の華麗さをほのかに映し出しているからである。一七八九年、フランスで革命が勃発した。ほぼ同時期の英国では産業革命が始まっていた。ウィーンは当時、生きることの素晴らしさに浸っていた。ウィーンに文化があまりに遅れて到来したので、フランスと英国の疲労困憊から生まれて広がった精神が、ただちに影響を及ぼすことはなかった。ウィーンはまだ若々しかったのである。そして疲労がウィーンを見舞ったとき、新しい方向（たとえまちがっていたとしても）を指し示す唯物的な熱狂と信条の当初の騒々しさは、もうあたりから消えてなくなっていた。ウィーンは存続し、疲労が増して幻滅にとらわれた。新時代の精神が隣国にもたらしつつあった苦境を横目に、当然のこととして、その苦境を避けようとしながらも、別の道を見出す活力をもたず、自分のうちに引きこもり、自分の衰えゆく美貌を保つことに空しくいそしんだ。とはいえ、今日もなおその美貌は残っていて、それは一八世紀の美貌であり、一七世紀の壮麗さに裏打ちされている。始まりは精神革命の象徴であるベルヴェデーレであった。

ベルヴェデーレ宮殿は、ふたつの建物から成る。ひとつは豪華で左右対称、もうひとつは実用性を重んじて背が低く質素、とりとめもなくつづく漆喰壁の建物で、ベルヴェデーレの上宮と下宮である。旧市街を望むなだらかな丘の斜面に建てられている。そしてヒルデブラントは宮殿を設計するにあたって、同じく自分の企画した庭園との釣り合いを考慮し、斜面を階段状に区切り、ビロードのような芝生と花壇、刈り込んだ生垣、観賞用の池、噴水、彫像、果樹の垣をしつらえた。このバロックの設計家はここで、建築家や彫刻家の生気を欠いた素材に満足せず、生きた自然の相貌を計画のなかに取り込んでいった。幻想の中心となるものは、丘の上に立つ上宮であり、堂々とした扉から下に延びる庭園は、上宮の魅力が繊細優美な台座にはめ込まれた宝石のごとくに現れ出るよう設計された。別の時代にこの規模の建物が計画されていたら、多少の重々しさは避けられなかったろうし、また実際、建物に重量感は必要とされたことだろう。ところがヒルデブラントは、自分の扱う質量を実に巧みに処理した。巨大な建物を三つの主要ブロックに分け、まず張り出した翼を左右に置くとともに、凝ったパヴィリオンを設けた。こうして建物の輪郭の単調さを見事に打ち破り躍動感を与えて、これ以上に軽やかな建物は考えられないようにした。軽快感の効果は絶大で、頭を切り替えないと建物の実際の大きさをきちんと認識できないほどである。上宮の北面は、庭園が一番上の砂礫を敷き詰めたテラスから下方へ傾斜していて一番美しいと思われる。しかし、南側の建物正面も同じように美しい。退屈でやや騒々しい通りから鉄の門扉を入ると、お伽の国の宮殿が急に目の前に現れ、うっとりしてしまう。宮殿はふんだんに装飾されていて、軽々とした戯れを急いで捕まえて石に封じ込めたような趣がある。そして足下には人工の池があって、島もない水面が平らに広がり、宮殿の壁際まで届きそうに見える。宮殿はまるで夢のなかの情景のように軽やかに、鏡の面のような浅い池の向こうにすっきりと立っている。

なだらかに下がってゆく庭園から見る都市の眺めは格別である。一八世紀に迷い込んだような、否、実際に一八世紀にいるのである。二〇世紀ははるかかなたのようで、一九世紀は存在しない。街のさまざまな一角が木々の茂みを通して垣間見られる――カナレット調の空を背景にしたシュテファン大聖堂の尖塔、かなたに盛り上がる丘の連なりなどである。しかしここでは、人は自足した世界にいる。心は、ほとんど声すらしない夏の日の沈黙に包まれる。白い剪定跡を見せて水平にたわめられた古い果樹や、小さな虫がかすめて、あるかなきかのさざ波が立ついくつかの池の鏡面、蜂の低い羽音、ふれるとまだひんやり冷たく、緑の葉がおおう大理石の彫像のきらめき、こうしたものたちの宿す沈黙。時々吹く微風の一息に芝が乱れて漂う芳しい静けさ。高く舞う燕の地に届かない声がいっそう際立たせる沈黙に心は包まれる。そして振り返れば、今は人の住まなくなった宮殿低層のみごとに均整のとれた姿があり、屋根の天辺はキラキラと輝き、灰色の建物正面にある日除けを下ろした窓は暗く翳っている……。左手向こうにはカール教会の高い、銅葺きの明るい緑色のドームが見え、ここからは低く隠れている街並みの上に金色の十字架を輝かせている。庭園の左右両側の壁に接して、それぞれ別の庭園があり、その美しさは、今、目の前にある庭園とくらべてほとんど遜色がない。左側にあるのはシュヴァルツェンベルク庭園で、その中にエルラッハとヒルデブラントが協力して建造した宮殿[*7]があり、真ん中に丸い車寄せと、左右に勢いよく広がる翼とをもつ。これもまたバロックの名作である。美しい敷地に立っていて、ドーム状の礼拝堂を付設し、内部は明るく化粧漆喰が塗られている。その向こうは植物園である。右側にはサレジオ会女子修道院がある。一九世紀に造られたリングに接しながら、すっかりそれを隠している市立公園［シュタットパルク］の木々の梢が見える。公園のなかでは、涼しい木陰の散歩道が湖畔に延びている。［ベルヴェデーレ庭園の］正面はるか前方には、

我々は今、かつて貴族たちが住んだ旧い街区の真ん中に、ウィーンの優雅の源にして象徴である場所に立っている。取り上げてきた庭園すべての裾を抜けてゆくレンヴェークさえも、現代人の欲望に影響されていないようにみえる。レンヴェークは今では外交街にある高級な通りで、数々の大使館の建物を擁し、それらが立つのは、かつてメッテルニヒの個人庭園だった所である。メッテルニヒの宮殿は、今はイタリア大使館になっている。付近の狭い通りには、規模の少し小さな邸宅が多く集まっている。ここはすばらしい三角地帯で、メッテルニヒ公園[*8]のあるレンヴェークと、ロートシルト［ロスチャイルド］公園[*9]を擁するオイゲン公通りが二辺をなし、シュヴァルツェンベルク広場で収束する。その広場の名高

＊7　ヒルデブラントが手がけ、エルラッハ父子が引き継いだ。
＊8　メッテルニヒ宮殿（現イタリア大使館）に付属した庭園と思われる。
＊9　ロートシルト宮殿（現・労働会議所付近）に付属した庭園と思われる。

い噴水は、勢いよく上がる水が細かな飛沫となって空気を冷やし、浅い噴水池の上方一〇〇フィート［約三〇メートル］に漂う虹を作る。

さて、今やっと我々のウィーンを手に入れた。我々は旧いウィーンを吸収し、新しいウィーンに到達した。ここには一八世紀より新しいものは何もない、つまり、これより後の特筆すべき新しいものは何もないからである。ベルヴェデーレのあとにできたシェーンブルンは、我々をロココの時代、マリア・テレジアの時代に引き入れる。そのシェーンブルンがモーツァルトの時代にウィーンそのものであったように、今もそうである。ただ、現在、シェーンブルンがもつ意味は小さくなっているし、そしてウィーンもそうである。

我々はリングを無視してきた。この通りは我々がこの街に入ったとき、我々に訴えかけて我々の眼をより洗練された芳醇な輝きから無理やりに逸らそうとした。我々は好きなときにリングのどの辺にでも、いつでも、自分の都合で戻ることができる。しかし、まだその必要はなかろう。ベルヴェデーレを造営した芸術家たちの溢れる信念と、他方、リングを飾り立てた者たちの空疎で救いようのない大言壮語とのあいだには一世紀以上の隔たりがある。この世紀［一八世紀］には人々のかぎりない懸命の努力がつまっている。それは建築に始まり音楽に移って花開く。ウィーンが最高峰にあった時代の音楽と、デカダンスの初め数十年の音楽とは、ヨーロッパのあげた卓越した成果に数えられる。一九世紀後半の音楽家の作品ほど痛切に衰頽の精神的苦悩を記録しているものはない。「グルックからマーラーへ」という標語は、ゆっくりと肉体的に消耗し精神的に混迷を深める経緯を物語っている。

中景

シェーンブルン

リング通りのブルク劇場

VI　シェーンブルン

これまで日時を記すことは多くなかった。ひょっとすると少なすぎたかもしれない。けれども、日時は百科事典の産物であり、そこにはふんだんに載せられているだろう。あらゆる出来事は詮索好きの学者にとって、それが大事であろうと小事であろうと、起きた年の記念碑である。したがって事典では、過ぎ去ったある年が、何らかの口実を設けて記録に留められない、ということはない。英国人にとっても英国の日時はすべて、そのようなものとして外国のどんな日時よりも重要である。我々は、たいして重要でもない小競り合いの日時で頭をいっぱいにしている一方、ハプスブルク家のルードルフ一世がボヘミアのオットカルに最終的に勝利を収めた日を、それが我々皆にとって決定的に重要な日であるはずなのに記憶していない。我々の思い起こすべき日時をもっと少なくしておけば、記録に値する事柄はもっと少数精鋭になるような気がする。

私にとって、そして我々のうちで多くの者にとっても同じであると思うが、ある重要な瞬間、すなわちウィーン文化の全歴史において、もっとも厳粛でもっとも悲哀にみちた年を想い起こすとすれば、それは一七九一年である。事典がなんと書いているか、私は知らない。この年、何らかの戦闘が行われ、何らかの条約が結ばれたことは疑いない。しかし、我々がここでこの年を思い出すのは、それがモーツァルトの亡くなった年だからである。一二月五日の荒れた冬の夜、ウィーンの真ん中にあるラウエンシュタイン・ガッセで亡くなった。

それだけではない。あるふつうの年に人類史的意義を付与するためには、天才の死だけでは十分でない。見方によってはモーツァルトよりも偉大だったバッハは一七五〇年に亡くなったけれども、その死によって、この年が特別な年になったわけではない。シェイクスピアは一六一六年に亡くなったけれども、この年はいささかの意味や重要性も認められないままである。他方でモーツァルトの悲しい死は、我々の世界からもっとも優れた天才を奪っただけでなく、そのころ始まっていた過程を決定づけた。そして、この過程は押しとどめられることなく、我々を今いる場所まで連れてきたのである。この過程はいまだ道半ばであるけれども、我々は人間である以上、何かの徴候をかぎとってやまない。以下に述べるのは、我々の見て取った徴候である。

ラウエンシュタイン・ガッセのモーツァルトの家は、今はないけれども、ガッセ〔通り〕自体は残っている。旧市街を形づくる奥深い狭い通りのひとつで、ケルントナー通りと並行に走り、オイゲン公の宮殿があるヒメルプフォルト・ガッセとヴァイブルク・ガッセとをつないでいる。ラウエンシュタイン・ガッセにつづくリーリエン・ガッセをそのまま行ってジンガー通りを横切れば、二、三百ヤード〔二五〇メートルほど〕でシュテファン広場とシュテファン大聖堂にたどり着く。モーツァルトは亡くなったとき、シュテファン大聖堂の楽長であり、この大聖堂が影を落とすあたりに長く暮らしていた。最初はシューラー通り[*1]で、そこで「フィガロ」を作曲し、次が亡くなったラウエンシュタイン・ガッセである。彼が死を前にして考えたことのなかには、シュテファン大聖堂にかかわることがあったにちがいない。それは自分の死を誰にも知らせず、音楽教師である友人のアルブレヒツベルガーだけが空席になった楽長職のことを知っていて、それに応募できるまで伏せておく、ということであった。

モーツァルトが亡くなった家はもうないが――たとえあったとしても、まったく見るに忍びないのではないか――我々と彼の死とのあいだに隔たりはほとんどないだろう。その死は我々の世界に属する。遥かかなたの過去をこれまで、いわばひとつの塊として我々は眺めることができたのであり、ちょうど博物館で仕切りのガラス越しに展示物を眺めるといったふうであった。もはや、そうすることはできない。モーツァルトが生まれたのは、すでに失われた時代の出来事だ。これに対してその死は、まごうかたなく我々の時代の最初の事件であり、これ以降、過去と現在は解きほぐしがたく絡み合い、切り離すことなど望みえない。

モーツァルトは孤独とひどい貧困のうちに亡くなった。我々の文化の偉大な芸術家のうちで、彼は最初にこのような死に方をした。一七九一年のことであった。彼の遺骨がどこにあるか誰も知らない。棺はウィーンの貧民たちの棺に紛れて失われてしまった。すでに埋葬の数週間後には行方不明だったのである。埋葬は一二月六日で、天候はひどい状態がつづき、墓地への道はぬかるんでいた。棺に従う者はわずかで、彼らも急いで家路についた。モーツァルトは、その死に際してウィーンでまったく孤独だった。ハイドンはその地に存命であったが、気難しい老人になっていた。ベートーヴェンは次の冬に初めてウィーンに到着する。*2 シューベルトはまだ生まれていなかった。

モーツァルトが貧困のうちに亡くなったのは三五歳のときである。同じく貧困のうちにウィーンで亡くなったシューベルトにくらべると、四年長く生きたことになる。ただ、シューベルトはこの時代、つまり我々の時代の真の子どもだったが、モーツァルトはそうとはいえない。誰もが知るように、彼の幼少時代は燦然と輝き、将来の大きな成功は約束されたも同然であった。モーツァルトと幼い姉はヨーロッパ各地の宮廷で賞讃された。ふたりはマリア・テレジアの新しい宮殿であるシェーンブルンも訪れ、そこでモーツァルトに微笑みかけたのがマリー・アントワネットであった。

しかし、［一七九一年に］そうしたことはすべて終る。マリア・テレジアは一一年前に亡くなっている。オーストリアは揺れている。ほんの一年前には、民衆の皇帝と称されたヨーゼフ二世が死の床に臥し、自分の改革勅令の大半を撤回して亡くなった。弟のレーオポルト二世が帝位に就き、箍《たが》の緩みだした領土をなんとかつなぎとめようと企てる。シェーンブルン建設とともに始まったロココも衰えつつあり、それでもむなしく長年にわたり命脈を保つことになる。まさにこの年［一七九一年］、今や赤字夫人と称されたマリー・アントワネットが［同年六月の逃亡失敗後］パリの暴徒たちに侮辱されて、髪が一夜にして真っ白になった。数か月後、王妃の座から引きずりおろされ[*3]、その死まで獄につながれることになる。しかしウィーンではシェーンブルンが相変らずすべての中心であり、ラウエンシュタイン・ガッセ

＊1　現在はモーツァルトハウス・ウィーンとなっており、入り口はドーム・ガッセ五番地にある。
＊2　一七八七年にウィーンに初めてやって来たが、母親が危篤のために、すぐにボンに戻り、ふたたびやって来たのが一七九二年であった。
＊3　正しくは、一年以上経った一七九二年八月。

の〔モーツァルトの〕薄暗い家から歩いてほんの少しのところの王宮では、廷臣たちが今までどおり、子ども時代のモーツァルトが知っていたあの輝かしいかぎりの享楽に身を委ねていた。宮廷には変らずに音楽が溢れ、モーツァルト自身の音楽も響いていた。しかし、宮廷の大立者は今やサリエリというイタリア人であり、自惚れてはいても愛想のよい凡庸な男だった。モーツァルトはいまわの際に、サリエリが自分に毒を盛ったのだと言明した。*4

しかし、〔栄光のモーツァルトの〕昔日と〔悲惨な最期を迎えた〕当時との、この痛ましい相違はサリエリのせいではない。〔彼ごときの〕一介の宮廷音楽家が体現するよりもずっと深く荘厳な理由から生じているのである。この対照のはらむ悲哀は、世界を豊かにしながら悲惨のうちに死に就こうとするひとりの偉大な人間、というわかりきったことを思うからではない。ラウエンシュタイン・ガッセの家の光景は、まさにその時、耐えがたいものである。しかしそこで我々は、心が張り裂けそうになりながらも浄化してくれる突然の強い感情を抱く。悲哀は王宮にある。そこにはモーツァルトはおらず、いることもできず、生身においても精神においても二度とそこにありえないため、あらゆる栄華が空しく虚ろになる。その光景は払いのけることのできない痛ましさに満ちている。何世紀にもわたって人々は坂を上り、ゆっくりと苦難に耐えて進んできた。一〇〇年前には高所を極め、そこにバロックのウィーンを築いていた。普遍の法則に従って、さらに上をめざした。フィシャー・フォン・エルラッハのそびえたつ幻想は砕けて、ロココの洗練された一陣の風に変容した。その世界に若いモーツァルトはやって来た。若き天才である彼の音楽は、そうした時代背景に完璧に適合した。彼はたいそう好まれた。しかしながら彼も成長し、その音楽も彼とともに成長した。彼の音楽は聴衆の表層的理解を超えていった。聴衆は生の根源とのふれあいをなくしつつあった。撚り合さった巻きひげの、他に例を見ないほど優雅なロココの装飾は、生命の樹とその大きな枝のもつ活力からあまりに遠くに隔てられていた。洗練されるとともに虚弱化して、生長できなくなった。しかし、モーツァルトは変らず成長した。人々を喜ばせようとした。それができなくなった。無意識のうちに、そして自分の意志に反して、ある普遍の法則により、人々を楽しませることから預言へとむかうことを余儀なくされた。預言者たちは孤独のうちに亡くなる。ある社会が衰頽に向かうとき、彼らは無理やりに呼び出される。

デカダンスはさまざまに定義できるだろうが、もっとも衝撃的で黙示録的な特徴といえば、それは芸術家が人々を楽しませる者から預言者へと変身することである。芸術家はいつでも、社会がどのような段階にあろうとも、生命力あふれる被造物である。はつらつとして成長をつづける。しかし、健全な社会であれば、芸術家でない人々もはつらつとしていて、芸術家とともに、ただ少しだけ遅れ気味に成長を遂げ、芸術家を理解する。芸術家の向かうところへ人々も向かう。その後、衰頽が始まっても芸術家は上昇をつづけるのに、人々は上昇を停止してしまう。芸術家はもはや人々の代弁をするのではなく、孤独に叫ぶ預言者となる。我々のウィーンの歴史でその変化がじわじわと、変化に取り込まれた人々はほとんど気づかないまま（とはいえ、遠くから眺めると迅速に）起きたのは一八世紀後半であった。モーツァルトはたいそう若くして活動を始めたので、この変容を自分自身の成長とともに理解し、一生のう

＊4　現在ではほぼありえないとされているモーツァルト毒殺説に著者はふれており、モーツァルトとサリエリの敵対説を支持している。

ちに潮の変り目を経験した。彼が亡くなったとき、引き潮が始まった。バッハは預言者であることをけっして求められなかったし、ヘンデルやグルックも然りである。モーツァルトはといえば、わけのわからぬまま、己の意志に反してこの役割を引き受けさせられた。ベートーヴェンは預言者以外の何者でもなかったし、その後はずっと、他の天才芸術家たちも預言者たらざるをえなくなっている。ただ、音楽の分野で変化は他の芸術分野に先駆けて明らかである。というのは、音楽が当時ウィーンそのものだったからであり、またそのウィーンでは文化の鼓動が速かったためである。(これは我々がすでに見たように、良きにつけ悪しきにつけ、信仰の主要な擁護者としてウィーンの置かれた位置に大きく由来する遺産である)。それは一七九一年に始まった。これ以上に痛ましい日時があったろうか。この時から大芸術家崇拝が始まり、それは人々と芸術家とのあいだの懸隔がますます広がることを暗示していた。今日に至るまで、その亀裂はたいそう大きくて、星のひとつも飲み込みそうである。誰の咎でもない。我々の誰もがその罰を受け、芸術家も然りである。だが、誰も責められない。

私がこの文脈で預言と呼ぶものの意味は十分明らかだろう。芸術家が急に振り向いて社会に向かってこぶしを振り上げ、地獄の劫火が燃え上がるぞ、と預言することではない。そうした芸術家もいたけれども、それは気質によるものである。たとえば、ベートーヴェンも預言しており、それはもっぱら時代精神のなせる業である。ただ、ベートーヴェンはいつも自覚していたわけではなく、シューベルトとなると、まったく自覚がなかった。それでも、シューベルトもまた預言者であった。彼のきわめて崇高な音楽作品の数々のうちに、その過程をはっきり見て取ることができるのであり、個性的な挑戦を行うベートーヴェンの作品と同様に込み入ったところはない。すなわち社会のなかで孤独な者がひとり、美を夢みるものの、同時代人の胸にはほとんど感興を引き起こさない。そしてなんの反響も見出せないため、シューベルトは徐々に世俗的な刺激から身を引き離し、ますます深く自分固有の精神の深みへと身を投ずる。彼は預言者のマントを受け取るにあたり、芸術家というものに熱狂をおぼえたりはしなかった。モーツァルトと同じようにシューベルトは最初、マントが肩にかかることに気づかず、そしてモーツァルトの同時代人であるハイドンは、マントをまとうように頼まれることはけっしてなかった。ベートーヴェンはこのマントのことを知っていたけれども、彼にあっては、預言者と、人々を楽しませる者とのあいだの葛藤がとてもはっきり見て取れる。彼は自分の道をきわめて意識的に進むが、それでも人々が自分の後を追ってくれることを期待しており、そして実際、ある程度まで追随者がいた。シューベルトは何も期待しなかった。この流れは一九世紀をとおしてつづき、ついに我々はグスタフ・マーラーを見出す。彼はベートーヴェンやベルリオーズのように外の世界に挑戦するようなことはもはやせず、自分の道を追いつづけて他をかまうことがない。あるいは、みずからの生活の資を奪いかねない敵意の眼差しに直面しても、できるだけかまわないようにする。ここに、屋根裏部屋に住まう芸術家の伝説ができあがる。聴衆、何するものぞ、というわけである。創造者の観点からいえば、芸術のための芸術が確立する。決裂は絶対的となる。取り返しのつかない決裂である。バッハには理解できなかったろう。だがヒンデミットはバッハに帰ることはできない。

　本書の少し前で政治革命について語った。皇帝に仕える大臣たちの権力がにわかに強化され、ウィーンの貴族があらたに重要となり、それと軌を一にしてバロックが栄えたことを述べた。この革命の象徴として、我々はベルヴェデーレを選んだ。政治革命と結びついて、似たような様相を示す文化革命も起きた。一八世紀まで芸術保護は皇帝に属する事柄であった。時になされた誇張した態度、たとえば皇帝カール五世が画家のティツィアーノの前に平伏するといったことを別にすれば、芸術家は雇われ者にすぎなかった。才能をもった者はしかるべく認められたが、才能云々は職能身分にかかわることであり、質にかかわるものではなかった。芸術家と純然たる職人とのあいだに障壁があったわけではなく、熟練の職人と並みの人とのあいだにもなかった。並みの人といえども、何ら職能を具えないということはなかったからであろう。才能ある者たちは認められ、深く尊敬されたとはいえ、以前とちがう身分に加えられるわけではなかった。ルネサンスの優れた画家たちは、弟子に意匠の仕上げを任せたり、作業をまったく委ねたりさえした。誰も異議を唱えたりしなかった。これは個々の画家の筆遣いを評価するのが鑑定家の推奨の根本である今日、信じがたいように思われる。けれども、ルネサンスのころは、筆遣いの優れているのは、おそらくあたりまえとみなされていたのだろう。単に一五世紀のイタリア人の気まぐれというわけではない。時代を下ってフィシャー・フォン・エルラッハのころも、芸術家は相変らず特別の才能をもったふつうの人と見なされていた。ウィーンのフィシャー・フォン・エルラッハ以上に、同時代人が高く評価した者はほかにいなかったが、そのエルラッハもまたイタリアの名工の精神で仕事をし、自分より才能の劣った職人や芸術家と分け隔てなく共同作業を行った。そうした仲間は何百人と存在した。そこで不可能ではないとしても難しいのは、どの例であれ、エルラッハの仕事と他の者たちの仕事を分離・区分することである。先に王宮の巨大な図書館をあえて選んで、この建築家のもっともすぐれた内装作品として例示したが、彼がそれをみずから監督したわけではまったくない。建設が委託されたのは、彼が亡くなってだいぶ経ってからであった。その施工は息子が父の案に従って行った。この息子が父の設計に変更を加えていたとしても、それは誰にもわからない。しかし、図書館はフィシャー・フォン・エルラッハの傑作とされたままである。当時、芸術はおおいに繁栄し、人々の嗜好を表現した。芸術家は才能を具えた者であり、それどころか天才でもあり、仲間よりも優れた成熟した想像力をもつ者である。だが、仲間たちはすぐに、芸術家がめざしているものを見て取り、感じ取ったので、言葉で説明するだけで信頼して施工を任せることができた。音楽の分野ではグルックがいて、彼はヨーロッパのいくつもの宮廷を見事に楽しませるとともに、オペラ様式の革命を成し遂げた。ザクセンのバッハは鑑賞力を具えた教会の会衆のために数多くの傑作を作曲したが、それはトーマス教会のオルガン奏者兼聖歌隊指揮者としての職務の一環であった。ロンドンではヘンデルがノエル・カワード[*5]のような精神で劇場に話を持ちかけ、ノエル・カワード並みの成功を収めた。しかし、ヘンデルが書いたのは「メサイア」や「アチスとガラテア」であり、カワードの「ほろにが人生」や「騎馬隊」ではなかった。

あの悲惨な年、つまりモーツァルトの没年に、いまだ悲哀を覚えずにいられるだろうか。彼は我々の文化に属する偉大な芸術家で、世間から無視され惨めに亡くなった最初の者である。この点について我々は、壁に黒々と消しようもなく書かれた文言が次のようにきっぱりと告げているのを見る。ヘンデルとグルックを愛した者の子孫は、精神的な栄養を求めるならば、カワードとレハールのもとに赴くべきである、と。後戻りはできない。我々をここまで連れてきた流れは、思うがままにひっくり返せるような

＊5　ノエル・カワード（一八九九―一九七三）、英国の俳優、脚本家、演出家。二つの世界大戦間期にはモダンな作品で人気を得た。

生やさしいものではない。これには壮大な必然性があり、この壮大さを思う時、先に述べた悲哀など忘れるかもしれない。いつか別の場所で別のグルックたち、別のヘンデルたちが出現することはわかっている。彼らは彼らで別のカワードたち、別のレハールたちに道を譲るだろう。誰のせいでもない。人が老いて歯を失い、さまざまな機能をなくし、流動食でしのぐはめになったからといって、その者を責めることはない。悲哀が身に沁み、息苦しいほどである。しかし、理解を超えた機制を備える壮大さもあり、この機制の働きは運命と呼ばれる。先の壮大さは運命を備えているのだと思う。

ウィーンの政治革命によって大臣たちは権力を手中にし、ベルヴェデーレの建設につながったが、この革命はベルヴェデーレに発する文化革命をも生み出した。これはハプスブルク家による芸術の独占が打ち破られたことを示す。一八世紀ウィーン最大の芸術収集家はハプスブルク家ではなく、現在、美術史博物館を満たす同家の収集は、それまでに事実上完了していた。最大の収集家は新しい宮殿に住まうリヒテンシュタイン家であった。宮殿はフィシャー・フォン・エルラッハが同家のために建設したもので、ポッツォがすばらしい天井画を描き、壁には世界一美しい化粧漆喰の縁どりがほどこされていた。また、(貴族に列せられた)グルック以降、最大の作曲家であるハイドンはハプスブルク家ではなく、ハンガリーのエステルハージー家の庇護を受けていた。

ハイドンは宮殿の従者として召し抱えられ、従僕の広間で食事をとり、主人の命に従って作曲を行った。モーツァルトもまたザルツブルク大司教に従者として仕え、ついにはその束縛に反発して自活を求め飛び出した――その結果は周知のとおりである。ベートーヴェンは自分の重々しく扱いづらい性格を、尋常ではないが誰もが認める才能と結びつけ、うまく貴族たちを魅了、あるいは威圧して自分のいいなりにさせることができた。シューベルトは誰かに雇われることがまったくなかった。彼は余暇の芸術家の嚆矢である。余暇の芸術とは、何という言い方だろう。とはいえ、シューベルト以降の芸術はすべて、いつでも例外はあるものの――たとえば、金持ちに生まれついたり、富裕な老齢のご婦人方の機嫌を取ったり、幸運に恵まれたり、はたまた世間の無関心の目をはっとさせるような才能をもっていたり――こうした妙な例外はあるものの、シューベルト以降の芸術はすべて、ずっと余暇の芸術であった。ここにあのデカダンスがある……。

美を創り出す才能にたいそう恵まれた者たちも、自分が生まれついた職とは異なる仕事をせざるをえない。稀な才能がなくともこなすことのできる仕事である。シューベルトは教師の仕事に就かねばならなかったし、さもなければ飢え死にするしかなかった。ある学校で教師をして、いやになると次の学校へという調子であった。フランスのベルリオーズは日刊紙の批評書きでエネルギーを浪費させられた。ワーグナーの場合、彼を認めるか認めないかはおくとして、才能に恵まれてはいたが、その才能が日の目を見ないあいだ、三文出版業者のために平凡なスコアのピアノ編曲をしていた。我々は一九世紀の芸術を、その音楽と絵画、文芸作品を高く評価する。あるいは評価するとしている。それにしても人々があちこちで余暇に、しかも意気阻喪させることの数々にもめげず、我々のために作品を創り出してくれていなければ、一九世紀はまったく芸術不毛の世紀となったであろう。炉辺に猫の姿も火の気もなく、履物が暖まることもなかったろう。

巨匠たちを取り巻く状況はシューベルト以降、芳しくない。ただ、巨匠たちだけに思いをめぐらしていても正しい全体像は得られない。巨匠たちが芸術というわけではない。彼らは生長を妨げられ、ほったらかしにされた植物が咲かせる、たいそう美しい花というにすぎない。世間が小物たちに示す態度こそ、我々のデカダンスをもっとも明瞭に示している。今日、作曲家や作家、画家はほとんど例外なく、自分の資産をもったり、あるいは風変りな迷える理想主義者の庇護を受けたり、はたまた知識階級だけでなく余暇活動をしない大衆も楽しませる奇才をもっている。もう我々のあいだに巨人は存在しないのかもしれない。しかし、美をこぢんまりと創造できる者なら数多くいる。ただ、こうした者たちも、勤務時間終了後の休憩時間にならないと美の創造は許されない。

今何かしようとしても、もちろん、時すでに遅しである。流れは一七九一年以来、刻々と進んでいる。疲弊した社会に弾力性と鋭敏性の保持を期待するのは、あまりに無理な話である。それに今述べたように、時すでに遅しである。あまりに長いあいだ、芸術家は自分の属する集団に押し込められてきたので、ただ自己防衛のために世界と疎遠になっていた。写し取るべき活力にあふれた社会が存在しなかったので、創造者はこれまで以上に深く個体を探究するほかなく、個体を食い尽くさざるをえなかった。それ以外にできることはなかった。そして今日、多くの芸術家の作品にみられるように、そうした探究が行き着くところまで行って、社会と個人の乖離が大きくなりすぎ、もはや何をもってしても架橋することは不可能になった。世間と芸術家のめざすものは行き違って、たがいに泥の投げ合いとなり、そして死を迎える――おたがい、末期の蛙のように体面を保ちながら。

もはや、何をするにも時すでに遅しである。できるとしても、それをすべきかどうか、よくわからない。人々が運命をいたずらにもてあそぶことはない。この流れ、この衰頽は多くの美を我々にもたらした。それが健全な美かどうかは別問題である。このデカダンスの流れは、我々にはどうすることもできないもので、ちょうど結核感染の進行がどうすることもできないのと同様である。患者は健常人がもたない洞察と鋭敏になった感覚とをもつ。患者はそれらの妥当性を疑わない。病の不可避性を受け入れるのと同じように、洞察と鋭い感覚を受け入れ、これらがなにがしか病の恐怖を償ってくれるものとみなす。そうはいっても、自分の血のうちに生命力がまだ残ってうずいていると感ずる者までが、いっそうあらわになった退廃を急いで受け入れよ、というつもりはない。むしろ逆である。

今や何かを変えようとするには時すでに遅く、全般的に広まった脳軟化症――このため、生命力ある人々には自分自身の探究しか残されておらず、ある国々では独裁者が、他の国々では銀行家が権力の座に就き、その結果、何百万もの人間の隷従を招いた――について誰も責めることはできない。それでも、そうした徴候を理解し認識するのはよいことである。人間でいうと、若者のふりをして気取って歩く老人を見かけるのは滑稽でおぞましい。しかし、自分の年齢を愚かにも認識しようとしない社会を目の当たりにすることも、同様にばかばかしくておぞましい。

本章はシェーンブルンと題されているが、これまでの記述が与えるかもしれない印象ほどには不自然でないし、筋ちがいでもない。英国で我々は、典雅に老いることを受け入れないというだけでなく、齢がそもそも意味をもちうることを理解しようとすらしない。ウィーンでは逆である。ウィーンは均整のとれた威厳ある振舞いを本能的に心がけ、どのような犠牲を払おうとも典雅さを守りぬこうと決意していて、あまりに早くみずからを老けこませてしまった。それは他の点と同じく短所である。だが少なくとも、我々にはそこから学ぶものがある。この章をシェーンブルンと名づけたのは、この宮殿の建設とともにウィーンが成熟しきったからである。それ以降は衰えの道をたどる。

シェーンブルンの建設は、さえない平凡なカール六世のもとで始まった。相続順位法を定めた皇帝である。この法律は男であろうと女であろうと、あるいは精神薄弱者であろうと、自分の子に確実に継承させようとするものであった。［皇帝即位前の］カール六世はまた、二つの条約*6に挟まれた一時期［一七〇三年—一七一一年］に自称スペイン王として自分の野心を隠さなかった。宮殿建設はフィシャー・フォン・エルラッハの設計に従って始まったが中断し、マリア・テレジアがふたたび着手して、これを自分の夏の離宮とした。あらたに担当した建築家のパカッシは天才とはいえないものの、いつ見ても堂々としていて各所に愛らしさが満ちている宮殿を造り出した。巨大な宮殿である。知られるように、ハプスブルク家が宿敵のブルボン家［のヴェルサイユ宮殿］に対抗したものである。建物中心部正面二〇〇ヤード［約一八〇メートル］、部屋数一四四一、厨房一三九（一四四一にこの厨房が含まれるかどうかは私には不明）。四九五エーカー［約二平方キロメートル］の庭園のなかにあり（ハイドパークは、これより一〇〇エーカー狭い）、動物園、植物園、一〇〇フィート［約三〇メートル］の高さの温室を擁している。こうした数字は最新のベデカー旅行案内書からのものだが、ほかに規模を伝えるものがないからである。ただ、こうした数字はイメージを喚起してくれない。それをうまくやるには、カナレットのような画家になる必要がある。

この場所にたどり着くには、王宮からはマリアヒルファー通りを進んでゆく。この通りは二マイル半［約四キロメートル］の長さがあり、かくして旧市街の外縁から、ウィーンの森に守られて立つ心地よい別荘を数多く擁するしゃれた郊外までつながっている。その通りは綺麗とはいいがたい。*7 王宮に属する背の低い、化粧漆喰を施しただだっ広い厩舎*8が双子の美術史博物館と自然史博物館との背後に立っているが、その厩舎のところで一八世紀を後にすると、もう一度厩舎に出会うのはシェーンブルンにたどり着いてからのことである。ふたつの厩舎のあいだにあるのは一九世紀の建物群で、どの国にもそうした手入れの行き届かない都市の一角が存在することを証明している。けれども、思いがけなく目を洗う風景が現れ、ウィーンがけっして力尽きてしまったわけではないことを教えてくれる。それはブルジョアが買い物する商店街である。マリアヒルファー通りが二〇年前［二〇世紀初頭］にはまだ冬の宮殿［王宮］と夏の宮殿［シェーンブルン］をつなぐ帝室の馬車道であったことを思い出すのは難しい。いうまでもなく、もともとは草地を横切り、快適に駆って進むことのできる道であった。

この単調な道の果てに宮殿が、別世界から忽然と現れた幻のごとくに姿をみせる――あるいは、むしろ我々のほうが、単調な金儲けが幅をきかす別の世界から本来の世界に奇跡的に抜け出たかのようである。王宮を後にしてさほど時間が経っていないことを思い出してほしい。リング通りは紛い物とはいえ堂々として、一九世紀がなかなか作り出すことができなかった雰囲気に満ちている。それはさておき、

＊6　一六九七年のライスワイクの和約と一七一三年のユトレヒト和約。

＊7　現在では、旧市街から西駅まではウィーンを代表するショッピング街になっている。市電は地下鉄に置き換えられた。西駅から先は市電も残っていて、手入れの行き届いた通りになっている。

＊8　現在は存在しない。三一ページ訳注1参照。

シェーンブルンは侵しがたく、揺るぎない永遠性の趣をもって我々の目の前にあり、遥かむこうに悠々と憩うかのごとくである。そして人々が何代にもわたって安普請ですませ、［銀器の代りに］錫メッキ製品を値切って手にしているかぎり、シェーンブルンはもの静かにそこにたたずむのをよしとし、日の光のもとに手足を伸ばしている。しかし、人々のそうした行為を非難するつもりはなく、そんなことをまったく気にもとめていない。ただひとつ確かなのは、シェーンブルンの巨大な正面に目をとめた瞬間から、やがて小さな背を向ける瞬間にいたるまで、我々はすっかり圧倒されて、二〇世紀のどんな大事を胸に抱えていようと、そんなものは、しばし忘れざるをえないということである。当然のことながら、ほんの少し背中を押されただけで心の重荷を放り出して安堵する人がいるのに、進歩と啓蒙の子として自分の役割をしかと信奉する人もいて、そうした人々は葛藤を経なければ参ったといわない。だが、最後は彼らも圧倒される思いをするにちがいない。

　建物は黄色がかっているというか、あるいはベージュというべきか。単調な大通り［マリアヒルファー通り］を曲がり［ロンドンの］グリーンパークにも似た面白くもない公園の縁にそって行くと、だだっ広く今は用途のはっきりしない一画に近づく。そしてウィーン川――歴史を秘めたこの小さな川は、ここでは地上に顔を出している――を渡ると、巨大な宮殿の全体を目の当たりにする。入口の錬鉄製の門の両脇には、二本の高いオベリスクが天辺に金箔のワシを載せて立っている。その先の砂利を敷いた殺風景な前庭には乗馬用の台[*9]と街灯が左右対称に配置され、さらにその先に、マリア・テレジアが抱いたハプスブルク家の前途に対する確信を表現した建物が、高さはさほどないが垂直に切り立つように、そしてとてつもなく横に長く、黄色がかった色彩を帯びて立っている。広大な中庭にぽつんとひとりたたずんで各階横一列四〇の窓が何層にもぎっしりと飾りのように並んでいるのをぼんやり見上げると、たちまち圧倒される。そして一瞬、異議を唱えたくなる。ここで悟るのは、パカッシがこの仕事にふさわしくなかったということであり、彼は女帝やその代理人との協議においてどれほど勇敢な態度で臨んだとしても（彼の無能さが、想像以上にひどくなかったとすれば）二〇〇ヤードの正面を、威厳を保ちながら趣向に満ちたものにするにはどうしたらよいかと思い悩み、眠れぬ幾夜をすごしたにちがいないということである。思い出すのは［フィシャー・フォン・エルラッハが設計した］ホーフシュタル通り［現ムゼーウム通り］にあるハンガリー近衛兵の宮殿［トラウトゾン宮殿］の偉容と、またボヘミア宮殿［ボヘミア宰相宮］のみごとな玄関とである。この玄関は三つの窓を併せた幅ほどに広くとられ、さらには女人像柱が立てられて、頭上には壮麗な紋章と雲があしらわれている。［それにつけても］フィシャー・フォン・エルラッハが着手しながらこの仕事［シェーンブルン］を仕上げられなかったことは、返すがえすも残念である。さらに奇跡的な軽やかさを示すベルヴェデーレが想い起こされ、もしヒルデブラントにパカッシの得た幸運が与えられていたならば、思うに、ヨーロッパでもっとも壮大な宮殿のひとつを、人間の想像力の無上の記念碑にもなしえたのではないか……。しかし、異議は言葉にならずに終る。パカッシは天才ではないけれども、彼が創り出したもの——軽快ながら奇妙に誇張された効果を示す中央部分は、横に延びた建物の屋根の線を断ち切り、そして表玄関上部二階のバルコニーへ回り込む両側ふたつの階段は、儀式性をはっきりと刻み込む——の特徴すべてが、想像力の切り取られた所産を通じて、そこに生きる

＊9　現在は存在しない。

ことになる我々の時代のハプスブルク家の人たちを申し分なく表現している。そこに生まれそこで死ぬ運命を背負い、ついには果てのない廊下で見捨てられて、一家の終焉を意味する皇帝退位の文書に署名することになる人たちである。

〔宮殿正面〕二重階段下に位置するびっくりするような壁を抜けてまっすぐ歩み、奥行のある宮殿を抜けて外へ出ると、砂利を敷いた広々とした空間、そして南に広がる庭園に達する。そこで宮殿がなだらかな丘の麓に建てられていることがわかる。起伏のない庭園を越えて目をさらに上に向ければ丘の頂が見え、そこにグロリエッテが鎮座している。側面が開放されていて列柱のある殿堂で、屋根の上に翼をもった彫像が置かれており、遥か宮殿から望むと繊細で軽やかに見える。丘そのものは盛り上がって草におおわれた傾斜地をなしており、宮殿の敷地とは、手前に泉を配した低い壁で区切られている。ネプチューンの泉でありヴェルサイユのものに匹敵する仕上がりで、さまざまな海の寓意像をしつらえている。その壁のさらに向こう側を縁取っているのは、まばらで不揃いに並ぶ木々、その大部分はこぶりのモミの木で、これは人工物ばかりの真っただ中にあって微妙な味付けになっている。ふっくらと草を短く刈った丘の斜面の左右の端には、密に植えられ手入れされないままに生い茂った落葉樹がある。他方、宮殿と丘とのあいだにある平らな庭園を縁取るのは、背が高く四角に刈られた一八世紀風の生垣であり、ところどころつけられた小さな窪みに置かれている彫像が濃い葉の色を際立たせる。庭園そのものは幾何学的に設計されており、さまざまな形と大きさをもつ花壇に集められた目を射る色彩は、きちんと刈りそろえた草の作る縁や砂利を敷いた幅広い通路と相まって複雑な模様を描いている。

目に入るのはこうしたものである。宮殿の階段から見える庭園は、ほんの一部に過ぎない。他にも多くのものがあり、たとえばさまざまな種類の造園法による庭園の数々や、木の葉が茂って噴水で涼しげな隠れ場所がある。しかし、我々の求めるのはもっぱら印象である。ここの印象をいえば、巨大な宮殿のもつ、優美さがないわけではないが気取ってぎこちない儀式性であり、それは地続きの庭園のもつよそよそしくて鋭角的な形式性と申し分なく調和している。これにくらべると、ベルヴェデーレの階段状の庭園は心が通い熱意が溢れている。

シェーンブルンは奇妙な美を示しており、淡い美といえそうだが、頭を鎮静させてくれる美である。そうした効果はもっぱら、とてつもない大きさのせいである。ここでは大勢の訪問者が入り乱れて散り散りになり、迷子になりそうである。フランツ・ヨーゼフ帝がシェーンブルンで暮らし執務していたころ、ウィーンの人々は市電に乗ってここにやってきた（風変りなハプスブルク家はいつも、誰が所有者か弁えられていれば、自分の財産を頓着せずに開放していた）。今でも人々はそうして出かけて来る。願わくば、いつまでもそうあってほしい。シェーンブルンの雰囲気を肌で知ったからといって、人々が洗練へ向かうわけではない、と考えざるをえない。環境がより影響を与える、という説に反論して言われるのは、山岳地帯に住む人々は、まわりの永続的環境の荘厳さと雄大さを自分たちの性格に反映できていないではないか、ということである。これに対する答としては、それがけっして全員にあてはまるわけではないこと、あとは純粋培養の影響が大きいということである。ウィーン人はといえば、なんの罪かはともかくとして純粋な育ちではない。ウィーン人の抱える主な問題はもちろん、もうたくさんというほどシェーンブルンを経験したことである。生の飛躍［ベルクソン］という観点からは、やり損なった現在による抑圧から、夢のなかで過去を実現することへと意のままに逃れうるのはよからぬことである。そのとき、その過去は強力すぎて現在を非現実的にみせてしまう。しかしながら、善きものを過剰にもつほうが、悪しきものを過剰にもつよりもよいことである、と人はえてして考えがちである。シェーンブルンは結局、都市の基準に照らして善きものである。それは少なくとも、まともな見方――人の自然に対する勝利は至福であるとする見方――をかぎりなく肯定的に表現している。

シェーンブルン宮殿の外観が洗練されていないわけではないけれども、それを見ただけでは、よそよそしく特徴のはっきりしない建物正面に隠れた奔放な贅を予想しがたい。宮殿の部屋に入れば、あるいは少なくとも一四四一の部屋のうち、多少とも有名な部屋に入れば、理想のウィーン・ロココに出会う。これに匹敵するのは、王宮のマリア・テレジアがみずから増築した部分――ゴブラン織りを配した舞踏の間で、先に「フィガロ」の上演をのぞき見た所など――くらいである。マリア・テレジアはあまりにも頻繁に慈悲深く荘重な偉人として描かれるが、さらにはハプスブルク家とカトリックに対する二重のたがいに支えあう信念・信仰によって、彼女には冒しがたい威厳が加わる。彼女が自分の時代の風潮に超然としていたのを我々は知ることになる。当時、道徳は奔放で、建築はロココであった。あるいは、道徳はロココで、建築は奔放であったというべきか。マリア・テレジアが善良で強靭な精神力の持ち主だったことを否定しようとは、誰も夢にも思わないだろう。彼女の道徳心はカトリック教会がきっと誇りにしたにちがいない。出産をたいそう恐れながら、それでも、気まぐれな夫に一六人もの子どもをもたらし、彼女にはスキャンダルの気配すらなかった。しかし、こうした描き方は不十分きわまりない。マリア・テレジアが受けた教育は［帝国の］推定相続人のためのものではなく、それは配偶者を求める皇女のためのものだった。少女のころは政治に関心をもつふりをすることすらなかったが、即位してみたら、ハプスブルク家のうちでもっとも意志の強固な人物であることが明らかとなった。夫のために数多くの子どもをもうけたが、同時に夫を完全に支配もした。もっといえば、夫の身持ちの悪さをすべて知り、それが彼女の道徳観にまったくそぐわなかったにもかかわらず、夫を愛しつづけた。壮年期の日々、マリア・テレジアは非常に複雑な国事に忙殺されていたものの、女性としての振舞いを求められたときには、けっしてその挙措を忘れることがなかった。こうした強い性格と、それと一見矛盾する凡庸な性格をそなえた女性は想像し難い。伝記作者は再度の検討をすべきではないだろうか……。そのうえで、かのシェーンブルン宮殿がある。この宮殿にとどまらず、マリア・テレジアが築いたものはすべて、たいそう込み入ったぜいたくなロココの趣向を採用している。そんなふうに造る必要はなかった。彼女は絶大な権限をもっていたのだから。ロココはバロックとは異なる。バロックはいかに空想に満ちていようと、真面目な目標に基づいている。ロココは優美な空想であり、それだけである。本書収録の写真の一枚にシェーンブルンにある楕円の中国の小部屋がある。[*10] 天井が高く楕円の形をしていて、無限につながる金箔の這うような巻きひげ状の群葉で装飾されている。天井も壁も部屋全体にこの人工の生長物が編み込まれており、左右対称に繁茂し、繊細きわまりない形で絡み合っている。天井には金箔の孔雀たちが、さかんに分岐する渦巻き模様と絡んでいる。壁には凝った形をした鏡が並び、躍るような巻きひげが縁取っている。巨大な中国製の壺が模様入りの寄木細工の床に置かれ、おびただしい数の小さな壺は、壁に入念に取り付けられた張出し——それは金箔の狭間飾りから奇抜に外に突き出ている——に壁

*10　この中国の小部屋の写真は、本書では割愛した。

を背にして置かれている。天井からはたいそう凝った作りのシャンデリアが下がり、それは葉飾りが四方に飛び散って曲がりくねったように細工され、その頂は金箔の花々からなる頭部が覆っている。この空想の背後にどのような真面目な目的があるというのか。解き放たれた想像力に、心中おおいに悦に入るほかに何があろう。そしてこの部屋をこそ、マリア・テレジアが側近たちと会見を行う場所として選んだのである。

　こうしたことは、シェーンブルン宮殿のいささか堅苦しい外観から、あるいは、この外観のほうにふさわしい後年のハプスブルク家について知る事柄からは想像しにくい。人が想像するのは、ヴェルサイユで見るようなもの、すなわち、とんでもなく誇張された鏡の間のレプリカ、誇大妄想に圧倒されて想像力が働かないあの広間の複製といったようなものであろう。ところが、シェーンブルンの目玉である大広間は、お定まりの形式性にもかかわらず、人の温もりと魅力を感じさせる場所であり、王宮のレドゥーテンザールと同じ精神で構想されている。白と金の淡い色調とともに、鏡が控えめに使われ、壁は燭台に立てられた千本ものろうそくの光で輝き、巨大なシャンデリアが暖色に塗られた天井から吊り下げられている。

　ほかに一五〇〇近くの部屋があるけれども、全部はとても見きれない。取り上げたふたつ［楕円の中国の小部屋と大広間］は我々に心地よい気分を伝えてくれる。他の部屋は歴史を伝えてくれるかもしれない。というのは、ハプスブルク君主国解体の一部始終の脚本はシェーンブルンで書かれているからである。まずナポレオンの部屋であるが、シェーンブルンを自分の司令部にしたこの征服者がウィーンで政務を執っているあいだ、この部屋に寝泊まりしていた。次にフランツ・ヨーゼフのあまりにも有名な寝室はまるで僧房のようで、鉄製の寝台が置かれており（心配した帝室の者が羽毛入りのマットレスを敷いた）、ここで老人は本当に幸せなことに大洪水［君主国崩壊］の二年前に亡くなった。その次は中国製の壁紙を貼った青色の部屋であり、若き皇帝カールがただひとり、この奇怪な見捨てられた殻に取り残され、交代のいないふたりの衛兵に見守られながら退位文書[*11]に署名を行った。「汝らすべてに対し、恒なる親愛の情をもってここに宣する。余は汝らが自由なる発展の障碍となることを欲せず」。

この文言はハプスブルク家らしくない。文言は、それ自身が認めた現実の体制転覆よりも、もっとはっきりと終焉を告げるものである。はるかな過去にがんじがらめにされた統治形態のうちに、こうした宣言の精神を二〇世紀になって急に導入しようとしてもできることではない。ハプスブルク家の者でもカール以外の者ならば、シェーンブルンからもっと素早く逃げ出していたことであろう。だが、彼らがこの宣言のように語ることはなかったはずである。ハプスブルク家の政策はいつも、ヘルマン・バールがいうように臣民を陶冶するものだったからである。そして陶冶できない者は打ちのめした。領土と宗教は、いつも念頭に置かれたふたつの事柄であった。ハプスブルク家が領土を保全し、臣民が善きカトリック教徒として振舞うかぎり、臣民は好きなようにしてかまわなかった。この陶冶という方法、そして臣民に順応性がないなら打ちのめすというやり方は、すでに他の人々も指摘しているように、本書でも言及した他の影響と相まってウィーン人のもつ柔軟性の重要な要因である。反宗教改革の時代にあっ

＊11　形式的には退位ではなく、国事不関与の宣言。

て、もっとも剛直でもっとも独立心に富む者たちは、殺されるか亡命に追いやられても自分の信条を捨てようとしなかった。またメッテルニヒの時代、もっとも危険な職業は知識を駆使する仕事であった。さらにいえば［ハプスブルクの］全歴史を通じて、影響力と権力をもった者たちは、皇帝にもっとも熱烈に忠誠を誓うボヘミア人やハンガリー人、ポーランド人であり、ハプスブルク家の双頭の鷲のもとで個人的栄達を図ることを、自民族への忠誠・紐帯よりも優先した。こうした者たちがウィーンの社会を率いたのである。彼らは善きポーランド人やボヘミア人ではなく、ある意味で転向者であった。皆が皆、けっして悪しき者たち、いわんや弱き者たちであったわけではない。多くは信念をもって帝国の紋章を支えたにちがいない。もっとも、そうはしなかった者たちが数のうえでは上回っていた。

ハプスブルク家の誰かが、たとえばマリア・テレジアの息子で後継者、そしてアンファン・テリブル［反逆児］だった自由主義的なヨーゼフのように、啓蒙君主の道を選んだときでさえ、喜んで人々の気ままを許すことはなかった。「そこまで！」というのが、ヨーゼフの好んだ言葉である。皇帝の意図を理解しかねた者に禍あれ。皇帝は人々に水の代りにワインを差し出した。だが、それが希少な年代物のワインであっても、四六時中飲め飲めと強制され、飲まなければ干からびて死ぬしかないとなれば、いいことずくめではない。たまには怠け者の皇帝が出てくれたら、オーストリアにとってどんなによかったであろう。そのよしあしはともかく、そんなことはハプスブルク家ではほとんどありえないことであった。

カールが退位に際して行った臣民への親愛の呼びかけ（玉座に収まり、トランシルヴァニア*[12]の奥地からやって来た代表団に話しかけるフランツ・ヨーゼフだったら、口にするはずのない言葉であると思う）

は、ハプスブルク家による統制を、遅ればせながら緩めようとする初めての合図というわけではけっしてなかった――統制はこれまでずっと鉄製の手袋をはめた鉄の手であり、手袋の中の手がいかにぐったりしていようと、そこにあるかぎりは、錆びたまま長い間放置されていても、握力を緩めることはありえなかった。今［一九三八年］から五〇年ほど前のこと、非現実的（ロマンティック）な考え方がこのハプスブルク家に、フランツ・ヨーゼフのひとり息子ルードルフと、加えて皇帝の弟マクシミリアンに出現した。もし皇帝が早く亡くなり、息子がもっと長く生きていたら、ヨーロッパの大戦［第一次世界大戦］は起こらなかったのではないか、と考えるのは無駄であろう。このころのハプスブルク家の歴史全体は、ヨーロッパの大変動が起こらざるをえないという運命の定めを明らかにするばかりに見え、そしてその定めは、ありとあらゆる手段によって強められ、不可避なものとされた。盲目の運命が、ここにおいて新しい色合を帯びる。盲目とはふつう、行き当たりばったりとか、あたりかまわぬ放縦と理解される。しかし、我々がここで振り返って衝撃を受けるのは、相手かまわぬ残忍さよりも盲目で人知を超えた決意――なんらかの手段で、あるいはあらゆる手段を尽くして、どんな犠牲を払っても、ある明確な目的を達成しようとする決意――である。その目的とは、戦争に突入させて衰弱したヨーロッパを瓦解させること、あるいは、戦争と混沌による浄化を通じて、衰弱したヨーロッパを再生させることであった――どちらの見方を取るかは読者にお任せしよう。他の国々では曲折のある動きも見られるが、オーストリアでは、等身大をわずかでも超える事柄すべてにわたって、眼前の光景は明瞭そのものであった。皇

＊12　オーストリア＝ハンガリー二重帝国のハンガリー王国に帰属し、現在はルーマニア西部に属する地域。

帝の座には、こうした戦争を無意識のうちに促し、そしてまた、あまり深く考えもせず戦争を裁可することのできる人間が座っていた。皇帝は人間である以上、いずれは死ぬであろう。その皇帝を取り巻く者たちのなかには新しい精神に染まった人々がいて、彼らがもし機会さえ与えられていたならば、先細りであっても、もっと長く事態を引き延ばすことができたかもしれない。そうした者たちの第一は息子のオーストリア＝ハンガリー帝国皇太子であった。彼はみずから命を絶つ。二番めは弟で皇位継承権第二位、気弱ながら頑固な理想主義者マクシミリアンであった。メキシコで銃殺刑により亡くなる。三番めはヴィッテルスバッハ家出身でロマンティストの皇妃であった。美しくやや狂気の気味があり、ハプスブルク家がよしとするものすべてに対し、激しく反対しながら暮らしていた。イタリア人の暗殺者の手にかかり亡くなる。四番めは見栄えがせず、未知数のところがある甥のフランツ・フェルディナントであった。彼もまた正当とはいえない思想を抱いていた。彼はガヴリロ・プリンチープの手にかかって亡くなり、それだけでは終らず、彼の死は報復の嵐を解き放った。

子どもじみていると思う人がいるかもしれないが、それぞれが新しい思想を抱き、それぞれが皇帝になにがしかの影響力をもったハプスブルク家の人々を、短期間のうちに襲った四つの暴力的な死を前にすれば、次のように見て取っても、あるいは見て取れると考えても赦されよう。すなわち、抗し難い勢いをもった力が働き、描き上げた目的に向かって無慈悲に突き進み、それは盲目的というにしても、細部に頓着しないということにつきる。むしろ意図を阻むかもしれないものすべてを排除しつつ、ヘロデ王の精神で殺戮に向かうのである。これが少なくとも、はるかな距離をおいて後知恵で振り返ったときの光景である。私は哲学者、神学者がほんとうに望むなら、彼らに任せて、全歴史を構成するこうした意味深い符合を説明してもらおうと思う。そこに因果関係があるのかないのか、私にはわからない。本書ですでに明らかにしたように、英国のエドワード八世の退位*13［一九三六年］のようなことは、一六世紀ハプスブルク家の政略結婚であれば起こらなかったと思う。こうしたことはすべて、それ自体としては些末で偶然であるが、それらが偶然であるのは、底を流れるある種の活動ないし過程――それらは、かつて政治家たちが長期的動向と呼び、当世は［社会主義経済］五か年計画に還元したものに従って絶えず作用している――にとってである。それらはしかし、ある徴候である。過程の向かう方向を示すものであり、ちょうど盛り上がった土が地下のモグラの歩みを示すのと同様である。しかし、どこまで進んだかはわかるが、次にどこが盛り上がるかは予測できない。憶測できるだけで、まちがっても不思議ではない。

さて、偉大な家系の長が帝位と自分の生き方とを天秤にかけ、後者を選び取ったとき（皇太子ルードルフのことをいっているのだが）、それは体制の急速な解体の徴候と受け取ることができよう。ルードルフは一八八九年に自殺を図った。モーツァルト没後一〇〇年を二年後に控えた年である。一七九一年の禍の徴候は、明敏な目にしか見えなかったであろうし、それもぼんやりとであった。今や我々にも、この時代の日輪が傾くなかで事態はまったく明白になっている。それにしても無視された天才の死とハプスブルク家の皇太子の自殺とのあいだに横たわる一世紀を通じて、時代精神は活発に動いていた。多くのことが起きた。ヨーゼフ二世はイエズス会の抑圧も含め、独裁的な革命を断行していた。つづくフ

＊13　一二七ページ訳注10参照。

ランツ一世とメッテルニヒは共同して、無血ではあったけれども凄絶な反革命でこれに対抗した。フランツ一世はイエズス会を以前のなじみの支配的な地位に復位させ、メッテルニヒは言論を抑圧して思想を無力化した。その後、メッテルニヒ自身は一八四八年の反乱で失脚し、そしてこの反乱はフランツ・ヨーゼフを驚愕させ、生涯消えることのない群集憎悪に追いやった。禍の徴候はそのころまでには各所に見られ、すべては同じことを、しかし異なる言い方で告げていた。それゆえ、そうした不穏な出来事に出会った者はそれぞれ、自分の利害にかかわる徴候を自分なりに読み取ることになる。フランツ・ヨーゼフもまた然りであった。

こうしたなかで、ルードルフの自殺とともに体制の基盤が揺らぐのがわかった。恐ろしい崩壊の兆しを見逃す人は、もはやほとんどいなかった。連綿とつづく君主たちは、帝国を築き維持してきたが、彼らがいかに権力を渇望しようとも、同時に義務感と責任感がその行動を抑制していた。抑制の度合は君主それぞれに異なっていたであろうが、一八八九年までは抑制が解かれることもなく、また解くこともできなかった。君主たちは自分の多くの嗜好を抑えねばならなかった。たとえ、この義務が時にはかえって自分の嗜癖に閉じこもる言い訳になったにしても。君主にとってもっとも大切なことは婚姻であった。それは、ふたつの必須の財産である領地と嗣子をあらたにもたらしたからである。この究極の目標を念頭に置いて眺めると、皇太子に妃を提供するに足る家門の数は驚くほどかぎられていた。フランツ・ヨーゼフのころには、新しい領地は婚姻によって簡単に手に入らなくなっていた。ただ、一定の家柄との結婚はまだ行われていた。政略を目的にしたり、あるいは、ただ何世紀にもわたって支配をつづけたりしているうちに、特定の家柄以外と婚姻を取り結ぶことに思い及ばなくなっていたからである。これはデカダンスであり、意味を失った旧い伝統を、不便をおして何がなんでも維持しようとすることであった。それは決められたことであった。一五世紀のハプスブルク家であれば、ハンガリー一国がもたらされるのであれば、喜んで下賤の娘とでも結婚したであろう。一九世紀のハプスブルク家は平民と結婚するよりも、持参金をもたず零落はしていても、やはり王女と結婚したことだろう。たとえ、その平民の娘が旧家の出身で、美しく教養もあり、途方もなく富裕で、南北両アメリカ大陸との同盟をもたらしたとしても、である。それは決められたことであった。

聡明にして自由主義的でありながら、強情で気紛れな若いルードルフであったが（この性格は、陰気で固執するハプスブルク家の血と、狂気じみて激しい熱情のヴィッテルスバッハ家の血——不幸な皇妃だった母親の血——との交配に由来する）、その結婚は定石通りの申し分ないものであった。妻はベルギー王女で頭が固く想像力に欠けていたが、嫉妬心は特に強いものではなかった。結婚は伝統に則った国事であったし、愛はできるものなら、愛人たちに求めればよかった。ルードルフはハプスブルク家の人間として、これを不可避のことと認め、従うにやぶさかではなかった。こうして結婚はしたものの、満足にはほど遠くて落ち着かず、多くの愛人をもうけた。ルードルフは何かというと遊興にひたり、それに入れあげることで、自分の家庭生活の不毛さ、スペイン宮廷風の形式一辺倒の偏狭さ、そして胸を焦がすみずからの政治的関心からいっきょに自分の解放を試みたように思われた。ルードルフはヨーゼフ二世と同じように——ただし、より豊かな想像力とより真実の情熱をもって——自分も「そこまで！」と命じて臣民がそれに従ってくれる瞬間だけを求めて生きていたからである。父が存命で現役であるかぎり、ルードルフは待たねばならなかった。そこで、暇つぶしに率先して遊びに耽るとともに、当時の進歩的な人士たちと少しばかり謀議をめぐらした。それがどの程度のものであったかはわからない。

我々にわかっているのは、ルードルフが突然に若い娘のマリー・ヴェツェラと恋に落ちたことだけである。伝えられるところを総合すると、彼女は魅力にあふれて美貌、洗練されていて陽気であった。男爵の娘で上層中流階級に属し、両親を介して上流階級と交わっていたものの、盾の紋章区分が一六ではなかったために宮廷へのお目見えを許されなかった。レンヴェークと市立公園をつなぐザレジアーナー・ガッセに両親と住んだ。そこはベルヴェデーレを中心として宮殿、庭園が集まる区画の端に位置している。事件の事実関係はほとんど知られていない。この若い娘が遭遇した悲劇を、現代風に再現することが我々の目的ではない。悲劇であるために、物書きたちが、いろいろな見当違いを含めてさまざまにその再現を試みてきた。我々は大事な事実だけを要約しよう。なんといっても、この悲劇は年代記的にはともかく事実上は、支配家としてのハプスブルク家の終焉でもあったのだから。ふたりは宮廷舞踏会で出会い、恋に落ちた。ルードルフはこれまでは移り気だったのに、今回は意地を張ってマリーを愛人にするだけでは満足せず、妻とは離婚して彼女と結婚することを望んだ。そこで密かにローマ教皇に書簡を送り特免を求めたが、教皇は自分の擁護者である皇帝に相談した。その後の父と子の遣り取りは耐えがたく激しいものだったであろう。ふたりは本音で語り合ったし、ふたりともハプスブルク家の人間であった。そして一九世紀に絶対君主であるためには、自分が心をもつことを忘れなければならなかった。それは、旧くて倒壊しつつある秩序の側に立つ者に課された義務への訴えであり、秩序を救済しうる唯一の人間に向かって発せられた訴えであった。数日後、ウィーン南西の樹木に覆われた丘陵地帯に位置するマイアリングの皇太子狩猟館で、ルードルフが銃で頭を撃ち抜いて死んでいるのが発見され、その傍らにはマリー・ヴェツェラの遺体があって花で覆われていた。

結局のところ、再活性化の見込みなどあるはずもなく、終焉ははっきりと視野に入ってきた。自己の基礎を揺るがすにとどまらず、曇りなき家名をも汚しかねない災厄に遭遇して、ほころびの見えていたオーストリア帝室は強い衝撃による発作に見舞われ、中世の残酷さへとひどく退化したような態度をみせた。若い娘は泥にまみれ、無垢な面影は汚された。強大な帝国の最高権力はマリーの存在を完全に抹殺する方針をとったが、そうはいかなかった。相愛のふたりが望んだように並んで埋葬されることはなかった。ルードルフの遺体は威儀をこらして横たえられ、彼が生涯にわたって忌み嫌った黒ずくめのスペイン式儀式を経て、カプツィーナー教会にあるハプスブルク家の地下納骨堂に厳かに埋葬された。他方、マリー・ヴェツェラは放置され横たわったまま、寄り添い見守る者すらいなかった。ハプスブルク家の人間が彼女のために命を投げ出したことなど、どうでもいいことであった。やがて真夜中になって、皇帝の命に従いマリーのふたりのおじがやって来た。遺体は服を着せられ、ふたりのあいだに立つようにして挟まれたまま運ばれ、階下に下ろされてきちんと身支度を整えると、上体を起こしたまま、ふたりのおじに支えられて無蓋馬車に乗せられた。まるで生きているかのような装いであった。マリーは近くの墓地まで運ばれた。何年ものあいだ世間は、このおぞましい茶番劇について何も耳にしなかった。六か月後、皇帝は若い娘の母親に一通の手紙を送るよう命じた。「不幸なるご息女の埋葬に際し採られた措置が、傷心の母御の胸の内に与えたであろう痛みを皇帝陛下は深く慨嘆なさるものであるが、惨劇の現場を覆った筆舌に尽くしがたい混乱、速やかな決断を要した事情、さらには採用された措置の緊急性に鑑みざるをえないのである」。

それはハプスブルク家終焉の時であった。傷心ながら女々しくはない皇帝が耐えるほかないと抑え込んだ苦悩を、我々は深く慨嘆するものである。それは皇帝個人の悲劇によって引き起こされたばかりでなく、皇帝が維持しようと腐心した伝統と遺産が崩壊したことにより引き起こされたものでもある。だが、鑑みざるをえないのは、良きにつけ悪しきにつけ、時代が変りつつあったこと、新しい作法の掟が、まだあいまいで感傷的にとどまり、時に滑稽であったにしても、ちょうど美徳の芽を孕んで形を整えつつあったこと、そして、新しい精神の最良でもっとも価値ある諸要素に敢然と取り組まない者たちは舞台から去らざるをえなかったことである。

ハプスブルク家の人間たちは去っていった。

ルードルフのマリー・ヴェツェラに対する愛の悲劇的結末が、その愛に全面的に起因するものかどうかはなんとも言い難い。否、十分な確信をもって、全面的に起因するわけではなかったといえる。ただ、我々にわからないのは、どの程度そうではなかったかということ、自殺がどの程度、政治の影響下にあったかということである。明らかなのは、皇太子の致命的な精神状態や悲観主義を引き起こしたものが、政治的理想の行き詰まりでもあれば、愛の見込みのなさでもあったことである。他方、ルードルフは首まで陰謀に浸かり、確立された秩序、つまり父が象徴する秩序を転覆させようとしていた、という報もあり、これはあながちありえない話ではない。周知のルードルフの行動には、当時露見していれば、皇帝がまちがいなく反乱の教唆そのものとみなしたものが含まれている。それ以上はわかっていないし、私にもわからない。誰かわかっている者がいようし、きっといるにちがいない。しかし、部外者には障壁が残り、それはこれだけ年月を経ても依然として堅固で、不幸な皇太子の人生を詳細に調べることを阻んでいる。ハプスブルク家の人間たちは、皇帝であろうとなかろうと、一族に忠実だからである。

しかしながら、たとえ今日、自殺の動機が主に政治的なものであったと確認されても、マイアリングの悲劇的性格が変るわけではない。ウィーンの森がこんもり突き出たところの西側斜面に位置するその小さな村にはルードルフの狩猟館があり、今はカルメル会の女子修道院として使われている（そこはカトリックの雰囲気を感じさせないか、感じるとしてもほんのわずかであり、そして大胆な造りのために非カトリック的息遣いを漂わせている）。彼の亡くなった部屋は礼拝室として使用されている。村には強く魅了するものがあり、訪問者にことのほか複雑な感慨を抱かせる力を具えている。森の暗さはかつてと変らず、陽光がそれをいっそう際立たせる。

マイアリングという場所自体が何らかの重大な意味をもつ、と言うつもりはない。ルードルフの人生は遅かれ早かれ災厄のうちに終ったはずだ、と言っても、ほぼまちがいないであろう。一八八九年、ルードルフは焦燥に苛まれ、放蕩に疲れ、日々自暴自棄となってゆく。しかし、あらゆる苦悩の根源だった皇帝フランツ・ヨーゼフは、さらに二七年の長きにわたって生きることになる。一九一六年、八六歳で父が亡くなったとき、ルードルフがもし生きていれば、早くも老境にさしかかる五八歳のはずであった――現実には、すでに三一歳にして忍耐の限界に達していたのであるが。いずれにしても、不幸はやって来たにちがいない。退廃の病がひとりの心にだけ取りついたわけではない。当時、ハプスブルク家の壮年男子のあいだには動揺が広がっていた。亀裂が顕わになっていた。一方には旧秩序が居座り、それを典型的に示していたのは皇帝の杓子定規と瑣事へのこだわりとであった。さらにはっきりと旧秩序を示していたのは、猛烈な反動派で、顔つきが猿を思わせるアルブレヒトおじ[*14]であった。その反対側には、熱い自由主義的な昂揚が弱さを伴いながらも存在し、その典型はザルヴァートール大公[*15]であった。大公は、自発的に特権を返上するとともに市民の娘［オペラダンサー］と結婚して、いとこのルードルフにうらやましがられた。こうした動きは避けられなかった。宮廷生活は一六世紀のスペイン宮廷が定めた途方もなく厳格な指針に従って営まれていた。皇妃エリーザベトは、その美貌と魅力にもかかわらず、周囲には厄介な女性であったにちがいなく、障害を打ち破ろうとして激しくぶつかっていき、大きな失望を経験した。礼儀作法の順守は変質して、退廃した廷臣たちにとって作法違反を密かに摘発することに堕し、作法を破る者に対しては、たとえそれが皇妃であろうと好きなだけ無礼を働いた。エリーザベトは夢みる女性であるとともに勇敢な人でもあった。彼女が宮廷を敵にまわすことになった行為は、ほとんどいつもたわいないものばかりで、時に賞讃に値し健全なものもあった。たとえば、彼女は馬がたいそうお気に入りで、そのため帝室厩舎の馬丁たちと仲良くなった。しかし、何を行うにも自分流でゲルマン的な天衣無縫であったため、いつも彼女が悪者になり、周りの人たちをいっそう頑なにした。［こうした旧套墨守に］ハプスブルク家の若い人たちがうんざりしていたのも無理はなかった。

現代のウィーンで指折りの楽しみといえば、王宮のなかにあるスペイン乗馬学校で一時間とか二時間を過ごすことである。たいそう魅力的な、周りがすべて白色の大きなバロック式広間で、そこでは一七世紀の式典に参列することができる。ホルンとトランペットからなると思われる小人数の楽団が懐かしい響きのする時代物の曲をすっきり飾らずに演奏し、それに合せて、旧い厩舎に飼われる純血種の馬たちが高等馬術のあらゆる動きを披露する。タン皮あるいはおがくずを敷いた馬場はきれいにならされて、ただ二本の丈夫な木の柱が数フィートの間隔をおいて真っ直ぐ立てられているだけで、その柱はちょうど理髪店の看板柱のように、らせん状の縞模様に塗られている。[*16] 楽団がファンファーレを始めると、乗馬した少人数の男たちの堂々とした隊列が入場してくる。三角帽をかぶり褐色のコートをまとって、白いバックスキンの乗馬用ズボンを穿いている。馬たちは世界で一番美しい種を揃え、純白のもの、真っ黒のもの、あるいはネズミ色に黒斑のものがいる。どれも長く垂れた尾をもち、小さな頭で首は弓形をしている。どれも実に正確に、踊るように軽々と脚を挙げる。リピッツァ産の若い牡馬である。馬たちはゆっくりと厳かに脚並みを揃えて去ってゆく。すばらしい名前がついている。プルート・メルクリオ、マエストーゾ・アフリカ、マエストーゾ・テオドラスタ、ナポリターノ・ヴィルトゥオーゾ、ナポリターノ・モンテヌエーヴァ、ファヴォリー・モンテネグラ、コンヴェルサーノ・プレシアーナといったように。近隣の厩舎に暮らしていて、そこへ行って軽くなでることもできるかもしれない。馬たちは素晴らしくて触れることのできる、別世界からやってきた来訪者である。馬たちが高等馬術の離れ業を演じられるようになるには、褐色のコートと白い乗馬用ズボンを身に着け、チェコ風やハンガリー風、ドイツ風の名前をもった者たちが何年にもわたって行う、しっかりした調教を受けなければならない。調教の

*14　フランツ・ヨーゼフ皇帝の父のいとこで、アルブレヒト大公、一八九五年没。
*15　ヨハン・ザルヴァートール大公。皇族特権を放棄後、自分の所有する城に因みヨハン・オルトと名乗った。
*16　現在ではグレーの無地。

段階を追って馬たちが育ってゆく様が、成長した馬の演技に現れているのが我々にも見て取れる。色を塗った［二本の］柱がその場に持ち出され、光る毛並みの馬は二本の皮紐につながれてそのあいだに立ち、鞭の鋭い音や短い号令に従って、びっくりするほど慎重に後脚立ちの気取った姿勢で歩む。その堂々とした筋肉の逞しさは、ルネサンスの彫刻家たちが作製したブロンズの馬を思わせる。柱が取り払われると、馬たちは入り交じってシュトラウスやランナーの音楽に合せ、ポルカやカドリールを踊る。ウィーンを一歩出たら、こうした音楽はいやになるほど時代錯誤であろうが、ウィーンでは気取った魅力をいや増しにするばかりである。時代錯誤などどこ吹く風で、それというのも、ウィーンは時代錯誤に基づいているからである。そしてついに技がすべて披露され尽くしたと思われるころ、壮麗なクライマックスがやって来る。ヴェテランによって行われる空中の妙技である。ここで我々は伝統馬術の素晴らしい型のすべて――ルヴァードからカプリオールまで――が完璧に演じられるのを見る。ルヴァードは数えきれないほどの騎馬像でおなじみだが、馬が後脚で立って動かない姿勢であり、後脚下部はあたかも地面と平行であるかのように畳まれ、他方、前脚は空を打ったあと、畳まれて大きな胸元に引き付けられる。カプリオールは不可能かと思われる極めつけの演技であり、後脚で立ち上がった位置から、前方にではなく上に跳躍する。胴は伸ばされ、首は弓形にしなり、前脚は胸の下に折り畳まれて後脚は流れるような尾の下で空中に蹴り出される……。

これが五世紀にわたり絶えることのなかった伝統の成果であり、しかも、ハプスブルク家瓦解後も生き延びてきた。我々が今日目にする馬たちは、一七世紀にナポリから連れてこられた原種の直系の子孫といわれる。式典もきっと同じことである。ほかでもない二〇世紀ウィーン（ニューヨークと同じように、馬など必要としない街）のど真ん中で実演されるこのあっぱれな高等馬術の保守主義のうちに、先の帝国宮廷が保持した保守主義が完璧に反映されているのを我々は見る。純粋種のリピッツァ産白馬がカプリオールをするのは、我々のどんな基準に照らしても無用の極みである。こうした馬たちは見栄えがして、美しく力強いが、あらゆる自然の動作から完全に切り離されて、現実性に欠ける状況に生きており、あらかじめ定められた歩調を一瞬たりともはずすことができない。一九世紀のハプスブルク家もまた同じであった。

純血種の馬の一生を支配する無意味な保守主義がある。それは見事な出し物を見せてくれるし、また世界のどこかに、乗馬について知るべきあらゆることを知っている人がいるものだ、と確信させてもくれる。そのような知識が保存されるのは、保存によって誰も傷つかないかぎり悪いことではない。しかし、この保守主義が、支配する家門の面々の人生に適用されるとなると話は別である。カプリオールやバロタードに余念のない宮廷は、あらゆる現実に耳をふさいだ見世物としては上出来であったが、一つひとつの動作は見る者にとって無意味であり、演技者にとっては決まりきったもので、演技者は生ける屍同然であった。

帝政最後の段階におけるウィーン宮廷の位置は実に独特だった。それはある意味で、たとえば英国王室よりもはるかに人目にさらされていたものの、しかし同時に庶民感情からはかぎりなく遠く離れて存在した。一般人でも容易に宮殿の廊下まで近づくことができた。毎日、楽団が演奏し、衛兵たちは王宮前の広大な閲兵場で交代した。これは今もロンドンで行われているが、ただの儀式として行われる。他方、ウィーンの交代式は皇帝の閲兵を予想するものであり、臣民も陪席しうるものであった。毎朝、フランツ・ヨーゼフ帝が書斎机を離れ、下で行われる交代式を誇りと愛着をもって見おろしていることを臣民たちは知っていた。ハンガリーの近衛兵――かつてマリア・テレジア直属であった――が兵舎であるフィッシャー・フォン・エルラッハの造ったバロックの宮殿に引き揚げるとき、臣民たちは、自分たちと同じように我らが皇帝も近衛兵のきらびやかな行進を楽しんでいることを知っていた。近衛兵は一人たりとも大尉の位より下の者はなく、皆が真紅の上着、羽飾り、黄色の長靴を身に着け、豹の皮を肩にまとって輝かしく、乗る馬の馬衣は緑色だった。交代式は宮廷の内輪の儀式であったが、誰にでも公開されていた。宮廷はいつも民衆とともにありながら、かぎりなく遠く隔たっていた。毎晩、リングにある帝室オペラ座やブルク劇場では自分の専用ボックス席に皇帝は姿を見せ、臣民のもっとも貧しい者たちと同じ時に同じ出し物を見ながら酒をたしなみ、同じ音楽を堪能した。だが、表向きの親密さは偽りだった。英国王室は私的な生活をもち、すべての臣民の私生活と同じように不可侵である。公式の機会を別にして国王、女王が姿を現すことは多くない。ウィーンの人々は、我々英国民がバッキンガム宮殿やウィンザー城の内情を知っているよりもはるかにくわしく、王宮とシェーンブルンの内情に通じていた。英国王家はハプスブルク家にくらべて、晴れがましい社交活動を庶民と共にすることがはるかに少ない。もっと頻繁にそうしたほうがよいかもしれない。にもかかわらず、英国王室は、日常生活のなかでは民衆のかぎりなく近くにいる。

帝都ウィーンでは奇妙な空気が支配していた。市民は強力な宮廷の陰で生活を営み、いつもその宮廷を眺めることができたが、宮廷が人々に目を向けることはけっしてなかった。宮廷はまるで山の頂のようで、谷間の上にそびえ、魅惑的でロマンティックであるにしても、手の届かない存在であった。あるいはヴィクトリア朝のいかめしく厳格な悪しき家長を想い起こすのもいいだろう。この家長は、秘密を要する場合は別にして、いつも姿を見せていて、いつも人目を引く頬ひげをはやし、ブラシをかけたフロックコートを着て隙がなく、いつも断定するように語るので返事のしようもない。子どもたちはしばしば父を見かけるが、父が子どもたちに目を向けることはない。唯一例外は、子どもたちがいうことを聞かず騒ぎを起こしたときである。子どもたちは父の威光に浴し、あえて異を唱えるようなことはけっしてせず、万が一背中をみせてくれようとも、そのままそっと遊びをつづけ、ささやきをかわす――いっそうそっと、ひそやかに。なぜなら神のごとき父が、いつ振り返ったりしないか、わかったものではないからである。そうなったらもっと不様なことに……。

こうしたことはすべて、無くならねばならなかった。まさに亡くならねばならなかった。そして「ルードルフが」亡くなったのは、冬の日、一八八九年一月三〇日、マイアリングにおいてであった。おそらく他の時、他の場所で同じように亡くなることも十分ありえたろうが、マイアリングにはある種の不可思議な力が存在する。森の木々の放つ冷えびえとした魔力は、木々が茂る丘の頂で暗く茫洋として存在し、我々の知性によっても減じることがない。この孤独のなかで、連綿とつづいた家系の精神は砕かれた。それは劇のクライマックスだった。そして終局はシェーンブルンで演じられた。

Ⅶ　リング（環状道路）

もうずっと以前のことのように思えるけれども、窓からそよぎ入る穏やかな微風で、千もあるカフェのうちのひとつにくつろいで座っていた。数ある種類のなかから名前だけで注文したコーヒー、その産地を特定することなく自分で選んだ一品を、飲みながら。いい気分で談議――ヨーロッパの将来やその他もろもろについて――を始めたが、話はそれていって我々を、過去と化したものの渉猟へと送り出した。我々はたくさんのことを見たのであり、それはここに記録にとどめたことをはるかに上回っている。というのは、周遊するたびに過去の新たな側面、ないしは変貌した側面が現れてきたからである。我々は、身のまわりに横溢している生活にほとんど一瞥も与えることなく、時を超えて巡り歩いた。しかし、生者を無視し押し退け、死者を眺めてきたとしても、今や少なくとも彼ら生者の背景についての何か漠然とした観念を我々はもっており、それこそ我々が得たいと思っていたものである。人々を、何世紀もかけて徐々に歩んできた彼らの背景を考慮せずに眺めるなら、彼ら男女は操り人形の群と同じ意味しかもたなくなってしまう。さてここから最後のページにいたるまで、さらには本書の表紙をつきぬけて、我々は思う存分、現代に生きてみよう。すでに述べたように、現在は過去と密接に絡み合っているので、このふたつを分離するのは困難ではあるけれども、ウィーンはそれでも現在を持っているのだから。その現在は固有の美をもっているが、静的であり、歩みを止めている。それはいくつもの意味において、そして何ともしっくりと、閉じた円環であるリングによって象徴される。

我々の眼に真っ先に飛び込んでくるもののひとつは、リング通りと呼ばれるあの大通り、並木のある街路にほかならない。［ウィーン周遊の］最初のころから、我々はあれやこれやの幻影を追いながら、リング通りを渡ってはまた戻ることを数えきれないほど繰り返してきた。けれども、ときどき冷めた視線を送るくらいでそれを無視してきた。それでうまくいったのだから驚きというべきだろう。振り返ってみると、私はリングにとらわれることなくウィーンでこんなに多くの時間を過ごすことが可能だなどと考えるべきではなかった。こんなことをいうのも、とどのつまり、今日のウィーンは、生きているウィーンは、ほとんどリング以上のものではないからである――それに加わるのはせいぜい、我々があまりにも表面的にしか見てこなかった、あのゴシックとバロックの背景がすべてである。

ここまで書いてきたなかでは、ウィーンはバロックであると、かなり強調していたように思う。けれども、リングはバロックではないとはいえ、それでいてたしかにウィーンである。我々の旅程のさまざまな箇所でそのほかにおこなった断定を想い起こすとき、すなわちウィーンは（a）ミノリーテン教会である、（b）雪のなかのシュテファン大聖堂である、（c）一九世紀のカフェである、（d）王宮である、（e）シェーンブルンである、等々という断定を想い起こすとき、我々の気分が、その時々の我々を誤り導いたのである。ウィーンは、ほんとうはこれらすべてでありながら、さらにそれ以上のものであり、とりわけリングであるという結論に我々は逢着する。全体は部分よりも大きいという古い格言――いつも正しいわけではないにせよ――を思い合せてみるならば、これは実際、何も驚くべきことではないであろう。

燦然たる盛期バロックの栄光への思いに耽るなかで、我々は軽視するような口調でリングを引き合いに出した。だがそれは第二印象であった。我々の第一印象は、ありふれた台詞を繰り返すけれども、宝石のような石をちりばめた輝く環であったことを思い出してほしい。第一印象とはその本質からして第二印象よりはるかに真実に近い。すべては観点の問題である。初めてウィーンに到着したとき、我々はリングと沿道の巨大な建物群を見た。我々はコヴェントガーデン、ピカデリーサーカス、ドルアリーレイン、サドラーズ・ウェルズ、そしていうまでもなくサウス・ケンジントン、トラファルガー広場を思い出した。我々はそれらすべてを思い出し、絶句した。あたかもこれらすべての場所と施設が、バッキンガム宮殿、ロンドン市議会、ロンドン大学とともに投げ込まれて、ひとつの壮大な凱旋路に造り上げられているかのようなのがリングであり、それは陽光を浴び丘陵から吹いてくる微風になでられ、甘い香りのする菩提樹に覆われていた。

とはいえ、ベルヴェデーレの庭園で夢想し、創造的衝動の極みに茫然自失し、その完璧さと崇高な信念に達しないものすべてをいらいらしながら無視しようとする気分でいたときには、ゼンパー*1の論説にみられる味も素っ気もない思想は我々に冷たい戦慄を覚えさせた。しかしながらこれまでに、我々はベルヴェデーレ建設以来の我が都市ウィーンの歴史を十分に概観してきたので、［リングに立ち並ぶ］これらの無邪気な贈り物をそのぶん暖かくて柔らかな光のなかで、わずかながら円熟した眼で眺めることができる。実際、我々はすべてを考慮しつつ、［時代転換の］雪崩の速度および確かな目的を考慮しつつ、リング通りはあるがままに美しいと感嘆することが赦されよう。一九世紀後半をとおして都市再建がヨーロッパじゅうのあちこちで進んでおり、そのいくつかは堂々たるものであったが、たいていは見劣りがした。しかし、ヨーロッパ大陸じゅうを探しても、また英国でも、この通りに具体化されているほかには、衰頽を眼中に置かず時代を讃える決意をこのように力強く誇示している場所はどこにも見られない。

この通りの周遊が、我々がともにする最後の散策となるであろう。最後に熱意を込めて弁舌をふるうのに、これ以上にふさわしい場所をみつけることはできないであろう。すでに述べたように、この通りはもはやこれ以上、物理的にも精神的にも成長することのない都市を内包する閉じた環である。これもだいぶ以前に述べたことだが、この通りはデカダンスを公に登場させた所である。ここは事実上、ウィーンの文化生活の焦点となっている所でもある。

リングの生活の要素のいくつかを我々はすでに一瞥している。それらはリングよりも古いからである。たとえば我々は、王宮が我が都市の発展のために果たした役割を何ほどか知っており、そしてハプスブルク家を芸術の保護者とみなし、手っ取り早く、時をいっきょにかけめぐって、彼らの保護活動で集められた成果を目にしたのである。ようやく一九世紀になって、王宮の向かい側の巨大な［美術史］博物館に収蔵されることになったあの品々である。これに対し、現代のウィーン人の生活にあってことのほか大きな位置を占める劇場生活を我々はまだ一瞥もしていないのだが、その本拠地もまたこのリング沿

＊1　ゴットフリート・ゼンパー（一八〇三―一八七九）、ドイツの建築家、芸術理論家。晩年にはウィーンのリング通りの計画にも関与した。

いにある。

我々は王宮庭園［ブルクガルテン］で休息しているとしよう。休息のためには、これ以上魅力的な場所を見出しえないだろう。ハプスブルク家の時代に、そこは一般民衆には公開されない数少ない宮中庭園のひとつであった。その小ささと虚飾のなさはかつての所有者たちをそれとなく反映しており、そして計算づくの政策なのか、おのずからなる心遣いなのかはともかく、奇特な寛大さ——後期のハプスブルク家が自分の財産に対して示した態度を特徴づける——を際立たせている。この伝統を始めたのはヨーゼフ［二世］であり、主義に基づいてといってよいだろうが、鹿猟園であったプラーター、ドナウ川とドナウ運河にはさまれたレオポルトシュタットのアウガルテン、その他の快適な行楽地を開放した。しかし、ヨーゼフの処置のほとんどは死の床にあった彼自身によってか、彼のすぐあとにつづいた後継者たちによって取り消された。彼ら後継者たちのためにいっておくとすれば、彼らは自分たちの領地を囲い込むようなことまではしなかった。王宮庭園［ブルクガルテン］は今、都市のもっとも忙しい、流行の先端をゆく地区の中心にあって、樹木が美しく生い茂った小さなオアシスとなっている。かつては私有物であったのに、突然、強制的に群衆に開放されたすべてのものが長く保持しつづける独特の雰囲気を、そこは今でも漂わせている。王宮の新しい翼［新王宮］の陰になるところにあり、温室［パルメンハウス］を背にして砂利を敷きつめたすばらしいテラスをもっていて、今は野外カフェとして使われている。そこから下がったところは葉の茂った庭園で、昼時にはオフィスで働く疲れた者たちを癒してくれる。夏の夜には、そこでしばしばウィーンの得意とする曲目の野外コンサートが、ときには小規模のオペラさえ催される。そして薄暮のなか椅子に腰かけ、小虫の飛びまわるのを忘れて、モーツァルトの絶品にひたろうと努めながら（ここではモーツァルトのあまり肩のこらない作品だけが演奏される）、人が終始するどく意識するのは、宮殿の屋根の上に鎮座し、翼を広げて、暗さをます空を背景にシルエットをつくる黒々とした［ハプスブルク家の］巨大な鷲である。

いずれにしても我々はここ［王宮庭園］に座っている。穏やかに、といってもガソリンでうす汚れた通りから石を投げれば届く距離である。我々は立ち上がり、快い曲がりくねった小道を抜けてゆきさえすれば、まさにリング通りの上に立つことになる。この三列の菩提樹並木のもっともすばらしい地区の光景についてはすでに述べたが、右に曲がって出てみると、並木のただ中に立つことになる。そこはブルクリングで、王宮［ホーフブルク］にちなんで名づけられた。リングは多くの区画に分けられ、それぞれは固有名をもっている。しかしながら先の［第一次世界］大戦以来、支配する［ハプスブルク］家の安定した影響力がなくなると、名前はたえず変り、そこここで我々がまごついて、時代から取り残されることになっても驚いてはいけない。

こういってもまちがっていないと思うが、ブルクリングの名前は変っておらず、そして変ることはないだろう。左側は双子の建物、すなわち美術史博物館と自然史博物館が全体を占めており、右側には宮殿自体のまとまりのない広大な建物群が、庭園とヘルデン［英雄］広場と呼ばれる閲兵場に面して立っている。リングからこの庭園と閲兵場に行くには印象深くどっしりした石造りの門を通ってゆくことになる。両博物館は、その精神からいうと安ぴか物たるを免れないとはいえ、イタリア・ルネサンス様式で壮麗なまとまりをみせており、全体の構成は純粋主義といっていいような雰囲気が漂っていて、好ましく印象深いものがある。それぞれ小丸屋根をもち、黒ずんだ装飾の多いふたつの建物はまったく同型で、マリア・テレジアと配下の将軍たちの像を配した華麗な庭園をはさんで向かい合っている。その後方、庭園の先に見えるのは、かつての帝室厩舎の低い寒色の漆喰壁である。[*2] 我々もまた血管のなかに一九世紀の血をもっており、その遺産をまったく否定することなどできないことを想い起こさないといけない。それを否定したら我々自身を否定することになり、我々は生気のない幻影と化してしまう。周辺の丘の上の雪はまだ解けきらず、ライラックの柔らかな葉はまだじょうぶな外皮に包まれたままの早春のある晴れた朝、この大通りをゆっくりと歩いてみる。空気はとても乾いてきらめいており、自然の営みのゆらぎはとても身近で、心は浮き立ってきて陶然とした気分になる。そのとき、すべてはありうる最善の世界のなかで最善のもののためにあるように見えるだけではなく、実際にそうであるのだ。そしてこのすばらしい晴れやかな並木道は達成への大道、豊かな未来の約束であって、それほど豊かでなかった過去の派手な記念碑ではもはやない。いつもと変らぬ、少なくとも同じようにしっかりした気分で、双子の博物館と帝室厩舎を三つの面とし、花壇や緑の芝生をしつらえ翼を拡げた宮殿に接している広々とした王宮前区画を第四面とする大きな広場に立ち、前方に現れてくる白い大理石でできた国会議事堂の建物を一瞥し、そよぐ梢の上に突き出している市庁舎の尖塔を目に収める。こうしたときの気分で経験するのは、あえて意識をそらすことでもしないかぎり経験せざるをえないのは、まもなく日没となるのに夜明けだと讃えてこのような建設を行った一九世紀の伝道者たちの、晴れやかでたぎるような熱狂のいくぶんかである。

ウィーンではあまりにも多く、フェーンが話題になる。フェーンが存在することはまったく確かだし、ウィーン人の生来ののんびりは概して他の原因によるにしても、それに輪をかける働きをしているのは疑いない。それはまた、よそから来た人にも影響を与える。しかしフェーンは毎日吹いているわけではない。冬になって全市は雪で覆われ、リングに立ち並ぶ木々は今では黒ずんだ骨っぽい指を伸ばしたようである。氷のように冷たく水晶のようになめらかな白雪が幹に筋のような模様をつけ、大枝に貼りついてクッションをつくっている。そして強い東風が平原のほうから吹き寄せてくる。こうしたとき、フェーンが吹いてくれないかと願うことがしばしばである。太陽が無限に透明で水晶のような大気をとおって輝き、湿気がまったくないために呼吸する行為そのものがほのかな逸楽になるような早春の日々にも、フェーンはやってこない。さて、我が都市ウィーンには都市――巨大都市ではなく、ふつうの都市――への希望を人にふたたび抱かせる特性があり、その特性をまぎれもなく見出すのはリングにおいてである。この通りは十分に広く十分に開放的で自然の土で十分に縁どられ、天然の色濃い丘陵を遥かに望むこともでき、空を身近なものに感じさせる。そして我々はこの健全な喜びのただなかにあるとともに、同時に芸術、学問、政治が軒を連ねる都市文化の最高の表れの中心にいる。

ブルクリングが終り、王宮の敷地が尽きる大きく湾曲したところまで来ると、右手の緑地が国民庭園［フォルクスガルテン］のほうまでつづいているのが見え、左手には政治の殿堂［国会議事堂］が見えてくる。そこはリングにおける政治の地区だといえるけれども、すっかりそうだというわけではなく、もう少し進んで国民庭園が終った先にはブルク劇場があり、さらに進んだ左手には大学がある。実際この辺りでは、芸術や学問、政治が交錯している。とはいえ、なんといっても力点は市政と国政にある。通

＊2　現在は存在しない。三一ページ訳注1、参照。

りの名前やそこにある記念碑からいっても政治から逃れるわけにはいかない。実際、司法会館から大学にいたるまでのこの区間は、今はふたつに切り分けられたといってもよく、それぞれ名士の名前をとって、国会議事堂を擁するドクター・イグナーツ・ザイペルリング*3と、市庁舎を擁するドクター・カール・ルエーガーリング*4とになっている。前者はインフレーションの時代に疑り深く非情な国際連盟を説き伏せてオーストリアへの借款を認めさせて国を破滅から救い、後者は最初のキリスト教社会党のウィーン市長で、一九世紀にウィーン市を金融業者や増長した商人たちに支配される不名誉から救った。しかし、きわだった才能をもつこのふたりをなんら軽視するつもりはないけれども、昨日生まれたばかりの子どもならいざしらず、リングのこの区間をふたつに分かれたものなどと考えることはできない。そこはもともと、フランツェンリングといって、皇帝フランツの名前を採ったものであり、そして帝国の首都ウィーンを知る人々にとっては、それ以外には考えられない。そうした気持ちとは無縁の筆者は、そこをびっくりするような名称である十一月十二日リングと考えざるをえない。それは革命と公的な再出発の一九一八年一一月一二日にちなんだ名称であった。この名称が今のものに変えられたのはつい最近［一九三四年］のことで、あの勇敢で悩み深く、指導を誤り、ついには殉職したドルフース博士［首相］が愚かにも火器を用いて、一一月一二日を祭日にした人々を弾圧したあとのことである。じきにまた別の命名がなされるのではないかと危ぶまれるし、改名につながることになるような事件は何であれ、ここで起こるのはまちがいない。リング全体のなかでもっとも美しいこの区間は、数多くの暴動や流血沙汰を見てきた。革命がおのずと発生する舞台なのである。社会主義者が支配していた不安定な時期に、ここで農民と労働者が衝突したり、司法会館を焼失させたりした。ここでは機会あるごとに示威運動が行われている。ヒトラーがドルフースを殺害したとき（もちろん代理人を使ってであり、古い時代の手法にうまいこと立ち返っている）、リングがそんなにも邪悪な動機による争いに汚されなかったことを喜ぶ人もいる。適所を嗅ぎつける優れた感覚により、バルハウス広場にある古い外務省[*5]が殺害実行場所に択ばれたが、この場所はプロイセンの暗愚と密接に結びついている。というのは、この現代ヨーロッパでもっとも恐ろしい地点に、捏造・隠蔽・盲動の電文遣り取りの組織があるからであり、政治家たちはこの電信中枢の確立が必要だと考えた。かくして老体の皇帝は説得され、彼らの要求、彼らの才走りすぎた要求、ポツダムの成り上がり者の生焼けでなげやりなほら話に同意を与えた［第一次大戦への突入］。幸いなことにバルハウス広場はリングから十分離れていて、ミノリーテン広場と王宮の宰相府翼で囲まれている[*6]。ここを横切ると背筋がぞくぞくする。むろん、遅かれ早かれ戦争になりそうであった。しかし、あらゆる予兆からみて災厄の火元は、なにはともあれ戦争を編み出すのに適した場所、つまりベルリンのヴィルヘルム通り［ドイツ政府］になるはずであった。しかしながら偶然がウィーンにその栄誉を与えたのであって、それはシュランペライの報いであり、何人もの外務大臣[*7]を選ぶに際してみせた著

＊3　現在は、ドクター・カール・レンナーリング。
＊4　現在は、ウニヴェルジテーツ（大学）リング。
＊5　一九二三年から一九三八年まで、外交は政府の一セクションの業務として行われ、首相が外務責任者を兼ねていた。したがって正しくは、ドルフース殺害は首相府の建物で行われた。
＊6　バルハウス広場は首相府入り口にある広場で、ここを囲うのは首相府、国民庭園の一角、そして王宮のアマーリア翼である。ミノリーテン広場と宰相府翼はこの広場に面していない。

しい犯罪的怠慢の報いでもあった。この場所に呪いがかかっているのはまちがいないが、勇敢な首相［ドルフース］のそこでのむごたらしい死は、それを取り除くために多少の寄与をしたかもしれない。幸い、その呪いは隠されている。すべての外務省はもちろん隠されているべきである。しかし、通常は隠されていない。たとえば［ロンドンの］ホワイトホール三番地のおだやかな正面玄関は、まともな感覚の持ち主にとって憤懣の対象である。外務省が必要なのは下水溝が必要なのと同じで、機転をきかせたのか魔がさしたのか、ウィーン人はそれを人目につく所に置いた。

　我々はリングから離れて、もっと暗い世界へとさまよいこんでしまった。リングは暴虐や流血沙汰を見てきたとはいえ、もっと高潔な特性を帯びた場所だからである。素朴で虐げられた人々である農民と労働者の無力感が怒りとなって爆発した。農民と労働者は自分たちのために世界を正すべく全力を尽くすが、現制度の下で彼らのそれぞれの目標がくいちがうことが明らかになれば、おたがいと死闘を繰り広げることにもなる。リングにも世界大戦を思い出させるものがひとつだけある。それは円環のずっと向こう側のほうのシュトゥーベンリングにある。そこはかつてベルヴェデーレ周辺のウィーンでもっとも豪華な邸宅の多い地区から流れ込んでくる馬車を、次々と受け入れた通りであった。それらの馬車はプラーター・ハウプトアレーの華麗な馬車行列に加わるために出立してきたのである。シュトゥーベンリングは今では主として国防省の巨大な建物[*8]でよく知られており、それは［シュトゥーベンリング］一番地と称しているけれども、通りの一方の側のほとんどを占めているようにみえる。灰色の建物正面は［ふたつの］古代の兜をあらわした巨大な石の彫像で飾られ、それは大きく歯をむいた頭蓋骨の趣がある。英国人ならこの大きな建物を、感慨を抱かずに通り過ぎることはできない。尊大な紋章をつけたこの灰色の壁は、我々英国人が［第一次大戦の］四年のあいだ、破壊すべく戦って破壊した頭脳を、つまり司令塔たる神経中枢を覆っていた殻の残存物である。オーストリアがもはや語るに足るほどの軍隊をもたなくなった当時［第一次大戦直後］とくらべると、今では感慨も弱まっている。どの国民も、破壊し破壊されるためにつくりあげた軍隊を今でももっている。それにしてもこの建物がかつては帝室の命運を左右したのであり、そしてハプスブルク家が復活しようとしまいと、k. u. k.［二重帝国］の文字は二度と強大さを示す紋章とはならないであろう。この建物には皮肉な一面もある。なぜなら、これはリングにある大建築物のうちで、ハプスブルクの虚栄心の記念碑となる最後のもののひとつだからである。これは一九一三年になってようやく完成した……。

だが、ほんとうのところ、現代の政治のことで時間を浪費し、後味の悪さを残して締めくくりたくはない。我々はプロイセンに対して、ましてやドイツに対して、取り返しのつかないようなぞんざいな態度をとろうなどとは思っていない。ドイツという国は、この何十年間か折にふれ、ある国が国内の凶暴な分子に支配権を認めると何をしでかすかわからないということについて、どこか病的な見本を世界に示しつづけてきた。けれども、この国がヨーロッパの残りの国々を狂った自殺的協定へと追い込んで全

＊7　一八六七年以降のオーストリア＝ハンガリー二重帝国では、ハンガリー側の要望で正式の首相は置かれず、外務大臣が実質的に首相職を務め、バルハウス広場の現・首相府の建物で執務した。少し前にドルフース殺害の場所を筆者が外務省としたのは、この事実を念頭に置いていたのであろう。

＊8　現在は、オーストリア政府のいくつかの機関が入る庁舎となっている。

減させるのでなければ、ある点で現在の我々すべてにとって、ひとつの典型になるのかもしれない。

国会議事堂と、魅力的な公園の向こうに立つ市庁舎には目をくれないでおこう。ただ、言っておくとすれば、一九世紀的ゴシック様式ずくめの市庁舎（この世紀のゴシックの、ふつうの造りよりも格段によい造りであることは認めなければならない）の真ん中に、ウィーン市歴史博物館が入っていて、他の何ものよりもこの都市の詳細な背景をみせてくれるし、すべてを生き生きとよみがえらせてくれる。*9 大学にしても、そうしたものはどこの都市にもあるものなので、ふれないでおこう。そしてもう、我々の進んできたこの方向にこれ以上行かないことにしよう。というのは大学を過ぎ、フランツ・ヨーゼフがハンガリー人の仕立て職人リベーニの手による暗殺を免れたことを記念して、救済聖人に捧げられた双子の透かし細工の尖塔をもつヴォティーフ［奉献］教会を過ぎると、あとはインフレーションの時代には気味悪い蜘蛛のように人を絡め取る禍々しい証券取引所に出くわすだけだからである。今我々の関心を引くのは、ウィーンと他のヨーロッパの大きな首都との類似性ではなく相違である。そうした相違を象徴的に示しているのは市庁舎の向かい側にあるブルク劇場であり、そしてこれよりもっと大きく、ケルントナー通りに接していて、我々がリングめぐりを始めた直後に背にしていたオペラ座である。結局、我々はリングをぜんぶまわることになりそうもない。

ウィーン人の軟弱さ、知的活力の欠如、そしてそのことの歴史的原因について多くの言葉を費やしてきた。予想されるとおり、ウィーンは大作家をほとんど輩出してこなかったし、超一流作家となると皆無である。それというのも、偉大な作家というのは、たとえ彼の思考が錯綜したものであるときでも、多年にわたる厳しい検閲で引き起こされる知的な臆病が蔓延するなかで活躍することはできないであろうから。この事情は実際、ウィーンが文学に劣り、音楽に優れていることの唯一の理由としてよくあげられる。しかし、事はそう単純ではない。この三〇〇年をとおして支配的であった社会的諸条件は、作家よりも作曲家にとってずっと有利だったのはまちがいない。作曲家の仕事は目に見えるかたちで彼の政治的意見を反映するものではないからである。彼の内に秘めた思想があらんかぎり破壊的であっても、どれかある交響曲が実際に革命を煽るものであると立証するのは難しく、秘密警察ですら首をひねるであろう。美の世界にあっては、どんな基準によっても社会問題とはかかわりのない表象を、芸術家は轡《くつわ》をかまされることなく躍動させることができ、そしてこうした独占的世界のなかで、作曲家こそはもっとも気楽である。ウィーンと音楽との格別な結びつきはこうした事情によって強められたにしても、それはしかし、もっと深い諸原因に根ざしているにちがいない。そして私はそれら原因をここで分析しようと試みないばかりか、そうした分析は可能かもしれないが、どこでも可能だと示唆するつもりもない。ある国民の気質に影響を与えている要素すべてを発見し考量することは、人が生涯をかけても成し遂げられないだろう。だが、もしある国民の創造的衝動がいわば宙吊りにされた素材であり、みずからをもっとも適した形に鋳込む時代の鋳型を待ち受けているのであるならば、ウィーンにおいて高度な展開をみせているものとして、音楽ばかりではなく絵画もまた、たしかに見出しうるはずではないか。

＊9　ウィーン市歴史博物館は一八八八年にウィーン市庁舎内に開設された。現在はカール広場に面した独立の建物となっている。

画家もまた抽象的美の王国に近づくことができるからであり、たとえ画家はそこに日々の生活の何やかやを持ち込まなければならず、作曲家はそうしたものをまったく持ち込む必要がないにしても、である。しかし、そうした優れた絵画は見出せない。ウィーンは他の都市と同様、画家たちを輩出しており、バロック期のグラン派とロットマイル派、一九世紀のマカルト派、カノン派、シンドラー派がある。けれども、彼らはウィーンの外ではともかく、内ではもっと注目されてしかるべきであるものの、その才能はなんともこぶりである。ほんとうのところ、偉大な音楽家たちの甘美な狂騒に対抗してはっきりとその声が聞き取れる芸術家は、一七世紀から次の世紀にかけての建築家たちだけである。

しかし、原因はなんであれ音楽ばかりが鳴り響いているのであり、そして音楽ということで私が考えているのは、高度に哲学的な内容のものでは必ずしもなく、抒情的な表現としての音楽である。オーストリアは、イタリアを別とすれば他のどの国にもまして、抒情的音楽の故郷である。ワルツひとつをとっても、それを証明するのに十分である。それが思想検閲によるところがあるのは疑いないにしても、音楽が他の多くのものにくらべて郷愁の自然な発露であるという事実にもよっているのであって、虐げられた人々は郷愁に浸ることに慰安を求めて、それを歌で表現するのである。オーストリアの地方諸州はチロルからトランシルヴァニア［現在、ルーマニア領］に至るまで、英国の基準でいえばつねに虐げられてきた。ウィーン人のあいだにはまた、私的な黙想よりも公の場で表現するほうにむしろ刺激を見出すふうがずっとあり、音楽の愛好と並行して劇場への情熱がみられる。

このことは我々を名立たるブルク劇場に連れ戻し、それは我々がずっとたたずんでいた場所の目の前にある。一九世紀の帝都ウィーンの文化生活がかくも華々しく転回したのは、オペラ座とともにこの建物をめぐってであった。この劇場は、その最盛期にあってはコメディー・フランセーズとならんで世界でもっともすばらしく、ゾネンタール、レヴィンスキー、それに伝説的なカインツの三人の名優が名を連ねていた。ヨーゼフ・カインツは生来、役者の美点を何も備えていなかった。彼の持ち前の声は貧弱であったものの、それを訓練して超え難い妙技を支える道具にまで仕上げた。彼は短躯であったとはいえ、巨人を演ずることをやってのけた。彼は美男子ではなかった。天才の力を尽くして、数あるみずからの弱点を克服した。彼は一九一〇年に五二歳にして亡くなったが、彼の声を記録したレコードが存在している。かすれた音をとおしてあの諧謔まじりの声音が聞こえてきて、この男の偉大な存在全体についての観念を、いまなお十分に与えてくれる。もはやウィーンにカインツはいないけれども、優れた演技をみせてくれる都市であることにかわりはない。ブルク劇場は人気の名優たちのみならず、団員がみなその芸の達人である老舗のレパートリー劇場であるという点でも壮大な伝統を背景にもっている。今日では、ブルク劇場の様式は虚ろで擦り切れているといって嗤うのがはやりである。事実、その様式によって立つ内的な確信がないままに台詞が伝統的仕方で朗誦されるといった、痛ましい空虚さをもった場面に出会うことがしばしばある。とはいえそこで、残念なことに英国ではもう死に絶えてしまったような優れた演技と確かな熱弁を、実人生よりも大胆かつ壮大な姿で目のあたりにすることができる。忘れてならないのは、英国が優れた演技力をもちながら、それを「鐘[*10]［The Bells］」のような駄作に濫用していたあいだ、ずっとウィーンでは、つまりこの衰頽のなかにある都市、たえず苦しめられて軟弱化し

＊10　「鐘」は一八七一年にロンドンでヘンリー・アーウィングの主演で初演。好評を博し、繰り返し上演された。

た都市では、ブルク劇場の最盛期の偉大な俳優たちが、満場の観客をこの世のもっとも偉大な演劇へと引きつけていたことである。そして小粒になったとはいえ、その継承者たちが今もなお引きつけていることである。

実際、ウィーンに数あるもののうち、演劇はもっとも活発である。舞台芸術は発展をやめていないもののひとつのように思える。シェイクスピアがおおげさな身ぶりで演じられるのに我慢できない人々には、近くのヨーゼフシュタット劇場の商業的な舞台がある。こちらは国家の援助を受けていない劇場であり、自然主義的な演出をする系統で、我がロンドン劇場の味気なさに輪をかけたようなものである。ブルク劇場にあって劇は大がかりでしばしば深く心を動かすスペクタクルであり、壮麗さを、時としては悲愴な壮麗さをめざしている。「スペクタクル」といってもぜいたくな興行を指しているわけではなく、観客が舞台の出来事から距離をとり、自覚的に鑑賞するものを指しているだけである。他方、ヨーゼフシュタット劇場では、観客は舞台の演技に浸り埋没する。気分は定まり、劇場全体がその一部をなす。これこそ真の自然主義、国民的性格の違いはおくとしてスタニスラフスキーとモスクワ芸術劇場の自然主義である。それはまた、すべての芸術がそうでなければならないように、わずかとはいえ実人生よりは大きくみえる。これにくらべると我がロンドンのウェストエンドの舞台では、作り笑いや自意識過剰、陳腐といったふうのまやかしが幅をきかしている。もはやふんぞり返るほど大胆ではないが、劇作家の気持ちに従う謙虚さを欠いていて、ぼけた頭をもちあげてぺちゃくちゃしゃべり、みずからの声調の優しさについて独り善がりな満足をおぼえている。

会話劇、特にこのふたつの舞台［ブルク劇場とヨーゼフシュタット劇場］にかかる会話劇はウィーンの生活の中軸であるとはいえ、それ以上ともいえるのはオペラであり、そうでありながら、いまはさほど活気がない。オペラという壮大なジャンルは、グルックからマーラーにいたるまでの多数の大物監督によって率いられてきたのであり、新しい演目がないために死にかけているとはいえ、聖域であることにかわりはない。リング通りのフランス・ルネサンス様式の現在の大きな建物はもちろん新しいものである［一八六九年、こけら落とし］。しかし、その伝統はいくつかの劇場にさかのぼり、そのなかにはすべてのウィーンの舞台のうちで最古のものであるアン・デア・ウィーン劇場が含まれる（この劇場は旧市街の外の少し離れたところにあって、一八世紀末に、演出家であり、モーツァルトの「魔笛」の難解な台本を仕上げたシカネーダーのために建てられたものである）。

オペラ座はどうみても、もっとも威勢を誇る類の国際的歌劇場である。けれども、それだけにとどまらない。一級のレパートリー劇団ももっているし、帝都ウィーンの最後のころにあって流行の発信地であったにちがいないのだが、そこは音楽も提供していた。平土間上席のうしろ、広々とした貴賓席の下には立見席があって、狭く詰め込まれてはいるけれども一群の人々が、一人あたり一シリングか二シリングで舞台を端から端まで観ることができる。そして帝国崩壊前は、この場所の一部はロープで囲われ、制服を着たオーストリア＝ハンガリー帝国将校のための無料の立見席として確保されていた。これはオペラ座のきらびやかさはさておいて、観客たちが純粋に音楽を愛していることでなくてなんであろう。英国王陛下の軍隊の将校の一団がそもそもオペラ座に来ることなど、まして上演中ずっと立ちつづけていることなど、想像すらできない。

しかし、このように音楽が愛されているとはいえ、ウィーンにあって音楽もまた死にかけている。音楽が独立した自己意識的な芸術として奨励されてきたかぎり、ウィーンは音楽の本拠地でありつづけてきたし、オーストリアの音楽家ばかりではなくベートーヴェンやブラームスのような外国人をも引きつけてきた。けれどもそれが終りを告げた。この地に生まれた作曲家でさえ苦しんだすえ、認められるためにどこか別の地に行かなくてはならない。ウィーンはリングという閉じた円環に縛られていて、何も新しいものを欲しない。そしてウィーンのもっとも生気あふれる部分である音楽のこうした沈滞以上に、この都市の疲労を如実に証明するものはない。音楽はすでにマーラーの時代に急速に死につつあった。彼はウィーン・フィルハーモニー管弦楽団の指揮者としては卑小なデカダンスの死せる形式を排除しようと努力する一方、作曲家としては自分の個性を大胆かつ神経をすり減らしながら探り、偉大なデカダンスを遥か美の限界まで推し進めるべく、熱に浮かされたように精根を傾けた。つまり彼は、作曲家としては、聖なる位にある預言者モーツァルトの死んだときに確立したヨーロッパ・デカダンスの芸術家であった。他方、指揮者としてはデカダンス自体の栄光を殺ぎつつある腐敗を、紋切り型のアプローチを、食い止めようと努めた。しかし、マーラーは何年も前［一九一一年］に亡くなっており、彼ののち、ウィーンでは何も起こらなかったし、ウィーンにかかわることも起こらなかった。彼自身の作品、とりわけ「亡き子をしのぶ歌」と「大地の歌」を我々は絶妙なる異国風の精華として、デカダンスの「青い花」［ノヴァーリス］ともいえるものとして評価する。それら作品は、マーラー自身は気づいていなかったもののモーツァルトに始まる過程の終りを記すものであった。この過程が人々の趨勢から遊離してゆくことを感ずれば感ずるほど、作品はますます自己意識的になってゆく。そしてまったくふさわしいことに、マーラーはウィーンという都市によって認知された最後の真に偉大な作曲家である。ウィーンの音楽生活の基調はウィーン・フィルハーモニー管弦楽団によって定められており、この楽団をマーラーは改革したのであって、今では、リヒャルト・シュトラウスともう少し小粒の何人かの指揮者は別であるが、その名高いコンサートでマーラーが知らないような音楽を演奏することはない。現状維持なのである。

遠い過去なら我々はいわばひとつの塊のように眺めることができたし、ちょうど博物館の陳列品がガラスの下にピンで留められているのを観るように距離をおいて観てきた。けれどもモーツァルトの時代からは過去と現在が解きがたくもつれあっていて、現在の優越せる地点を、つまり過去に別れを告げる確信に満ちた標語を縫いつけた旗を掲げて立つことのできるまちがいのない地点を、どこにも見出すことができない……。もちろん、カール・マルクス・ホーフやアマーリエンバート［水泳・入浴施設］という、［第一次］大戦後の社会主義市政によるあの本物の傑作である建物の屋上は別として。これら施設は実際、一〇年前にはそうした目的が念頭に浮かびもしたであろう。けれどもその後、前者は進撃を始めた野蛮勢力の砲弾により破壊され、他方、後者についていうと、過去の歳月を洗い流すには公共水浴施設ひとつでは十分とはいえない。

博物館の展示で、自分がその一部をなしているとなると、超然たる態度でそれを眺めることはできない。今日のウィーンはそれ自身がまるで博物館のようで、遠い過去は博物館全体のなかの混みあった回廊のひとつをなしているだけである。そしてその内容豊かな殿堂にあって、ウィーンにいるすべての人は、この地の生活を好ましく思い、ほんのしばらくであれ、みずから暮らしてみようとするすべての人は、殿堂の一部となる。そうならないとしたら、気がおかしくなる。ウィーンの生活は楽しいワルツの主題であり快い伝説であるとともに、ひとつの事実でもある。現実は芸術ほど選択の余地はなく、現実の舞台は欠陥も抱えている。しかしまた、魅惑にも溢れている。二〇世紀ヨーロッパの辺縁にあるこの愛すべき都市で暮らすとき、生活は、遠くから眺めると、まるでガラスを隔てて向こう側にあるもののような趣を呈する。しかし、今でもウィーンの生活が十分な活力を保持していて、死に体となっている国にあって、ウィーンが今でも脈打ちつづけるかけがえのない核になるように思われる瞬間が現れる。我々はもちろん大都市からなるヨーロッパを語っているわけだが、多くの農村地帯は今なお健在であり、それらすべてのなかでもっとも活力のあるのは、ラテン系諸国以外では、ほかでもないオーストリア自身である。その国土は世襲されてきた公国や大公国のかき集めであり、ヴェルサイユ講和会議にあって内意を受けた人たちが地図をにらみながら取り残しておいたものであって、その農村地帯は、みずからとともに、損なわれた首都を養っている……。我々はウィーンを離れる前に、そうした農村地帯が頼もしいことに、死につつあるものから生きているものへと変わりつつあることに、束の間であっても留意しなければならない。ウィーンが静的ではなく動的であるなら、もしウィーンが何か奇跡的な快復を確信することができるなら、この国とその首都とは世界に向けて、ひとつの模範になるであろう。そうであれば我々はそこから学ぶことができる。

我が英国の状況と比較してみよう。そこにはあれもなければこれもない、移ろいゆく都市文化の栄光の名残もなければ盛んな地方文化の根もない。一九世紀の初めまで、ロンドンはある種の都市文化を擁護していた（ウィーンが、帝国崩壊のときまでそうであったように、そして今も微弱ではあっても、はっきりとそうであるように）。そのような姿勢は国民が商売人や金貸しをひいきするようになって、要するに、みずからの手で働きもしなければ、高雅な生活を求める暇もない中産階級の勃興によって破棄された。そのころまでは、否、それより少しあとまでも、英国にもある種の地方文化があった。それも同じように消えていった。ロンドンがひとつの地域社会としてもっているのは、今では六ペンス・ストアの精神である。そして他の競い合う大都市とともに地方のすべてをだめにしてきた。ウィーンが今でもきらめいてみえるのは、この側面を眺めたときである。しかし、別の側面にまわって眺めるなら、ウィーンは身を横たえ、死にかかっているようにみえる――緩慢な否応ない消耗のはてに、穏やかに自然に死んでゆこうとしている。運命論者が死ぬごとく、落ち着いた容貌で、唇にかすかに微笑みをたたえ、ついにやってきた死の床にあってさえ、生命は蝋のような仮面の下で眠りにつくだけだといった幻想を抱いている……。他方、ロンドンは、自己を保存するための激しい闘争によって身をよじられ、締めあげられている。ひねくりまわされている。あるいはむしろ、自己ではなく生命の保存のためといえようが、恐ろしい癌にむしばまれながらもどうにか生きつづけ、果敢にがんばっている。生命の尊厳の教説は西欧では至高のものであり、ウィーンではアジア的気風により弱められているにしても、我々はその保存のために闘わなければならない。しかし、生命それ自体は原始的な過程であり、殴打に次ぐ殴打を受けた昔の荒ぶる神のように我々が勇ましく闘いつづける場合ですら、闘いのあいまに一息つくとき、もっと優雅にゆったりと生きつづけることのできる人々を我々はうらやむかもしれない――ただ、そう言ってもいられない。

我々英国人はウィーンのもっていないものももっている。我々には精神の自由がある。それをこれからずっと保持してゆくことにはならないかもしれない。ヨーロッパじゅうで頑迷と迷信が鎌首をもたげている。しかし、何世紀ものあいだ、我々はある種の自由をもってきたし、それをどう使うことができるかを知っている人々を今なお有している。それは我々を恐ろしい所に、たとえば情緒的唯物主義という邪悪なものに導いた。そしてまさにこれから出発して、我々はより大きな狂気へとひたすら進みつつあるのかもしれない。自由で頭が冴えわたっているのが最善であるけれども、世界を冴えきった目で見通しながら縛られた状態にあるよりは、自由であり、やりそこないをしているほうがよい。我が英国のすさまじく逆巻く黒々とした煙のなかから、何かが現れ出るかもしれない――直接、我々自身の国のためというよりも、当初はより若い精神をもった別の国のためであるかもしれないが。というのは、［英国において］偉大な才能と頭脳をもった人々は自分たちの航路を進むことができているからである。最初は物質的目的にとらわれていても、のちにはより独立していっそう大胆に洞察し、支援はされなくとも抑制もされずに我が道をゆく。それはただ、大衆があまりにも深く無感動に沈み込み、彼ら［エリート］の航海にしっかりと注意を払い彼らを足止めしようと望む気力もないからであるにしても。両者のあいだには興味深い平行関係がある……。他方、ウィーンでは、頭脳は殺されるか、さもなければみずからの内にこもる、という状態がつづいてきた。音楽はそうした頭脳の表現でありつづけてきた。音楽についていうと、創造にかんするかぎり、そして創造が命であるかぎり、ウィーンの頭脳は死んではいないまでも死につつある。にもかかわらず、我々は自分たちの自由を、そして善し悪しはともかくその行使を非常に多く、この都市に負っている。自由の行使ということには、この地上の予測もつかない場所で未知の将来のために種を撒くことも含まれる。ウィーンからはもうこれ以上、新しいものはやって来そうにない――いずれにしてもヨーロッパがもういちどひっくり返り、今あるような状態でなくならないかぎり、やって来そうにない。

もちろん、こうしたことはすべて、語ってみただけのことである。ウィーン人の現実の日常生活は今までどおりつづいているし、楽しみにも事欠かない。若者たちは希望をもって生活している。といっても、彼らがぶつかりあう政治的理想のために働き、命を落としているとあっては、ふつういわれるような希望ではないにしても。あいかわらず飲みかつ食べ、生活を楽しみ、それに美の享受もある。一流の音楽がたえず流れている――ただし、ウィーン・フィルハーモニー管弦楽団が演奏したもっとも新しい作曲家は、リヒャルト・シュトラウスであった。たくさんの著作がある――ただし、ウィーンに現れたもっとも新しい才能ある作家はアルトゥル・シュニッツラーであった。科学と医学はあいかわらずもてはやされている――ただし、もっとも新しい偉大なウィーンの医師はジークムント・フロイトであった……。

シュトラウス――シュニッツラー――フロイト……。この基礎の上に多くを築くことはできないように私には思える。しかし、こうした一覧表は少なくとも、モーツァルトをシューベルトが引き継ぎ、シューベルトをフーゴ・ヴォルフが引き継ぐといったことの論理的帰結であるところの、それはそれで完結している。これは本質的に我々英国人自身の図柄ともなりえたであろう。もし我々があまりにも突然に石炭を求めて掘削を始めなかったならば――ただ、石炭でさえいつまでももつわけではない。

こうした図柄により我が英国の文化は興隆するか没落するにちがいない。というのは石炭は、この一〇〇年のあいだ我々を増長させてきたのではあるが、それは来るべき時代の萌芽をそのなかに秘めているのはまちがいない。来るべき時代はこの素材をどう扱うべきかを悟ることになろう。もちろん、我々の文化は興隆しかつ没落する。

これ以上のことを問題にするなら、存在してもいない土地に大胆に足を踏み入れることにならざるをえない。過去を振り返って跡をたどり、後知恵をつける楽しみ、それによって得られるかもしれない教訓があり、それは現在にとって手がかりにならないとはかぎらない。それとちがって、なんともばかげているのは、人をはるか先まで連れ出す預言の類に耽溺することである。ウィーンが示してくれるものは実にただ、もっとも小さくもっとも些末な循環、すなわち一王朝が存立するあいだつづいた、ひとつの文化の上昇と下降であり、我々の知る歴史のほんの一部であり、来るべきものすべてからいえばほんのわずかな断片である。

都市の建造物に映し出されたその文化、バロック期のウィーンにおいて開花したその文化を我々は見てきたのだが、この死につつある文化の正当性を否定しようとする人が多いことはまちがいない。それを十分に享受できたのはごく少数の者たち、それにふさわしくない者たちにかぎられていたという理由による。多くの人はまた、もっとも天賦の才能のあるふたり、モーツァルトとシューベルトにもたらされた運命のゆえに、その文化からよいものを何も聴き取ろうとしない。あるいは地方の農民、彼らの歌や色彩に富んだ家々を指しながら、そもそもこうした都市文化など何ほどのものかと問う人もいるかもしれない。これは誤った見方であり、あってほしかったことを不当に強調し、現にあることばかりではなくそうあらねばならぬことをも無視しているように私には思われる。この議論によると、この文化なるものが、その最高の可能性を発揮してゆくことに情けなくもまったく失敗したため、それには何のよいこともない、というのである。これは教条的な見方である。それにしてもその最高の可能性とは何のことか。シューベルトの死をみつめながら尋常でいられる唯一の方法は、この人物がそもそも生まれたこと、そして生まれてから三〇年ほどの生涯をどうにか送り、薄闇のなか小さいながらもきらきらと無限の輝きをはなったことに、驚きと感謝の念を絶やさないようにすることだけである。

農民たち、シューベルトのことなど聞いたこともなく、人口の大部分を形成している数えきれない人々（ヨーロッパだけではなく、つまりひとつながりの巨大な［ユーラシア］大陸のわずかな外縁沿岸地域だけではなく、この巨大な大陸のそれ以外のすべての地域、そして他の大陸も含めて）についていえば、彼らの生活はある種の豊かさをそなえており、そしてもし万事が今日にいたるまでと同様に今後もつづいてゆくなら、いつかはもっと豊かになる人も出てくるであろう。進歩の概念は、大部分の人々にとっては目下のところ、評判のよくないものである。我々の多くはこの概念を嘲笑する。しかし、嘲笑の的になっているのは、実際には進歩の観念そのものではなく、世界は一〇年ごとに目に見えて前へと飛躍するという一九世紀的な概念である。ある種の進歩がつづいていることはまったく明らかであるけれども、とてつもなくゆっくりで、二歩進むごとに一歩半後退するといった具合である。ふつうに眺めていると、文化の後に文化がつづくだけで、ひとたび獲得されたものも元の木阿弥、といったふうである。だいたいはそんなところではあるものの、まったくそうだというわけではない。いつでもほんのわずかの獲得はあるように思える。ピタゴラスはルネサンス期の数学者たちよりは多くを知っていたけれども、我々はピタゴラスよりも多くを知っている。また今日の農民と石器時代の人々とのあいだにはちがいがある。過ぎ去りゆく文化それぞれには実際、それぞれに固有の取柄があるもののように思える。文明の興隆、つまり基本となる世界文明の興隆は信じられないほど遅々としていて、そのイメージを描くのは難しい。それよりはなおゆっくりとしている地球の地殻形成と比較せざるをえなくなってくる。海から乾いた地面がゆっくりと現れてくるが、それには何千年を要する。それはいつも平坦なわけではない。地球内部の力が、ある場所ではより強力に作用し、あるときはここで、あるときは向こうで巨大な山脈を押し上げ、これら山脈が我々のいう種々の中身のつまった文化である。低地と高地の差は当初、かなりのものであるけれども、ゆっくりと、さらに何千年から何百万年かけてその差が消えてゆくといっていい。浸食作用が働き、高地が削られ低地はわずかに上昇する。この例は完全な類比になっていないし、科学的事実の正確な叙述にもなっていない。けれども科学はこれを手直しして改善することができるだろうし、また類比についていえば、それは細部万端にわたって完全で技巧をこらしたものをめざしているわけではない。探究心がちょっと羽をひろげてはばたいてみただけで、それ以上のものではない。

我々はウィーンとそのリングから、あまりにも遠く離れてしまった。我々はスフィンクスの謎にむだであてずっぽうの答を出すのではなく、共感的な眼をもって我々の直接の財産となるような光景、そしてまもなく別れを告げなければならないその光景を、じっくり眺めようと思って出発したのであった。我々は死につつある気分を捉えようと欲したのだが、暗黒時代であろうと鮮やかなルネサンスであろうと、何が来ようとも、過去を公平に熟視すれば、何ほどか我々の立場が定まるであろうことを悟った。我々がウィーンを選んだのは、そこは錯綜したところがことのほか少なく、完結した図柄を示してくれるからであり、過去が現在のなかにとても多く保存されているからである。

何ページも前で、ウィーンには時代錯誤以外のものは何もないという単純な理由から、何ものも時代錯誤的にはみえない、と述べた。こうした特質がリヒャルト・シュトラウスの歌劇、ウィーンの文化を観念化することなく映し出す鏡ともいわれるあの「薔薇の騎士」のうちに、確かに見て取れる。そこでは一八世紀風の筋がシュニッツラーと同時代人のデカダンスの芸術家〔ホフマンスタール〕によって物語られ、ロココ様式を背景として演じられる。標題的音楽は二〇世紀初頭の華麗さで管弦楽用に作曲され、一九世紀ワルツの旋律を基礎としている。作品全体は時代錯誤の塊であるけれども、まったく申し分ない。歌詞は様式的に乾いた古典主義のものでありえたであろう。音楽はサリエリ風に作曲し、ガボットを基礎としえたであろう。しかしウィーンはそうしたものではないし、シュトラウスとホフマンスタールはそれらのもののあいだにあって、あるがままの、あるいはごく最近までそうであったようなウィーンを完璧にとらえた。それはいわば、シェーンブルンからリング沿いにある王宮の近代的部分に至るまでのすべての様式の、華麗でわずかに俗っぽさを宿した総合である。異国風でしばしば絶妙に流れる調べは終末期の帝都ウィーンの精神を申し分なく反映しているように思え、晴れやかな身体的充溢は繊細な感傷を帯び、感傷の泡は陽気な皮肉の哄笑によってはじけ散る。こうしたものに耽っていると、これがすべてである、これがウィーンの全体、いかなる現実にも根をもたない魅惑的な幻想である、とまずは思われてくる。

しかし、それはまちがいで、そこには根がある。劇場を出て耿々と照らされたリングに立つと、立ち並ぶ高級なカフェの内部が装飾用の木々をとおして光を放っている。そこで市電に乗ってみるとよい——まだ午後一〇時になったばかりなのは、ウィーンで劇場は早く始まるためである。この市電が三〇分少々をかけて、市の郊外をがたがたと通り抜けて連れていってくれる先は、ウィーンの外れの樹木生い茂る丘の麓、まだ農村生活の基盤をもっている市の外縁地域である。我々は、我々の目的にあわせて秋の夕べを選んだ。そしてここに、我々が多くを語ってきた衰頽期にある文化の誇り輝く記念碑のこんな近くに、農村生活の調べが聞こえるほかにはなにもない田舎の静けさがある。農家の白壁の陰におしゃべりをしている一団がぼんやりと見え、アコーディオンがワルツかもっと古い曲の旋律を奏で、酒場の開け放たれた窓から元気そうな笑いの渦が聞こえてくる。夕べの濃密な空気は、はるか下方のドナウ川からくる蒸気をわずかに湛え、さらには秋の葉とブドウ畑の鋤き返された土のにおいを宿している。

我々がここに来たのはブドウ畑があるからであった。それは遥か遠い昔からここにある。多くは宅地化されてきたけれども、ウィーンがどこまで市域を広げようとも、ブドウ畑はつねに隣接して存在し、辛口、甘口の地元ワインを造って、街中のすべてのカフェや酒場《ロカール》で飲めるようにするだろう。我々は「小枝の束」のある家を探す。それが表すのは、小規模の耕作者がブドウを摘み取り、それを搾って自家製のワインを造り、瓶詰にして売るのではなく長く発酵させないままでそのつどそこで飲ませるということである。小枝の束というのは松の枝の束で、ワインが売り切れるまでそこに吊るされている。ワインは、今年のワイン（ホイリゲ）と呼ばれる。

この年来の儀式が執り行なわれる酒場や庭の光景は叙述するまでもない。ずっと以前に我々はプラーターを訪れ、そこの人々と夕べのくつろぎを共にした。ここでは、それとよく似ているものの、ずっと規模が小さくて親密で、たくさん歌をうたい、安寧であることが強く意識されている。しゃれたホイリゲの集いもあるにはある。しかし、ここでは民衆による民衆のための集いで、こうして元気な貧民、肉体労働者、最下級の公吏、周辺の畑やブドウ畑で働いている人々のなかにいると、「柔軟さ」、あるいは

「厳しさ」、あるいは「知的な粘り強さ」といった一般化はみな誤りであることを悟る。ここにいるのは端的にいって民衆であって、すべての文化がそこに接ぎ木されるべき台木であり、花の枯れたあとも生きつづける。ウィーンはたしかに根をもっている。

……ここでまた、市の中心にもういちど戻って、クリスマスイブの日にケルントナー通りの狭い、ネオンに照らされた谷間を歩いてみると、明るい衣装箱風の陳列窓のきらめく展示物に目がくらむ。そして思いがけなく端まで行ってしまい、やや暗いところに足を踏み入れて大聖堂の屋根を見上げると、たぶんその上に雪が積もっており、ほの暗いなか、尖塔が星々を指し示している。すると塔のどこか上のほうから、トランペットの音色だけが下まで聞こえてくる。それはハプスブルクのヨーロッパを賭けた闘いの場であるマルヒフェルトを我々が見渡した、あの展望台からであるにちがいない。夜中の往来からときどき起こる物音によってさえぎられることはほとんどなく、荘重な斉奏で、とてもゆっくりした単純な曲を反復して演奏している――わずかな人数のトランペット奏者が、古い都市のはるか高いところにある中世の塔の寒くて狭い場所からキリストの生誕を讃えて演奏しており、その音色は星空の下、暗い凛とした大気に乗って漂い出る……。

ベルヴェデーレは死んだけれども、シュテファン大聖堂は生きている。シュテファン大聖堂は、人々が盲目で迷信深いながらも、まだその頭や手を使って働き築いていた時代の作品である。その精神は今につづいている。わずかに啓蒙されたけれども捨て置かれ、なかば飢えた無数の人々の心のなかで推奨されないままになっている。そしていつの日にか、仇花の咲きほこる時代の遺物のごみが一掃されたとき、この精神は若草のようにふたたび萌えいで、次の夏の花の盛りをもたらす野をつくりだすであろう。

訳者あとがき

今井道夫

本書は、Edward Crankshaw, VIENNA—The Image of A Culture in Decline—,1938, The Macmillan Company の全訳である。長く読み継がれ、一九七六年にはそのまま、まったく手を加えずに再刊されている。ただし、著者による「再版の序」がついており、他方では旧版にあった十数枚のモノクロの写真は割愛されている。再版本の本文は、誤植や単純なミスについてもまったく手が加えられていない。

表題は直訳すれば、『ウィーン——衰頽しつつあるある文化の姿——』といったところであろうが、『たそがれのウィーン』とすることにした。decline という語は、本書のキーワードといえるもので繰り返し出てきている。「斜陽」と訳すのが正確であろうと思ったものの、この日本語になにか通俗的なイメージが付着しているため、衰頽という訳語で我慢せざるをえなかった。

著者、エドワード・クランクショー（一九〇九—一九八四）はイギリスの作家、ジャーナリストである。一般にはオーストリアのハプスブルク家関係、ロシア・ソビエト関係の書物の著者として知られている。一九三〇年代にウィーンに住み、英語を教え、ドイツ語を学んだ。そしてジャーナリスト、作家として活動を始めた。一九三八年のヒトラーによるオーストリア併合を目撃することにもなり、その時期に書かれたのが本書である。ウィーンに入れ込んだ著者はここでウィーンに深い愛着をもおぼえながらも、適度な距離をとることも忘れずに縦横に論じている。二九歳のときの出版とはいえ、よくまとめられており、手軽な分量ながらウィーンを語り尽くしているといってよいのではないか。以来、イギリス人にとって適切なウィーン論、ウィーン案内として受け入れられてきた。私は偶然、昔のある邦訳書のなかで、この書を引いているのをみつけた。エイダ・B・ティーチェン『ういんな・わるつ物語』（村田武雄訳、音楽の友社、一九五二年、九三ページ）である。ティーチェンの原著は一九三九年刊なので、クランクショーのこの本は、出版まもないころからそれなりの評価を受けたのではないだろうか。

日本にも多いけれども、イギリスでもウィーンに関心、憧れをもつ人たちが少なくないようだ。それについては名画『第三の男』（一九四九年）が想起される。この原作はイギリス人作家グレアム・グリーンによるものである（『グレアム・グリーン全集』第一一巻、早川書房、一九七九年、参照）。グリーンもいっているように、映画では二人の主人公はアメリカ人となっているが原作ではイギリス人であった。またアメリカの名優たちが出ているので紛らわしいけれども、イギリス映画である。クランクショーの著書は彼自身が「再版の序」で語っているように、長くウィーン入門書、あるいは観光案内として読み継がれてきた。そして、一九七六年に新版（リプリント版）が出版された。今なお英語圏では読み継がれていると私は思い込んでいたが、さすがに今は絶版になってしまった。私が本書を知った事情は次のとおりである。ドイツ語教師を兼任していた私は一九七六年にドイツ語研修を兼ねて初めてウィーンに行き、一夏を過ごした。その際に街のショーウィンドーに置かれていた本書をみつけ、入手した。たぶん多くの英米人がそうしていたように、私もこの書をとおしてウィーンについての知識を深めた。数ある観光スポットにふれるとともに、ウィーンの労働者住宅カール・マルクス・ホーフにもふれるといった内容であった。

大学を定年退職したあと、本書を翻訳するという、だいぶ以前にやりかけた仕事に、ふたたび取り組もうと考えた。始めてみると、ウィーンを論じ尽くしている本書は手強かった。そこで旧知の青山孝徳を誘い半分ずつ分担して共訳することにした。青山とはかつて、ある学会の事務をともに担当した。彼はオーストリア近・現代史に興味を持ち、私とちがい大学院時代に何年かウィーンに留学しており、その「土地勘」に期待した。

本書は次のような構成になっている。

前景（序論、プラーター）
後景（シュテファン大聖堂、王宮（ホーフブルク）、ベルヴェデーレ）
中景（シェーンブルン、リング（環状道路））

前景――後景――中景、という構成をとったことの根拠は特に説明されていない。後景には古い時代の建物が時代順に並べられているので納得できるにしても、プラーターがなぜ前景でリングがなぜ中景なのか、よくわからないところがある。しかし、じっくりと読んでゆくあいだに、あたかもそれが必然的な筋であるかのように受け止めるようになってくる。リングの扱いなど、卓抜である。リングの建設についてはカール・ショースキーの大著『世紀末ウィーン――政治と文化――』（岩波書店）が詳しく扱っており、それに立ち入る前提を提供してくれるであろう。

若年ながら、よくこれだけのものをまとめたものだと思う。ウィーンの観光の要所をしっかりと押さえ、そしてその歴史を簡潔に叙述している。その文化はもちろんのこと、知っておくべき政治史も的確に取り込んでいる。ウィーンの、あるいはオーストリアの歴史を語るときそうならざるをえないように、ここでもハプスブルク家が主役となっている。同家がゆがんだ性格を保持しつづける一方で、イスラム世界に対峙しつつキリスト教世界の防壁の役割を果たしてきたことを著者は高く評価する。著者がウィーンに惹かれる背景に、母国であるイギリスの都市生活の閉塞・行き詰まりがあったことは、時折出てくるロンドン、ないしイギリスとの比較論からうかがうことができる。ウィーンもそうしたものから逃れているとは言い切れないものの、まだだいじなものが残っているし、そしてそれがこれからも残りつづけてほしいという著者の希望を読み取ることができる。

いくつか、著者の視点を読み取りにくいところがあるように思う。そのひとつがデカダンスにかんする記述である。ヨーロッパのデカダンスはモーツァルトの死に始まる、という。それはモーツァルトが亡くなったあとはだめになったということではない。モーツァルトはデカダンスのなかにいたけれどもデカダンスに染まっていなかったとか、バッハにくらべて健康ではなかったが正気であった、といった言い方からも予想される。デカダンスというと私はニーチェを思い出す。ニーチェにとってデカダンスは支持すべきものではないにしても、いわばくぐり抜けるべき対象であったといえるだろう。クランクショーはしかし、ニーチェのデカダンス論を媒介しているようにはみえない。デカダンスはフランスの詩人たちに発するものとされる。ドイツ語圏には本書でも引かれているヘルマン・バールがもたらしたといわれているようだ。バールが書いている「デカダンス」（池内紀編『ドイツの世紀末1』国書刊行会）によると、これを「第一に神経への帰依。第二に、天然自然をことごとく払拭した人工性への愛着。そこへ第三番目として、神秘なるものへの熱に浮かされたような憧憬が加わる」などと要約している。しかし、バールはそもそもこの概念の漠然性から説き起こしているくらいで、それではクランクショーのような本書の筋を支えるだけの土台にはならないように思う。そうした不安を覚えながらも、ひとつの問題提起として受け止めておいてよいのではないか。著者の抱く気分は伝わってくる。

もうひとつ、ウィーンはなんといっても一八世紀であり、今でもそうであるといっていることが気になる。ヨーロッパ史における一八世紀の概念があり、それと重なりつつもウィーンの独自の一八世紀の社会や文化が交錯してしまう。それでもこちらの視点はまだしも取組みやすいといえようか。カール・ショースキーが先述の大著をまとめたのも、ヨーロッパのなかでイギリス、フランス、あるいはドイツとはちがった歩みをしてきたオーストリアへの関心がバネになったようである。ヨーロッパ史への複眼的思考をもたらしてくれる。

クランクショーは、わずか二九歳で本書を出した。クランクショーの著書はかつて三冊、邦訳されている。

エドワード・クランクショー『新しい冷戦――モスクワ対北京』高橋正訳、弘文堂・フロンティア・ブックス、一九六三年。（エドワード・クランクショー『中国とソ連――その対立の歴史』高橋正訳、

弘文堂・フロンティア・ブックス、改装版、一九六五年。）［原著は一九六三年］
E・クランクショー『フルシチョフ――その政治的生涯』高橋正訳、弘文堂新社、一九六七年。［原著は一九六三年］
E・クランクショウ『秘密警察――ゲシュタポ』西城信訳、図書出版社、一九七二年。［原著は一九五六年］

これらは本書とはかなり異質な印象を受ける。理由を知るには彼のその後の人生を追ってみなければならない。「再版の序」によれば、一、二年後にイギリスはドイツと戦争を始めることになるだろうと彼は当時、強く確信していた。国防義勇軍に加わっていたので、いずれ下級将校として死ぬ運命にあると思っていた。実際に戦争（第二次世界大戦）が始まったときには、ドイツ語圏の世界に通じていることを買われて軍の情報関係の職務に就いた。そして、情報将校として一九四一年から四三年までモスクワに滞在した。戦後、ジャーナリズムに復帰したときには、ソ連通として頭角を現した。特にフルシチョフのスターリン批判の開始の際にはいち早く情報をつかんでジャーナリストとしての面目をほどこした。それを踏まえてのちに書かれたフルシチョフにかんする本は、この政治家の盛衰を簡明に描き出している。

彼は英語圏では著述家・ジャーナリストとして高名であり、二〇を超える著書を出した。その第一の系統としてはこうしたソ連関係の書を、さらに時代を多少さかのぼってロシアの歴史にかんする書物も書いている。第二の系統としてはしかし、『たそがれのウィーン』に連なるもので、『ハプスブルク家の没落』（一九六三年）、『マリア・テレジア』（一九六九年）、『ハプスブルク家』（一九七一年）といったハプスブルク家を中軸に据えたオーストリア史の書物を書いて好評を博した。それ以外にも、ジョゼフ・コンラッドの文学を論じたりと、多彩な文筆活動をしている。短いながら、オーウェルについて論じた文章の邦訳が次に収録されている。

『ジョージ・オーウェルの世界』ミリアム・クロス編・大石健太郎訳監修、音羽書房鶴見書店、二〇〇九年、所収、エドワード・クランクショウ著「オーウェルとコミュニズム」。［原著は一九七一年］

本書が出版された一九三八年は、ハプスブルク帝国が崩壊して二〇年にあたる。ヒトラーがウィーンに「凱旋」したのはこの年の三月であり、オーストリアはナチス・ドイツに併合された。ヨーロッパに暗雲が広がっていた。それから四〇年近くを経ても本書は読み継がれ、そして再刊された。私はそれを読んだ。本書を違和感なく読むことができた。強いていえばその頃、ウィーンでは地下鉄工事が盛んであった。それからさらに四、五〇年が経ってしまった。今では地下鉄が地面の下を縦横に走っており、私は行ったことはないけれどもドナウ川の向こうには国際都市が発展しているようだ。それでもウィーンの日常はそれほど変っていないのではないか。相変わらず市電がゆったりと行き交っている。クランクショーのウィーンは健在なのではないか。昔のままのウィーン、新しいウィーンが混在していようとも、本書は今でも輝きを失っていないと思う。私の思い入れはあるにしても、長く英語圏で読み継がれてきたことがその証となっている。イギリスにおいて近年、ＥＵ離脱にみられるようにヨーロッパ離れが進んでいる。その意味では『第三の男』とともに、本書はイギリス人のウィーンへの愛着を物語る記念碑といえるかもしれない。

多くの都市がそうであるように、ウィーンにもまたその魂が、地霊が宿っており、それは簡単に失われることはありえない。それゆえ本書もそう易々と古びたりはしないと確信している。著者の単純な思い違いなどは断らずに訂正したところもある。その外観は変化し、異動も少なくない。またその後の異動を訳注で解説もした。とはいえ、きわめて不十分なものでしかない。退職後、しばらくウィーンに住んで巡り歩きながら翻訳をしようと思ったこともあったけれども、在職中も含めてこの二〇年間一度もウィーンを再訪することがかなわなかった。それゆえ拙い訳書にとどまらざるをえないものの、ウィーンを訪れ、あるいはウィーンに思いを馳せる方々にご一読いただければと願うばかりである。

付記

青山孝德

「前景、中景、後景」という絵画的な本書の構成について一言記しておきたい。この構成を、カナレット風の遠近のはっきりした絵画になぞらえて並べ替えてみると次のようになる。

後景
III　シュテファン大聖堂
IV　王宮（ホーフブルク）
V　ベルヴェデーレ

中景
VI　シェーンブルン
VII　リング（環状道路）

前景
I　序説
II　プラーター

並べ替えてみると、章別構成はかなり捻じれたものになる。前景に置かれるのは、旧市街の東方に、ドナウ運河とドナウ川に挟まれて北西から南東方向に拡がるプラーター（Ⅱ章）である。中景には、旧市街のはるか南西方向に造られたシェーンブルン宮殿（Ⅵ章）と、旧市街を囲むリング（Ⅶ章）がある。そして後景には、旧市街の真ん中のシュテファン大聖堂（Ⅲ章）と王宮（ホーフブルク）（Ⅳ章）、さらには、リングの際から旧市街の外へ南東方向に拡がるベルヴェデーレ（Ⅴ章）が置かれる。

これを散歩コースになぞらえれば、広々としたプラーターからドナウ運河の南側に戻り、スウェーデン広場からリングに沿って時計回りに進む。そして、王宮の南西にある美術史美術館の南西隅から始まるマリアヒルファー通りを、やや南西方向に進み、四キロほど行ってシェーンブルン宮殿に至る。そこから、もう一度旧市街に戻り、その中心のシュテファン大聖堂と南西にある王宮を見る。そして最後に、アジアが始まると言われたラントシュトラーセ区に建設されたベルヴェデーレ宮殿とその庭園を見ることになる。この庭園の南側高台からは、ベルナルド・ベロット（カナレットの甥）が描いた宮殿の庭、そしてシュテファン大聖堂とカール教会、さらに、遥か彼方にはウィーンの森が望まれる。

この散歩の歴史的時間は、一直線には進まない。かつてハプスブルク家の狩猟場で一八世紀末に庶民に開放されたプラーターに始まり、一九世紀後半に建設されたリングを通って、一八世紀ロココのシェーンブルンへ、そして旧市街に戻り、中世のシュテファン大聖堂や、長期にわたって建設された王宮を眺め（王宮で大切なのは、バロックのレドゥーテンザール）、最後にバロックの華であるベルヴェデーレで終わる。まさに時間を行きつ戻りつ、である。

これを、どう考えたらよいのだろうか。単純な一直線の歴史の進歩でないことは明らかである。著者が想定しているのは、バロックの頂点から、ゆっくりと下降する文化的斜陽の時間の流れ、とでも言おうか。あるいは「ロマン主義的」歴史観とでも言えようか。もっとも「かつてに還れ」と声高に叫ぶわけではない。哀惜の思いと還れない諦念が漂う。そして「基層」には、「前景」に描かれた庶民の楽し気なプラーターの風景と、「中景」で描かれた、グリンツィングで楽しむ人々の変わらない風景がある。この二つがウィーンを成り立たせる大切な基層ないし背景、あるいはカンヴァス全体の下塗りということになるのだろうか。著者が私たち読者に不思議な「歴史的」絵画の謎解きを提示しているように思われる。

翻訳作業について少し記しておきたい。知り合ってからずいぶん時間の経つ今井道夫から、この『たそがれのウィーン』を一緒に訳さないか、という話があったのは二〇一二年の春頃であった。今井はそのときに「難渋するだろう……」と警告していた。確かに、どんどんはかどる代物ではなく、なんと、それから一〇年近くも経ってしまった。

翻訳は、ほぼ半分ずつ、Ⅰ、Ⅱ、ⅢとⅦを今井が、残りのⅣ、Ⅴ、Ⅵを青山が担当した。二人の間で大きな食い違いを残さないよう、意見を交換しながら作業を進めた。訳語、歴史的事項の取扱い等は、今井が主導した。読者に違和感の少ないことを祈るのみである。

モーツァルトを頂点にして、その後のオーストリア文化が緩やかな下降・斜陽の過程にある、とするテーゼには、いささか違和感を覚えたが、それでも、これまで思ってもみなかった見解だけに新鮮さも覚えた。若きクランクショーが一気呵成に書き上げた勢いに押され、なんとか上梓できたのは大きな喜びである。

読者が本書を、ひと味違うウィーンの知的観光案内書としてご利用いただくのもよし（それは、いまだ十分に可能であるし、また興味が尽きない。そのためにも、文中に少なくない補注を入れた）。あるいはまた、上記の特異なテーゼを味わってくださるのもよし。さらに、原著執筆が「オーストロ・ファシズム」体制の下で、しかもオーストリアが隣国（ヒトラー・ドイツ）による圧力を、ひしひしと覚えざるを得なかった雰囲気の中で進められたことを踏まえて、行間にある微妙に緊張した空気を感じていただくこともできよう。

ウィーンの案内書として、またウィーンの文化・歴史の書として、さまざまにお楽しみいただければ幸いである。

なお、最後になったが（not least）、ウィーンに長く滞在してこの街をよく知る佐野由紀子さんからは、ウィーン今昔について貴重なご意見を頂戴した。また、成文社の南里功氏からは、いつものように出版にご快諾をいただいた。お二方には深く感謝申し上げる。ありがとうございました。

バーベンベルク家系図

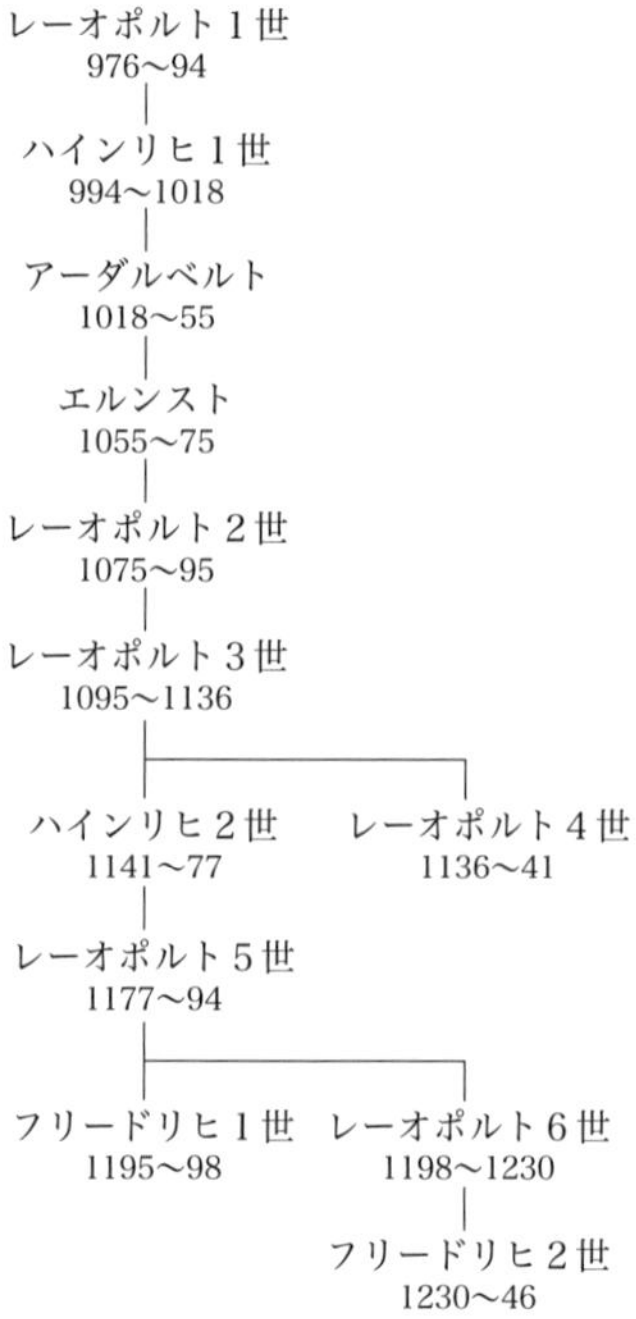

レーオポルト１世
976〜94
ハインリヒ１世
994〜1018
アーダルベルト
1018〜55
エルンスト
1055〜75
レーオポルト２世
1075〜95
レーオポルト３世
1095〜1136
ハインリヒ２世
1141〜77
レーオポルト４世
1136〜41
レーオポルト５世
1177〜94
フリードリヒ１世
1195〜98
レーオポルト６世
1198〜1230
フリードリヒ２世
1230〜46

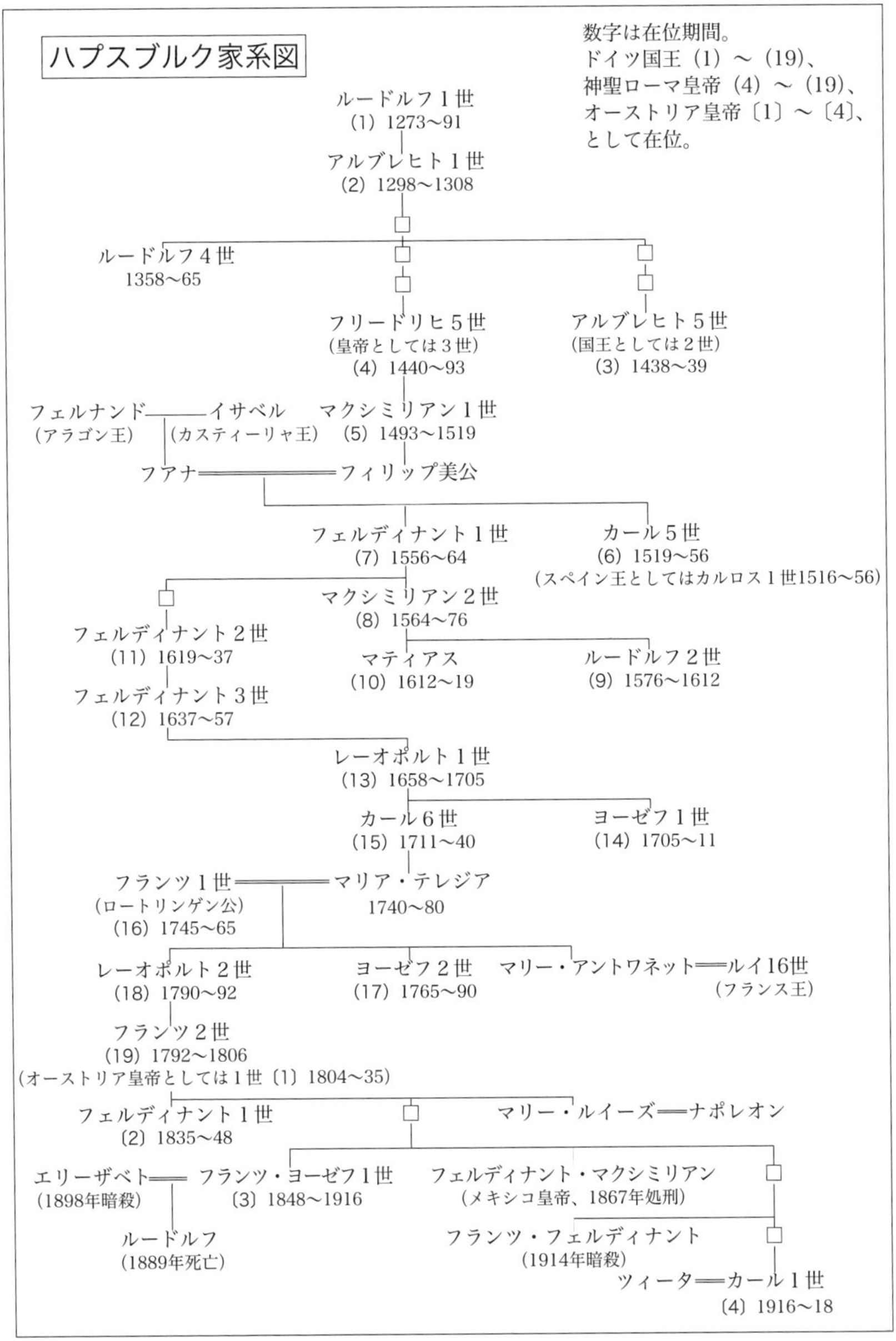
ハプスブルク家系図
数字は在位期間。
ドイツ国王（1）～（19）、
神聖ローマ皇帝（4）～（19）、
オーストリア皇帝〔1〕～〔4〕、
として在位。
ルードルフ1世
（1）1273～91
アルブレヒト1世
（2）1298～1308
ルードルフ4世
1358～65
フリードリヒ5世
（皇帝としては3世）
（4）1440～93
アルブレヒト5世
（国王としては2世）
（3）1438～39
フェルナンド
（アラゴン王）
イサベル
（カスティーリャ王）
マクシミリアン1世
（5）1493～1519
ファナ
フィリップ美公
フェルディナント1世
（7）1556～64
カール5世
（6）1519～56
（スペイン王としてはカルロス1世1516～56）
マクシミリアン2世
（8）1564～76
フェルディナント2世
（11）1619～37
マティアス
（10）1612～19
ルードルフ2世
（9）1576～1612
フェルディナント3世
（12）1637～57
レーオポルト1世
（13）1658～1705
カール6世
（15）1711～40
ヨーゼフ1世
（14）1705～11
フランツ1世
（ロートリンゲン公）
（16）1745～65
マリア・テレジア
1740～80
レーオポルト2世
（18）1790～92
ヨーゼフ2世
（17）1765～90
マリー・アントワネット
ルイ16世
（フランス王）
フランツ2世
（19）1792～1806
（オーストリア皇帝としては1世〔1〕1804～35）
フェルディナント1世
〔2〕1835～48
マリー・ルイーズ
ナポレオン
エリーザベト
（1898年暗殺）
フランツ・ヨーゼフ1世
〔3〕1848～1916
フェルディナント・マクシミリアン
（メキシコ皇帝、1867年処刑）
ルードルフ
（1889年死亡）
フランツ・フェルディナント
（1914年暗殺）
ツィータ
カール1世
〔4〕1916～18

ウィーン絵図
1. シュテファン大聖堂
2. 王宮（ホーフブルク）
3. ミノリーテン教会
4. アウグスティーナー教会
5. カプツィーナー教会
6. ミヒャエル教会
7. マリア・アム・ゲシュターデ教会
8. ペーター教会
9. 旧市庁舎
10. 旧大学
11. オペラ座
12. 自然史及び美術史博物館
13. 国会議事堂
14. 市庁舎
15. ブルク劇場
16. ウィーン大学
17. ヴォティーフ教会
18. 旧帝室厩舎(ミュージアム・クォーター)
19. カール教会
プラーターシュテルン
プラーター通り
プラーター
シュトゥーベンリング
パルクリング
市立公園
10
ウィーン全図
※左図は中心部太枠で囲んだ部分にあたる。
シュテファン大聖堂
ウィーン西駅
プラーター
シェーンブルン宮殿
ウィーン中央駅

ヴェーリンガー通り
ショッテンリング
フランツ・ヨーゼフス・カイ
ウニベルジテーツ通り
ウニヴェルジテーツリング
アム・ホーフ
コールマルクト
グラーベン
国民庭園
（フォルクスガルテン）
レンナーリング
ヘルデン広場
ブルクリング
王宮庭園
オペルンリング
ケルントナー通り
ケルントナー
リング
カール広場
マリアヒルファー通り
ナッシュマルクト
1
2
3
4
5
6
7
8
9
11
12
13
14
15
16
17
18
19

ロシア帝国
ヴロツラフ
〔ブレスラウ〕
シレジア
クラクフ〔クラカウ〕
アウシュヴィッツ
リヴォフ〔レンベルク〕
オロモウツ
〔オルミュッツ〕
ガリシア・ロドメリア
スロヴァキア
ブラティスラヴァ
〔プレスブルク〕
ブコヴィナ
ハンガリー
ブダペスト
ドナウ川
トランシルヴァニア
モハーチ
スラヴォニア
バナート
カルロヴィッツ
ルーマニア王国
ブカレスト
ベオグラード
パッサロヴィッツ
ドナウ川
サラエヴォ
セルビア王国
ヘルツェゴヴィナ
ドゥブローヴニーク
〔ラグーザ〕
ソフィア
ブルガリア王国

ライプツィヒ
ドレスデン
ドイツ帝国
ザクセン
ライン川
フランクフルト
フラデツ・クラーロヴェ
〔ケーニヒグレーツ〕
プラハ
アルザス〔エルザス〕
ボヘミア
モラヴィア
レーゲンスブルク
スラヴコフ
〔アウステルリッツ〕
ストラスブール
〔シュトラースブルク〕
ウルム
バイエルン
パッサウ
ニーダーエスタライヒ
アウクスブルク
イン川
ボーデン湖
リンツ
フォアアルルベルク
ミュンヘン
オーバーエスタライヒ
ウィーン
ザルツブルク
チューリヒ
ベルン
スイス
シュタイアマルク
インスブルック
ザルツブルク
グラーツ
ティロル
ケルンテン
クラーゲンフルト
トレント
〔トリエント〕
リュブリャーナ
〔ライバハ〕
ヴェネト
〔ヴェネシア〕
カルニオラ
〔クライン〕
ロンバルジア
ミラノ
ザグレブ
〔アグラム〕
ヴェネツィア
トリエステ
〔トリエスト〕
トリノ
ヴェローナ
サルデーニャ
イストリア
リエーカ
〔フィウーメ〕
クロアチア
パルマ
ジェノヴァ
モデナ
ボスニア
ラヴェンナ
フィレンツェ
ダルマチア
地中海
トスカーナ
アドリア海
イタリア王国
オーストリア＝ハンガリー帝国（崩壊直前）の地図

人名索引
（50音順、フィクションの人物を含む）

ア

カ

マ

ヤ

ラ

ワ

地名・建造物等索引
(50音順)

サ

マ

ヤ

ラ

ワ

オーストリア史年表

（年表の中でゴチックのものは文化的事項）

年代	ローマ人、バーベンベルク家	
AD	25	ローマ皇帝ティベリウス治下、ローマの国境（リーメス）がドナウ川沿いにカストラ・ボイオルム（パッサウ）からカルヌントゥムまで強化される。
100	100	ローマの軍営ヴィンドボナが設けられる。
	180	ローマ皇帝マルクス・アウレリウス、ヴィンドボナで没する。
300	304	キリスト教、ドナウ地域に伝播する。
	375	民族大移動の開始。カルヌントゥム消滅。
400	488	ローマ人のドナウ全域からの撤退完了。スラブ人、アヴァール人、東方より浸透。
700	740頃	ウィーンの聖ループレヒト教会建設。
	791	カール大帝、アヴァール人を征服（～799）、「オストマルク」を設ける。ウィーンは辺境の砦となる。
800	881	フランク人、「ウェーニア」（古称で「ウィーン」が初めて言及）でマジャール人と戦闘。
900	907	プレスブルク（ブラティスラヴァ）の闘いにより、カール大帝の「オストマルク」解体。
	955	マジャール人、レヒフェルトの闘いでオットー大帝に敗れる。「オストマルク」の再建。
	976	バーベンベルク家、オーストリアを獲得。
	996	皇帝オットー三世が作成した文書に「オスタリヒ」という言葉が初めて現われる。
1000	1095	バーベンベルク家のレーオポルト三世（敬虔公）、居城を今日のレーオポルツベルクの山上に築く（～1136）。
1100	1137頃	ウィーン、要塞都市となる。
	1147	ウィーンのシュテファン大聖堂（ロマネスク様式）建設開始。
	1156	バーベンベルク家のハインリヒ二世（神よ助けたまえ公）治下、オーストリアは、皇帝フリードリヒ・バルバロッサにより世襲公領に昇格。
	1191	バーベンベルク家のレーオポルト五世、第3回十字軍に参加。イギリス王リチャード一世、ドナウ川沿いのデュルンシュタインに幽閉される（1192～94）。
1200	1246	バーベンベルク家最後のフリードリヒ二世（闘争公）、マジャール人を相手にライタの闘いで没する。
	1251	ボヘミア王オットカル、ウィーンを占領。
	1256	「大空位時代」始まる。無法と混乱状態（～73）。
	1259	ウィーン・シュテファン大聖堂の西正面（ロマネスク様式）作業。

年代	ローマ人、バーベンベルク家
	1273 ハプスブルク家のルードルフ伯、アーヘンにて「ドイツ王」となる。 1276 オットカル、ルードルフによってウィーンを追われる。 1278 ルードルフ、オットカルをマルヒフェルトの闘いで破る。オットカル没。ハプスブルク家の640年にわたるオーストリア支配始まる。 1282 ハプスブルク家のルードルフ二世とアルブレヒト一世（ルードルフ一世の二人の息子）、オーストリア公国（オーバーエスタライヒ及びニーダーエスタライヒ）、シュタイアマルク、ケルンテン、クラインを授けられる（後年、これらは再編される）。

年代	オーストリア	他　国
1300	1335 アルブレヒト二世、ケルンテンを獲得。	
		1348 プラハにて最初のドイツの大学創立。
	1363 ハプスブルク家、フォアアルルベルクに最初の所領を獲得。マルガレータ・マウルタッシュ、ルードルフ四世にチロルを譲る。 1365 ウィーン大学創立。 1374 ハプスブルク家、イストリアとフリウリ（部分）を獲得。 1375 ブレゲンツの伯爵たち、ハプスブルク家にブレゲンツァーヴァルトとフェルトキルヒを譲る。 1382 ハプスブルク家、トリエステを獲得、フォアアルルベルクで所領拡大。 1394 ハプスブルク家の内紛により、領土の一時的分散（～96）。	
1400		1415 ボヘミアのヤン・フス（1372頃～）、異端者として処刑される。 1421 ヴェネツィア、最盛期を迎える。 1429 ジャンヌ・ダルク、オルレアンの包囲を解く。
	1433 ウィーンのシュテファン大聖堂南塔完成。	

年代	オーストリア	他国
		1434 メディチ家、フィレンツェにて政権掌握。1527年まで支配。
	1440 フリードリヒ三世、ドイツ国王となる（～93）。	
	1452 フリードリヒ三世、ハプスブルク家初の神聖ローマ皇帝としてローマにて戴冠。	
		1453 トルコ、コンスタンティノープルを占領。東ローマ帝国滅亡。
	1474 ハプスブルク家、ブレゲンツを獲得してフォアアルルベルク全土を手中におさめる。	
	1477 ハプスブルク家、婚姻によりネーデルラント、ブルゴーニュ自由伯領を獲得。	
	1485 ハンガリー王マティアス・コルヴィヌス、その死（1490）までウィーンを占領。皇帝フリードリヒ三世は、首府をヴィーナー・ノイシュタットに定める。	1485 イングランドにて、ばら戦争(1455～)終わる。チューダー朝の確立。
	1490 ミヒャエル・パッハーによるザンクト・ヴォルフガング（オーバーエスタライヒ）の祭壇。	
		1492 クリストフォロ・コロンボ(コロンブス)、新世界に到達。
	1493 マクシミリアン一世即位（～1519)、インスブルックに居を構える。	
	1495 マクシミリアン一世、ヴォルムス国会で永久ラント平和令を発布。	
	1496 フィリップ美公、スペインのフェルナンド及びイサベルの娘ファナと結婚。	
	1498 ウィーン宮廷聖歌隊設立。	1498 ヴァスコ・ダ・ガマ、インドに到達。
1500	1515 7月 ハプスブルク家のフェルディ	

年代	オーストリア	他　国
	ナントとマリアそれぞれ、ハンガリー・ボヘミアのアンナ、ラヨシュと結婚。ラヨシュ王の戦死により、ハプスブルク家が両国を獲得（1526）。	1516　1月 スペイン国王カルロス一世即位（～56。1519年以降、神聖ローマ皇帝としてはカール五世）。
	1519　6月 カール五世即位（～56）。	
		1520　9月 スレイマン一世（壮麗公）即位（～66）、オスマン帝国を拡大する。
	1521　4月 フェルディナント一世、オーストリアの世襲領を与えられる。王宮（ホーフブルク）に住んだハプスブルク家最初の人となる。ハプスブルク家、オーストリアとスペインの2系統に分かれる。	1521　4月 ヴォルムス帝国議会、マルティン・ルターを異端として追放。
	1526　フェルディナント一世、ボヘミア（10月）・ハンガリー（12月）を相続。	
	1529　9月 トルコによる第1次ウィーン包囲（～10月）。	
		1533　11月 ピサロによるペルー征服（クスコに入る）。
		1541　8月 トルコ、ブダ（ペスト）を占領。
		1543　8月 種子島に鉄砲伝来。
		1545　12月 トリエント宗教会議（～63）。
		1546　2月 マルティン・ルター没（**1483**～）。
	1555　9月 アウクスブルクの宗教和議。	
	1556　9月 フェルディナント一世、皇帝即位（～64）。	
		1558　11月 エリザベス女王即位（～1603）。
	1564　7月 マキシミリアン二世即位（～76）	1564　2月 ミケランジェロ没（1475～）。4月 シェイクスピア誕生（洗礼、～1616）。

年代	オーストリア	他国
		1570 トルコ、ヴェネツィアからキプロス島を奪う。
		1571 10月 ドン・ファン・ダウストリア公、レパントでトルコ艦隊を破る。
	1572 マクシミリアン二世、スペイン乗用馬厩舎（スペイン乗馬学校前身）を設立。	
	1576 10月 ルードルフ二世即位（〜1612）。反宗教改革（〜1640）。	
	1578 シュテファン大聖堂の北塔完成。	
		1581 7月 オランダ独立宣言。
		1588 7月 イングランド艦隊、スペイン無敵艦隊を撃破（〜8月）。
1600		1600 9月 関ヶ原の戦い。
	1611 5月 ハプスブルク家の兄弟争い。ルードルフ二世、プラハに隠棲。	
	1612 1月 マティアス即位（〜19）。	
	1618 5月 プラハの窓外放擲事件により、三十年戦争始まる。	
	1619 8月 フェルディナント二世即位（〜37）。	
	1620 11月 白山の闘い。反宗教改革の最終的勝利。	
		1639 7月 江戸幕府、鎖国。
	1648 10月 ウェストファリア和約により三十年戦争終わる。	
	1656 7月 バロックの建築家J・B・フィッシャー・フォン・エルラッハ誕生（〜1723）。	
	1658 7月 レーオポルト一世即位（〜1705）。ハプスブルク家の全領土を統合。	
	1660 7月 バロックの建築家ヤーコプ・プランタウアー（チロル出身）誕生（〜1726）。	
		1661 3月 ルイ一四世の親政（〜

年代	オーストリア	他　国
		1715)。
		1669　9月 トルコ、クレタ島の占領完了。
		1674　5月 ヤン・ソビエスキ、ポーランド王に選出。
	1679　ウィーンでペスト流行。約十万人の犠牲者を出す。	
		1682　5月 ロシア、ピョートル大帝即位（～ 1725)。
	1683　7月 トルコの第2次ウィーン包囲（～9月)。トルコの脅威を最終的に退ける。ウィーン・グラーベンの記念柱、ペスト終息とトルコからの解放を祝って建立用命（完成 1693)。	
	1683 以降　ウィーンにコーヒー店が設けられる。	
	1686　9月 ブダペストの奪回。	
	1696　シェーンブルン宮殿の建設始まる（第1次計画)。	
	1697　9月 オイゲン公の対トルコ戦（～ 1717)。	
	1699　1月 カルロヴィッツの和約（オスマンよりのハンガリー解放)。	
1700		1700　11月 スペイン・ハプスブルク家の男系途絶。
	1701　オーストリアと英蘭の「大連合」。7月 スペイン継承戦争（～ 14)、オイゲン公とモールバラ公活躍。	
	1704　8月 ブレンハイムの闘い（仏及びバイエルンに勝利)。	
	1705　5月 ヨーゼフ一世即位（～ 11)。	
		1707　5月 イングランドとスコットランドの合同。
		1709　7月 ロシア、ポルタヴァでスウェーデンに勝利。
	1711　10月 カール六世即位（～ 40)。	
	1713　4月 国事詔書発表（カール六世	

年代	オーストリア	他　国
	男系断絶に際し長子の女子継承を可能化)。	
	1714　3月 ラシュタット条約（スペイン継承戦争の終結)。	1714　8月 英国ジョージ一世（ハノーヴァー家初代）即位（～27)。
	1718　7月 パッサロヴィッツ和約（オーストリアとトルコの和約)。	
	1723　ウィーンのベルヴェデーレ（オイゲン公の夏の離宮）完成。	
	1726　オーストリア帝室図書館の完成。	
	1731　3月 イギリス、国事詔書（1713）を承認。	
	1732　3月 ヨーゼフ・ハイドン誕生（～1809)。	
	1735　ウィーンのスペイン乗馬学校開設。	
	1736　2月 皇女マリア・テレジア、フランツ・シュテファン・ロートリンゲン公と結婚。4月 オイゲン公没（1663～)。	
	1737　カール教会（ウィーン）完成。	
	1738　11月 ウィーン条約正式調印（仏、国事詔書承認)。	
	1739　9月 ベオグラード和約（トルコと和平)。	
	1740　10月 マリア・テレジア即位（～80)。オーストリア継承戦争（～48)。	1740　5月 プロイセンのフリードリヒ二世（大王）即位（～86)。
	1743　ニコロ・パカッシのもとでシェーンブルン宮殿建設（～49)。	
		1745　8月 スコットランドにてジェームス党の反乱（～46、失敗)。ポンパドゥール夫人、ルイ一五世の寵愛を受け、国政に関与（～64)。
	1748　10月 アーヘンの和約（オーストリア継承戦争終結)。	

年代	オーストリア	他　国
		1749　8月 ヨハン・ヴォルフガング・ゲーテ誕生（～ 1832）。
1750		1750　7月 ヨハン・ゼバスティアン・バッハ没（1685 ～）。
	1753　4月 カウニッツ、帝国宰相就任（～ 92）。	
	1756　1月 ヴォルフガング・アマデウス・モーツァルト誕生（～ 1791）。5月 仏とオーストリアの防御同盟。8月 七年戦争（第3次シレジア戦争～ 63）。	
		1757　6月 プラッシーの勝利、英国にインド支配の道開かれる。
	1762　10月 モーツァルト、シェーンブルンにてマリア・テレジアの面前で演奏。	1762　1月 ロシアのエリザヴェータ女帝（位 41 ～）没。皇妃エカチェリーナ、夫ピョートル三世を殺害し、9月、女帝即位（～ 96）。
		1763　2月 パリ条約により英国、カナダを領有。
	1765　8月 ロートリンゲン公フランツ・シュテファン没（1708 ～）。マリア・テレジアの息子ヨーゼフ、共同統治者となる。	1765　ワットの蒸気機関改良。
	1766　4月 ウィーンのプラーター、一般に開放。	
		1770　5月 仏のルイ一五世の孫（のちのルイ一六世）とマリア・テレジアの娘マリー・アントワネットとの結婚。8月 キャプテン・クックによるオーストラリアへの航海。
	1772　8月 第1次ポーランド分割。オーストリア、ガリシアを獲得。	
		1774　5月 ルイ一六世即位（～ 92）。
	1775　シェーンブルンのグロリエッテ建立。	
	1776　3月 ブルク劇場開設される。	1776　7月 米国独立宣言。

年代	オーストリア	他　国
	1778　7月 バイエルン継承戦争（～79）。	
	1780　11月 マリア・テレジア没（1717～）。ヨーゼフ二世単独統治（～90）。	
	1781　5月 モーツァルト、ウィーンに居を構える。	
	1784　8月 ウィーンで最初の総合病院開設。	
		1789　4月 ジョージ・ワシントン、米国初代大統領就任（～97）。7月 フランス革命勃発、パリのバスチーユ襲撃。
	1790　2月 ヨーゼフ二世没（1741～）。レーオポルト二世即位（～92）。この年、エステルハージ公の死をきっかけに、ヨーゼフ・ハイドン、ウィーンに移る。	
	1791　1月 グリルパルツァー誕生（～1872）。12月 モーツァルト没（1756～）。	
	1792　3月 レーオポルト二世没（1747～）。フランツ皇帝即位（～1835）。4月 仏、オーストリアとプロイセンに宣戦。	
	1792　11月 ベートーヴェン、ウィーンに移る。	
		1793　1月 プロイセン・ロシア、第2次ポーランド分割。10月 マリー・アントワネット処刑。
	1794　この年、アルベルト公のコレクション、後年のアルベルティーナに初めて設置。	1794　4月 ダントンの処刑。5月 ロベスピエールの処刑。
	1795　10月 第3次ポーランド分割、ポーランド消滅（オーストリア、西ガリシアとクラクフを獲得）。	
	1797　1月 フランツ・シューベルト誕生（～1828）。10月 仏とカンポ・フォルミオ条約（オーストリア、	

年代	オーストリア	他国
	ベルギーを失い、ヴェネト、イストリア、ダルマチアを獲得)。	
	1799 3月 ハイドンのオラトリオ「天地創造」公開初演。	1799 12月 ジョージ・ワシントン没(1732〜)。
1800		1804 5月 ナポレオン、自ら皇帝となる(〜14)。
	1805 12月 アウステルリッツの闘い。プレスブルク条約(オーストリア、チロルとヴェネトを失う)。フランスによる初めてのウィーン占領。	1805 10月 トラファルガーの戦い。
	1806 8月 フランツ皇帝、神聖ローマ皇帝位を放棄。神聖ローマ帝国の終焉。	1806 11月 ナポレオンの大陸封鎖令。
		1807 11月 仏、ポルトガル占領。
		1808 5月 ナポレオンの兄ジョセフ、スペイン王となる。
	1809 4月 チロルの解放闘争(アンドレーアス・ホーファー)。5月 フランス軍によるウィーン第2次占領。5月 ヨーゼフ・ハイドン没(1732〜)。アスパン(5月)とワグラム(7月)の闘い。10月 クレーメンス・フォン・メッテルニヒ、外相就任。21年からは兼任のまま宰相となる(〜48)。10月 ウィーン和約。	1809 中南米のスペイン・ポルトガル植民地で独立運動が活発化。
	1810 4月 フランツ皇帝の娘マリー・ルイーズとナポレオンとの結婚。	
		1812 10月 ナポレオン、モスクワより撤退。
	1813 10月 ライプツィヒの闘い。	1813 リヒャルト・ワーグナー(5月)とジュゼッペ・ヴェルディ(10月)誕生。
	1814 5月 ベートーヴェンのオペラ「フィデリオ」の改版初演。	1814 4月 ナポレオン、エルバ島へ追放される。
	1814 9月 ウィーン会議。ザルツブルク、チロル、フォアアルルベル	

年代	オーストリア	他国
	クがオーストリアに返還される(～15)。	
	1815 「ビーダーマイアー」時代(～48)。ウィーン工科学校設立。9月 オーストリア・ロシア・プロイセンの「神聖同盟」。	1815 6月 ワーテルローの闘い。
		1821 ナポレオン、セント・ヘレナ島にて没(1769～)。
		1823 12月 米国、モンロー宣言。
	1824 アルルベルク峠開通。9月 アントーン・ブルックナー誕生(～1896)。	
	1825 10月 ヨハン・シュトラウス二世誕生(～99)。	
	1827 3月 ベートーヴェン没(1770～)。	
	1828 11月 シューベルト没(1797～)。	1828 4月 ロシア・トルコ戦争(～29)。
	1830 8月 のちのフランツ・ヨーゼフ一世、シェーンブルンにて生まれる(～1916)。	1830 仏七月革命。
		1832 3月 ゲーテ没(1749～)。
		1834 1月 ドイツ関税同盟成立(オーストリアを除外)。
	1835 3月 フェルディナント一世(温和公)即位(～48)。	
	1837 11月 オーストリア最初の鉄道。	1837 6月 英国、ヴィクトリア女王即位(～1901)。
	1842 3月 ウィーン・フィル、初の演奏。	
	1848 3月 ウィーン蜂起。メッテルニヒ、ロンドンに亡命。5月 宮廷、インスブルックに移る(8月 ウィーン帰還)。7月 ラデツキー将軍、イタリア各地の反乱を鎮圧。10月 3度目のウィーン蜂起。宮廷、モラヴィアのオルミュッツ〔オロモウツ〕に移る。12月 フェルディナント皇帝退位、フランツ・ヨーゼフ一世即位。	1848 フランス二月革命。ベルリン三月革命。イタリア国家統一運動(～70)。3月 コッシュート・ラヨシュの指導のもとにハンガリーで反乱。
1850		1853 7月 クリミア戦争(～56)。
	1854 4月 皇帝フランツ・ヨーゼフ一世、バイエルンのエリーザベト	

年代	オーストリア	他　国
	とウィーンで結婚。7月 ゼメリング鉄道開通。	
	1856 5月 ジークムント・フロイト誕生（～1939）。ウィーンの近代化。リング通りが造られ、これに沿って種々の建物が建設される（～90）。	
	1858 1月 ラデツキー将軍没（1766～）。8月 ルードルフ皇太子誕生（～89）。	
	1859 6月 マジェンタ（6/4）とソルフェリーノ（6/24）の闘い。ロンバルディア喪失。6月11日 メッテルニヒ没（1773～）。	
		1861 4月 米国南北戦争始まる（～65）。
	1862 9月 ヨハネス・ブラームス、ウィーンに移る。	1862 9月 ビスマルク、プロイセン首相となる。
		1864 9月 第1インターナショナル（～76）。
		1865 4月 エイブラハム・リンカーン暗殺（1809～）。
	1866 7月 ケーニヒグレーツでプロイセンと闘う。10月 ヴェネト州喪失。	
	1867 3月 ハンガリーとの「和協」。オーストリア＝ハンガリー二重帝国の成立。7月 ブレナー鉄道開通。	1867 3月 米国、ロシアよりアラスカを購入。6月 メキシコ皇帝マクシミリアンの処刑。9月 マルクス、『資本論』第1巻を刊行。
		1868 明治維新。
	1869 5月 ウィーン・オペラ座、こけら落とし。	1869 11月 スエズ運河開通。
		1870 7月 プロイセン・フランス（普仏）戦争始まる（～71）。
		1871 4月 ビスマルク、ドイツ帝国宰相に就任（～90）。
	1872 1月 フランツ・グリルパルツァー没（1791～）。	

年代	オーストリア	他国
	1873 6月 三帝同盟（ドイツ・ロシア・オーストリア）。	
	1874 4月 ヨハン・シュトラウスの「こうもり」初演。	
	1879 10月 ドイツ・オーストリア同盟。	
	1882 5月 三国同盟（オーストリア・ドイツ・イタリア）。	
		1883 2月 リヒャルト・ワーグナー没（1813～）。
		1886 7月 フランツ・リスト没(1811～)。
	1888 10月 ウィーンの「新」ブルク劇場、こけら落とし。	
	1889 1月 ルードルフ皇太子、マイアリングにて死亡（1858～）。フランツ・フェルディナント、皇位継承者となる。	1889 7月 第2インターナショナル（～1914）。
	1896 10月 アントン・ブルックナー没（1824～）。	
	1897 4月3日 ヨハネス・ブラームス没（1833～）。4月8日 カール・ルエーガー（キリスト教社会党）、ウィーン市長に4度めの選出、就任へ（～1910）。10月 グスタフ・マーラー、ウィーン宮廷歌劇場音楽監督に就任（～1907）。	
	1898 9月 皇妃エリーザベト、暗殺される（1837～）。	
	1899 6月 ヨハン・シュトラウス二世没（1825～）。	
1900		1901 1月 英国ヴィクトリア女王没（1819～）。エドワード七世即位（～1910）。1月 ヴェルディ没（1813～）。
	1903 2月 フーゴ・ヴォルフ没（1860～）。	
		1904 5月 ドヴォルザーク没（1841

年代	オーストリア	他　国
		～)。8月 英仏協商。
		1905　1月 ロシア、血の日曜日事件。
	1907　8月 フランツ・ヨーゼフ皇帝とエドワード七世（英国王)、バート・イシュルで最後の会見。	1907　8月 三国協商（英・仏・露)。
	1908　10月 ボスニア・ヘルツェゴヴィナ（1878年より委任統治領）を併合。	
1910	1911　1月 リヒャルト・シュトラウスの「ばらの騎士」初演。5月 グスタフ・マーラー没（1860～)。アルノルト・シェーンベルク、調性をほぼ放棄した作品を作る、後に「12音」技法へ。	1911　12月 アムンゼン、南極点到達。
		1912　1月 スコット大佐、南極点到達。10月 第1次バルカン戦争。
		1913　6月～7月 第2次バルカン戦争。
	1914　6月28日 サラエヴォにてフランツ・フェルディナント暗殺される。7月28日 セルビアに宣戦布告、第一次世界大戦、始まる（～18)。	
	1915　5月 イタリア、敵側にまわり、オーストリアに宣戦布告。	
	1916　11月 皇帝フランツ・ヨーゼフ一世没（1830～)。カール一世即位（～18)。	
	1917　10月 カポレットの闘い。12月 米国、オーストリア＝ハンガリーに宣戦布告。ルーマニア、戦線離脱。	1917　3月 ロシア「二月革命」。4月 米国、ドイツに宣戦布告。11月 レーニンの指導する「十月革命」。
	1918　2月 グスタフ・クリムト没(1862～)。3月 ロシアとブレスト・リトフスク講和。9月 ブルガリア戦線崩壊。10月28日 プラハでチェコスロヴァキア共和国独立宣言。10月 イタリア方面のオーストリア戦線崩壊。10月	1918　1月 ウィルソン大統領の14カ条。7月 ロマノフ王朝最後の皇帝ニコライ二世、エカチェリンブルクで処刑。11月 第1次世界大戦終結。

年代		オーストリア		他　国
		31日 エゴン・シーレ没（1890～）。 11月3日 休戦協定に調印。11月11日 カール皇帝、国事関与放棄を宣言。ポーランド共和国独立宣言。11月12日「ドイツオーストリア」共和国宣言。カール・レンナー、共和国初代首相に就任（～20）。11月16日 ハンガリー共和国宣言。12月1日 セルビア・クロアチア・スロヴェニア〔ユーゴスラヴィア〕王国宣言。		
	1918	ユーゴスラヴィアの侵略に対し、ケルンテンの防衛成功（～20）。		
	1919	3月 前皇帝一家、スイスに亡命。4月 ハプスブルク一族、オーストリアより追放、財産没収される。8月 リヒャルト・シュトラウス、ウィーン国立オペラ総監督となる（～1924）。9月 サン・ジェルマン講和条約調印。	1919	3月 第3インターナショナル（コミンテルン）結成（～43）。6月 ヴェルサイユ条約調印。7月 ハンガリーのクーン・ベーラ共産党政権、ホルティ提督により倒される。ホルティは摂政となる。
1920	1920	7月 第1回ザルツブルク・フェスティバル。10月 住民投票によりケルンテン州のオーストリア残留決定。12月 国際連盟加盟。	1920	1月 国際連盟成立。
	1921	2月 カール・メンガー没（1840～）。8月 ブルゲンラント州（ショプロンを除く）、オーストリアに編入。	1921	4月と10月の二度、カール前オーストリア皇帝、ハンガリー王位への復帰を試みて失敗。
	1922	1月 ウィーン市、ニーダーエスタライヒ州より分離、州に昇格。5月イグナーツ・ザイペル、首相を務める（～24、26～29）。	1922	2月 ワシントン海軍軍縮条約調印。4月 マデイラでカール前皇帝没（1887～）。10月 ムッソリーニのファシスト党、ローマ進軍。
	1922	10月 オーストリア、国際連盟より6億5千万金クローネ相当の借款供与を受ける。		

年代	オーストリア	他　国
	1923　11月 カール・ザイツ（社会民主党）、ウィーン市長に就任（～1934）。	1923　1月 英国でラムゼー・マクドナルドを首班とする初の労働党内閣。
		1924　1月 レーニン没（1870～）。後継者スターリン。
	1925　3月 通貨シリング導入。	1925　12月 ロカルノ条約。
		1926　9月 ドイツ､国際連盟加盟（～33）。
	1927　7月 不当判決にウィーンで抗議デモ､暴動化。裁判所焼き打ち。	
		1928　8月 パリ不戦条約調印。
	1929　7月 フーゴ・フォン・ホフマンスタール没（1874～）。	1929　3月 ハーバート・フーバー、米国大統領に就任（～33）。10月 ニューヨーク株式市場大暴落、世界大恐慌起こる。11月 仏ジョルジュ・クレマンソー元首相没（1841～）。
1930	1930　10月 市営住宅カール・マルクス・ホーフ完成。	
	1931　5月 クレディートアンシュタルト銀行（国内最大銀行）破産。	1931　9月 満州事変始まる。
	1932　8月 ザイペル没（1876～）。エンゲルベルト・ドルフース、首相となる（～1934）。	
	1933　3月 ドルフース首相、独裁権確立。	1933　1月 アドルフ・ヒトラー、首相就任。3月 日本、国際連盟脱退。3月 F・D・ルーズベルト、米国大統領となる（～45）。ニューディール政策実施（～36）。12月 米国禁酒法撤廃。
	1934　2月 オーストリア内戦。3月 ローマ議定書調印（オーストリア・ハンガリー・イタリアがオーストリア独立維持合意）。5月 ドルフース、共和制廃止、キリスト教的階層制国家宣言。祖国戦線結成。7月 ドルフース、ナチのテロリストにより殺害され	1934　8月 ヒトラー、総統就任（～45）。

年代	オーストリア	他　国
	る。クルト・シュシュニク、後継首相。	
	1935　護国団解体される。8月 グロースグロックナー道路開通。12月 アルバン・ベルク没（1885〜）。	1935　5月 アラビアのロレンス没（1888〜）。10月 ムッソリーニ、アビシニア〔エチオピア〕武力併合を命ずる。
	1936　7月 ドイツと協定締結（ドイツ政府、オーストリアの主権承認）。	1936　1月 英国王ジョージ五世没。エドワード八世即位。3月 ヒトラー、ラインラント進駐。7月 スペイン内乱（〜39）。12月 英国王エドワード八世退位。ジョージ六世即位（〜52）。
		1937　5月 ネヴィル・チェンバレン、英国首相となる（〜40）。7月 日中戦争始まる。
	1938　2月12日 シュシュニクとヒトラーの会談。3月11日 国民投票を前にシュシュニク、辞任を余儀なくされ、ザイス・インクヴァルト首班の内閣成立。3月12日 ドイツ軍、オーストリアに侵攻、オーストリアを「合邦」。9月 オスカー・ココシュカ、ナチスを逃れ、チェコより英国に移る。	1938　9月 ミュンヘン協定。
	1939　9月 ジークムント・フロイト、ロンドンで没（1856〜）。	1939　3月 ヒトラー、チェコスロヴァキア占領。8月 ヒトラー、スターリンと不可侵条約を結ぶ。9月 ヒトラー、ポーランド侵略。第二次世界大戦始まる。
1940		1940　5月 ウィンストン・チャーチル、英国首相となる（〜45）。9月 日独伊三国軍事同盟締結。
		1941　6月 ドイツ、対ソ宣戦。12月 真珠湾攻撃、太平洋戦争始まる。

年代	オーストリア	他国
	1943 11月 モスクワ宣言（ヒトラー・ドイツが併合したオーストリア国家の再興を謳う）。	1943 5月 コミンテルン解散。9月 イタリア降伏。11月 米英中、カイロ会談。11月 米英ソ、テヘラン会談。
		1944 8月 パリ解放。
	1945 4月13日 ソ連軍、ウィーン占領。4月27日 独立宣言。カール・レンナー首班の暫定政府成立。4月27日 戦後初のウィーン・フィルによるコンサート。オーストリア放送、放送再開。5月 第二次世界大戦、ヨーロッパで終わる。7月 戦後初のサルツブルク・フェスティバル。11月 戦後初めてのオーストリア総選挙。12月 レーオポルト・フィグル（国民党）首相となる（～1953）。12月 カール・レンナー（社会党）、大統領となる（～50）。	1945 2月 米英ソ首脳、ヤルタ会談。4月 F・D・ルーズベルト没（1882～）。H・S・トルーマン、後継米国大統領（～1953）。5月 ムッソリーニ処刑（1883～）。ヒトラー死亡（1889～）。6月 国際連合憲章調印。7月 ポツダム会談。8月 原爆、広島と長崎に投下。8月 クレメント・アトリー、チャーチルに代わりイギリス首相となる（～51）。
	1946 7月 第1回ブレゲンツ・フェスティバル。9月 南チロルに関しイタリアと合意（ドイツ系住民の自治保証）。	
	1946 オーストリア国家条約をめぐる交渉、だらだら続く（～55）。	
	1947 マーシャル・プラン（ヨーロッパ復興計画）被援助国となる。	1947 4月 モスクワ外相会議（米ソ対立の始まり）。
	1948 10月 フランツ・レハール没（1870～）。	1948 1月 ガンディ暗殺。2月 チェコ政変、共産党独裁に。
	1949 8月 オーストリア、ユネスコ加盟。9月 リヒャルト・シュトラウス没（1864～）。	
1950	1950 12月 カール・レンナー没（1870～）。	1950 6月 朝鮮戦争始まる（53年、休戦協定）。
	1951 5月 戦後第1回ウィーン・フェスティバル。6月 テーオドール・ケルナー（社会党）、大統領となる（～1957）。7月 アルノルト・	1951 11月 チャーチル、アトリーに代わり、英国首相となる（～55）。

年代	オーストリア	他　国
	シェーンベルク没（1874～）。	
	1952　ウィーン・シュテファン大聖堂再公開。	1952　2月 英国ジョージ六世没(1895～)。女王エリザベス二世即位。
		1953　1月 チトー、ユーゴ大統領となる（～80)。1月 D・D・アイゼンハワー、米国大統領となる（～61)。3月 スターリン没（1878～)。
	1955　5月 ウィーンで国家条約調印。9月 占領軍、オーストリアから撤収。10月 中立法。12月 国連加盟。	1955　4月ロバート・イーデン、チャーチルに代わり、英国首相となる（～57)。
	1955　オペラ座、ブルク劇場、スペイン乗馬学校再開。	
		1956　10月 ハンガリー動乱。
	1957　5月 アードルフ・シェルフ(社会党)、大統領となる（～1965)。	1957　1月 アルトゥーロ・トスカニーニ没（1867～)。3月 欧州経済共同体（EEC）設立条約調印。
		1958　3月 ニキータ・フルシチョフ、ソ連首相就任（～64)。
1960	1960　1月 オーストリア、EFTA（ヨーロッパ自由貿易連合）加盟。	
	1961　6月 ケネディ米大統領とフルシチョフソ連首相のウィーン会談。	1961　1月 J・F・ケネディ、米国大統領となる（～63)。
		1963　11月 ケネディ暗殺、L・B・ジョンソン、後継大統領（～69)。
	1965　6月 フランツ・ヨーナス（社会党)、大統領となる（～1974)。	
		1967　6月 イスラエルとアラブ諸国の「6日間戦争」。7月 ヨーロッパ共同体（EC）発足。
		1968　8月 ワルシャワ条約機構軍、チェコスロヴァキアに介入。
		1969　1月 リチャード・M・ニクソン、米国大統領となる（～

年代	オーストリア	他　国
		74)。4月 チェコスロヴァキア、ドプチェク第1書記辞任。7月 ニール・アームストロング、初めて月着陸。
1970	1970 4月 ブルーノ・クライスキー（社会党)、首相となる（～1983)。	
	1972 スペイン乗馬学校、400周年記念。	
	1974 7月 ルードルフ・キルヒシュレーガー（無党派)、大統領となる（～1986)。	1974 8月 ニクソン、大統領辞任。
	1979 6月 カーター米大統領とブレジネフソ連共産党書記長、ウィーンでSALT II調印。8月 ウィーンに国連都市（UNO City）完成。	1979 1月 イラン革命。5月 マーガレット・サッチャー（英国)、ヨーロッパで初の女性首相となる（～90)。
1980		1980 5月 ユーゴ、チトー大統領死去（1892～)。9月 イラン・イラク戦争（～88)。
	1981 8月 指揮者カール・ベーム没（1894～)。	1981 1月 R・W・レーガン、米国大統領となる（～89)。
	1982 8月 オーストリア＝ハンガリー帝国最後の皇妃ツィータ、追放後初めてオーストリアを訪問。	1982 4月 フォークランド紛争。
		1985 3月 ミハイル・ゴルバチョフ、ソ連共産党書記長となる。11月 レーガンとゴルバチョフ、ジュネーブで会談。
	1986 6月 フランツ・フラニツキー（社会党)、首相となる（～1997)。7月 クルト・ヴァルトハイム（国民党)、大統領となる（～1992)。ヴァルトハイム問題（ナチ疑惑）浮上。	1986 4月 チェルノブイリ原発事故。10月 レーガンとゴルバチョフ、レイキャヴィクで会談。
		1987 12月 米ソINF（中距離核兵器）全廃条約調印。
	1989 3月 前皇妃ツィータ、96歳で没（1892～)。7月 指揮者ヘルベルト・フォン・カラヤン没（1908～)。8月 開放されたハンガリー国境を通って多数の東	1989 10月 ハンガリー、共産主義を放棄、議会制民主主義採用を宣言。11月 ベルリンの壁、崩壊。チェコスロヴァキア、共産党書記長辞任、共産党の

年代		オーストリア		他国
		ドイツ市民、西ドイツへ脱出。		独裁終わる。12月 ルーマニア革命、チャウシェスク大統領夫妻処刑。
1990	1990	7月 元首相ブルーノ・クライスキー没(1911～)。オーストリア、東ヨーロッパからの難民の波に洗われる。	1990	10月 東西ドイツ統一。
			1991	1月 湾岸戦争（～2月）。8月 ソ連、保守派による8月クーデター、共産党解体。12月 ゴルバチョフ辞任。ソ連邦解体、独立国家共同体となる。
	1992	7月 トーマス・クレスティル（国民党）、大統領となる（～2004）。	1992	1月 EC、スロヴェニアとクロアチアの独立を承認。4月 セルビア・モンテネグロで新ユーゴスラヴィア連邦宣言、ボスニアで内戦続く。
			1993	1月 ビル・クリントン、米国大統領となる（～2001）。
	1995	1月 ヨーロッパ連合(EU)加盟。		
2000	2000	2月 極右政党である自由党の連立政権参加に対し、EUの制裁が課される（同年秋まで）。		
	2002	1月 通貨ユーロの導入。		
	2004	7月 ハインツ・フィッシャー(社会党)、大統領就任（～2016）。		
	2008	10月 イェルク・ハイダー（自由党）、交通事故死（1950～）。	2008	9月 リーマン・ショックによる世界的金融危機。
			2009	1月 バラク・オバマ、米国大統領になる（～17）。10月 ギリシア金融危機発生。
2010			2015	バルカン・ルートで難民のヨーロッパ大量到来。各国は対応に苦慮。
	2017	1月 元・緑党党首ファン・デア・ベレン、大統領に就任。	2017	1月 ドナルド・トランプ、米国大統領になる（～2021）。

訳者紹介

今井道夫（いまい・みちお）

1967 年　東京大学文学部哲学科卒業
1974 年　北海道大学大学院文学研究科哲学専攻博士課程単位取得退学
1989 年　札幌医科大学医学部助教授
1995 年　札幌医科大学医学部教授
2010 年　札幌医科大学名誉教授
哲学専攻
著書：『生命倫理学入門』産業図書 1999 年（第 4 版 2017 年）、『思想史のなかのエルンスト・マッハ』東信堂 2001 年 等
訳書：B・マクギネス『ウィトゲンシュタイン評伝』（共訳）法政大学出版局 1994 年、M・ジェイ『力の場』（共訳）法政大学出版局 1996 年、H・リュッベ『ドイツ政治哲学史』法政大学出版局 1998 年 等

青山孝德（あおやま・たかのり）

1972 年　名古屋大学経済学部卒業
1980 年　名古屋大学大学院経済学研究科博士課程単位取得退学
1983 年より独・米・日企業勤務
2014 年　フリー
社会思想史専攻
訳書：R・リケット『オーストリアの歴史』成文社 1995 年、S・ナスコ『カール・レンナー　その蹉跌と再生』成文社 2019 年、A・フックス『世紀末オーストリア　1867-1918』昭和堂 2019 年、A・ピットラー『オーストリア現代史　1918-2018』成文社 2021 年、E・パンツェンベック『一つのドイツの夢』御茶の水書房 2022 年 等

たそがれのウィーン

2022 年 7 月 28 日　初版第 1 刷発行

訳　者　今井道夫
訳　者　青山孝德
装幀者　山田英春
発行者　南里　功

発行所　成文社

〒 258-0026 神奈川県開成町延沢 580-1-101
電話 0465 (87) 5571
振替 00110-5-363630
http://www.seibunsha.net/

落丁・乱丁はお取替えします

組版　編集工房 dos.
印刷・製本　シナノ

ISBN978-4-86520-060-7 C0022